Kohlhammer
Kunst- und Reiseführer

Dirk Kinet

Jordanien

Kohlhammer Kunst- und Reiseführer

mit 20 Photos und 46 Karten, Plänen und Abbildungen

Verlag W. Kohlhammer
Stuttgart Berlin Köln

Die Deutsche Bibliothek – CIP-Einheitsaufnahme

Kinet, Dirk:
Jordanien / Dirk Kinet. –
Stuttgart; Berlin; Köln: Kohlhammer, 1992
(Kohlhammer-Kunst- und Reiseführer)
ISBN 3-17-010807-7

Verlagsort: Stuttgart
Umschlagsfoto: Petra, ed-Deir
Umschlag: Studio 23
Vorsatzkarten: Dipl.-Ing. B. Reichert, Bruchsal
Gesamtherstellung:
W. Kohlhammer Druckerei GmbH + Co. Stuttgart
Printed in Germany

Inhaltsverzeichnis

Vorwort

Zu danken habe ich bei der Fertigstellung dieses Reiseführers vielen Freunden, die ich im Laufe der Arbeit gewonnen habe: an erster Stelle der Geschäftsleitung und vielen Mitarbeitern von *Biblische Reisen*, Stuttgart, weil sie sich immer wieder bemühten, mir Wege und Möglichkeiten zum Bereisen des Landes zu eröffnen. Ganz besonders danke ich Herrn Dir. Georges Bawab (*Near Eastern Tourist Company* in ʿAmman) und seinem Mitarbeiterstab für die herzliche Aufnahme und freundliche Hilfe. Dankbar denke ich auch zurück an die vielen Reisegruppen, mit denen ich das Land durchquerte und denen ich oft innerhalb kurzer Zeit die Zuneigung zu den Menschen und dem Land vermitteln durfte. Herrn OStRat Max Bauernfeind, Augsburg, war beim Durchlesen großer Teile des Manuskriptes behilflich und hat sich bemüht, manches Detail zu klären und zu präzisieren. Das leidige Kapitel der Transkription arabischer Schrift ist auch in diesem Führer keineswegs befriedigend gelöst. Ich habe mich z. B. dafür entschieden, in manchen Namen das ʿayin als ʿ zu übernehmen, eine rigorose Konsequenz wurde dennoch nicht angestrebt. Für die meisten im Alten Testament bezeugten Ortsnamen war mir das *Ökumenische Verzeichnis der biblischen Eigennamen nach den Loccumer Richtlinien* verbindlich.

Den Reiseführer widme ich meinen jordanischen Freunden, die ich im Laufe von nun fast fünfzehn Jahren gewinnen konnte. Ihre erfrischende und herzliche Gastfreundschaft sowie ihre ansteckende Fröhlichkeit bleiben mir immer in Erinnerung.

Herbst 1991

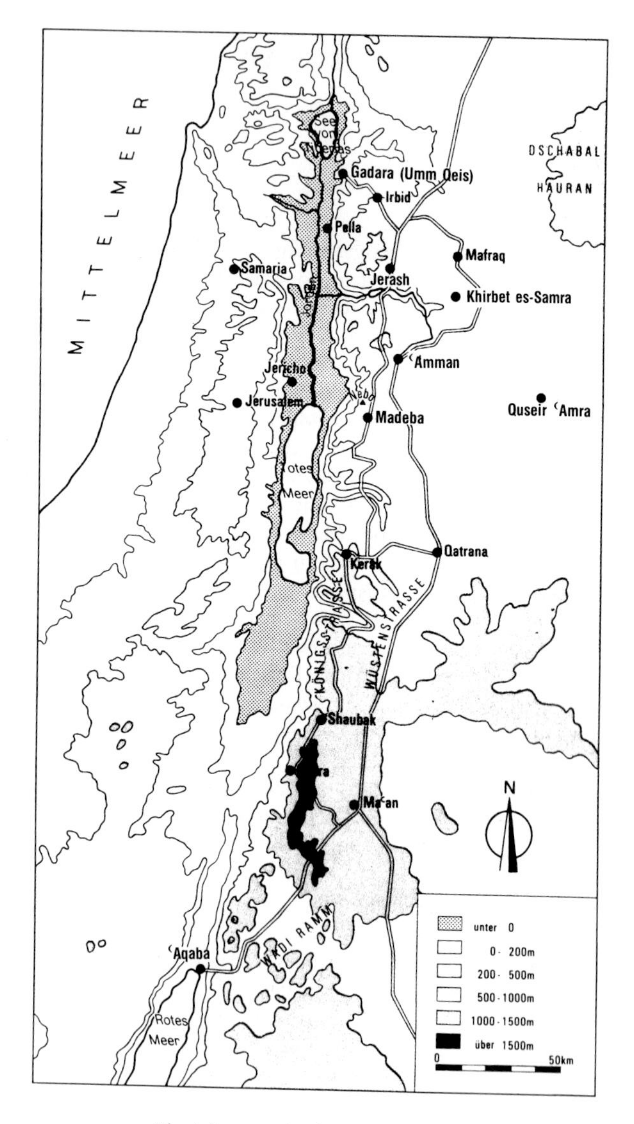

Physisch-geographische Karte Jordaniens

Teil I: Landeskunde Jordaniens

1. Die Geographie des Landes

Die geographische Lage Jordaniens zwischen Mittelmeer und arabischer Wüste, zwischen Afrika und Asien bestimmte von jeher die ethnische und kulturelle Pluralität sowie die politische Vernetzung dieser Region mit den benachbarten Großkulturen des Zweistromlandes und Ägyptens. Das Ostjordanland erwies sich in seiner langen Geschichte immer als ein Durchgangs- und Randgebiet. Jordanien hat eine Ausdehnung von 92.300 km² (ohne West-Bank, aber mit Jordaniens Anteil am Toten Meer) und eine Bevölkerung von ca. 3,5 Millionen Einwohnern. 89 % der Fläche ist als Wüste oder Steppe zu betrachten. Nördlich grenzt Jordanien an die Syrische Arabische Republik, östlich an Irak und Saudi-Arabien, südlich an Saudi-Arabien und westlich an die West-Bank Palästinas. Das Land ist in acht Gouvernorate *(muhafazat)* eingeteilt: ʿAmman, Irbid, Belqaʿ, Kerak, Maʿan, Zarqa, Mafraq und Tafila.

1. Der Nordwesten. Das Gebiet zwischen dem *Yarmuk*-Fluß und dem Nordende des Toten Meeres wird im Alten Testament gewöhnlich **Gilead** genannt. In der Bibel wird der Name dann aber allmählich zur Gesamtbezeichnung für das von Israeliten besiedelte Gebiet im Nordosten des Toten Meeres. Das Tal des *Yabboq* teilt die Landschaft in zwei Hälften.

Die **arabischen** Landschaftsbezeichnungen unterscheiden sich von den biblischen. Das Gebiet zwischen Yarmuk *(Sheriʿat el-Menadire)* und Yabboq *(Nahr ez-Zerqa)* heißt ʿ**Ajlun.** Es ist eine liebliche Gebirgslandschaft mit ausgedehnten Wäldern und einer maximalen Höhe von 1261 m, die sich nahezu über den gesamten zentralen Teil von Transjordanien erstreckt und deren Mitte das ʿAjlun-Gebirge bildet. Im Südosten fällt es in den südlichen Teil der fast menschenleeren Syrischen Wüste und in das Trockental des Wadi Sirhan ab, das sich nach Saudi-Arabien hin fortsetzt. Mit dem Jordangraben im Westen und der Steppe im Osten bleibt somit ein nur etwa 40 km breiter Streifen kulturfähigen Bodens übrig, wobei das bewaldete ʿAjlun-Gebirge davon nochmals zwei Drittel einnimmt. Kein Wunder, daß große Siedlungen in diesem Gebiet kaum entstehen konnten.

Das Gebiet zwischen dem Yabboq und dem Arnon-Fluß *(Sel el-Mujib)* wird arabisch **Belqa'** genannt; es bildet die Fortsetzung der 'Ajlun-Hochebene. Stellenweise erreicht das Hochplateau Höhen von 900–1100 m. An ihrem Westrand ist die Hochebene stark zerklüftet durch zahllose kleine und größere Talsysteme *(Wadis)*. Der Arnon-Fluß nimmt auf der Hochebene der Syrisch-Arabischen Wüste mehrere Zuflüsse auf und führt die winterlichen Regenwasser durch ein tief in das Gebirge eingeschnittenes *Wadi,* das gegen Ende zu einem eindruckerweckenden Cañon wird, zum Toten Meer. Die Höhendifferenz zwischen dem Quellgebiet des Arnon und dem Toten Meer beträgt ca. 1300 m.

2. Die Basaltwüste im Nordosten. Im Nordosten des Landes finden sich Lava- und Basaltablagerungen, die eine Fortsetzung des nördlich gelegenen syrischen *Jebel ed-Druz* (auch *Jebel Hauran* oder *Jebel el-'Arab)* und damit den südlichen Teil des Hauran bilden (arab. *Harra)*. Der jordanische Teil des Hauran zeigt eine eher sanfte Hügellandschaft, in der sich die wenigen Dörfer auf einer kleinen Erhebung befinden, während die landwirtschaftlich ausgenützten Flächen um sie herum liegen. Als Baumaterial wird vielfach Basaltstein verwendet, der in diesem Gebiet überall zu finden ist. Südlich und östlich geht das Gebiet in die irakische und saudi-arabischen Wüste über. Zu den größeren Dörfern gehören Umm el-Jemal, Umm el-Quttayn, Sama, Umm es-Surab und Sabha. Natürliche Verbindungswege zur Mittelmeerküste sind nicht gegeben. Dafür gab es eine gute Anbindung dieser Region an Damaskus und über das *Wadi Sirhan* und die Oase *el-Jauf* an Zentralarabien.

3. Das Jordantal, das Tote Meer und das Wadi el-'Araba. Vom syrischen Hermon-Gebirge, wo der Jordan mit drei Quellflüssen entspringt, sind es etwa 170 km Luftlinie bis zum Toten Meer. Tatsächlich legt der Fluß mit seinen vielen Mäandern fast die doppelte Strecke zurück. Die Flußniederung ist Teil einer geologischen Einbruchs- oder Grabenzone, die sich von Nordsyrien über den See Gennesareth, das Tote Meer, das *Wadi el-'Araba* und den Golf von 'Aqaba bis zum Ausgang des Roten Meeres erstreckt und im *Great Riff Valley* seine afrikanische Fortsetzung findet. Der Einbruch der Erdkruste ist im Jordantal besonders tief, die Oberfläche des Toten Meeres liegt um fast 400 m unter dem Meeresspiegel.

Arabisch heißt die weite Jordansenke *Ghor,* das engere Flußtal, etwa 1 km breit, dagegen *Zor.* Im Norden ist die Ghor-Landschaft etwa 4 km, im Süden um 11 km breit. Begrenzt wird das Tal im Osten durch steil aufragende Hügel, die bis 600 m ansteigen. Das Jordantal weist eine Vielzahl archäologisch wichtiger Stätten auf, die vor allem neue Erkenntnisse über die Frühgeschichte des Landes erbracht haben.

Das Tote Meer bildet den mittleren Teil der Grabensenke. Es ist 76 km lang, bis zu 15 km breit mit einer Ausdehnung von etwa 755 km^2 und der tiefste Punkt der Erdoberfläche (– 396 m). Das *Wadi el-ʿAraba*, ein 180 km langes Trockental, das von steilen, vegetationslosen Felsabstürzen begrenzt wird, steigt vom Südufer des Toten Meeres langsam wieder auf Meereshöhe und bildet somit eine natürliche Sperre zum Golf von ʿAqaba.

4. Moab wird nördlich begrenzt durch das *Wadi el-Mujib* (Arnon-Fluß). Südlich bildet das *Wadi el-Hesa* (im Alten Testament: *Sered)*, das von Süden her ins Tote Meer einmündet, eine markante Grenze. Das Gebiet zwischen den beiden *Wadis* wird heute nach seinem wichtigsten Ort *el-Kerak* genannt. Südlich vom Arnon bis zum *Wadi el-Kerak* zeigt sich die bis etwa 800 m aufsteigende Landschaft wie eine genaue Fortsetzung der nörlich gelegeneren *Belqaʿ*. Obwohl Moab noch ausreichend Niederschläge bekommt, so daß Getreideanbau möglich ist, wirkt die Region dennoch deutlich steppenhafter als die Belqaʿ. Südlich des *Wadi el-Kerak* steigt die Hochebene auf 1305 m an (*Jebel ed-Dabab*).

5. Der Süden (Edom). Zwischen dem *Wadi el-Hesa* und der Nordspitze des Golfes von ʿAqaba (170 km) liegt eine gewaltige Gebirgslandschaft. Im Alten Testament wird die Region *Edom* oder *Berg Seir* (d.h. *das »behaarte Gebirge«*, wegen der dichten Bewaldung) genannt. Der Name Edom *(»rot«)* leitet sich von der Farbe des Sandsteingebirges ab, das sich von Petra bis zum *Wadi Ram* hinzieht. Das Gebiet zerfällt in drei Abschnitte: die *Jebbal*-Berge, das *esh-Sheraʿ*-Gebirge und die südedomitischen Berge. Östlich von dieser Gebirgslandschaft liegen die *Hisma*-Hochebene und das Becken von Maʿan.

Die regenarmen südedomitischen Berge erreichen mit dem *Jebel Baqir* Höhen bis 1600 m. Der Westteil weist häufig rötlichen Granitstein auf, der durch Verwitterung bizarre und schroffe Formen zeigt. Weiter östlich findet man mehr nubischen Sandstein, der gelegentlich mächtige Tafelberge und Pyramiden bildet. In den nördlicher gelegenen *esh-Sheraʿ*-Berge gibt es zahlreiche Bruchverwerfungen, die ein Mosaik von Kalkstein, Dolomite, Kreiden und Sandstein (Petra) bilden. Die *Jebbal*-Berge weisen eine noch größere Vielfalt auf. Brüche trennen sie von den Nachbargebieten und der *Wadi el-ʿAraba*-Senke, zerklüften aber auch die Region selber. Die Bedingungen für die Landwirtschaft sind hier wegen der größeren Niederschlagsmengen etwas besser. Die *Hisma*-Hochebene erstreckt sich vom Nordwesten nach Südosten. Die aufgesetzten Sandsteinkegel verleihen dieser eindrucksvollen Landschaft ihren Reiz. Der bescheidene Wohlstand des Landes basierte in antiker Zeit auf der Viehzucht, dem Ackerbau – der allerdings nur an einigen wenigen Stellen betrieben werden kann (z. B. in der Gegend von Tafila, Buseira und vom *Wadi Musa*) – und den Kupferminen im *Wadi el-ʿAraba* (Feinan, Khirbet en-Nuhas und Umm el-ʿAmad im Süden).

6. Das östliche Wüstengebiet. Fast 90 % der Bodenfläche Jordaniens besteht aus Sand- oder Steinwüste bzw. aus wüstenartiger Steppe. Diese Gebiete umfassen den gesamten Osten und Süden des Landes und sind ein Teil der großen *Syrischen* oder *Nordarabischen Wüste.* Die wenigen Niederschläge kommen nur in der Winterzeit vor. Im Südosten liegt das Trockental des *Wadi Sirhan*, das sich nach Saudi-Arabien hin fortsetzt. Bei Untersuchungen der ökologischen Verhältnisse dieses Gebietes stellte man fest, daß die klimatischen Bedingungen bis zum 4. Jt. v. Chr. einer Besiedlung dieser Region nicht im Wege standen. In zwei großen Senken (*el-Jafr* im Süden und *el-Azraq* im Norden) war bis in die omayyadische Zeit hinein mit entsprechenden landwirtschaftlichen Methoden sogar Ackerbau möglich.

2. Das Klima

Generell ist das **Klima** Jordaniens gekennzeichnet durch kurze milde Winter (zwischen November und April) und lange, heiße und trockene Sommer (zwischen Mai und Oktober) mit kalten Nächten. Das kleine Land kennt dennoch verschiedene Klima-Zonen. Das mediterrane Klima geht vom Westteil langsam in das trockene Wüstenklima des Ostens und Südens über. Gebirgshänge sorgen mit ihren unterschiedlichen Höhenlagen für eine weitere Differenzierung der Klimazonen. Ein mäßig kühles Regenklima herrscht im Norden um das ʿAjlun-Gebirge und im Süden um Shaubak. Die Winter sind hier regenreich, und es gibt durchaus auch mal Schneefall. Dafür sind die Sommer mild, die Durchschnitts-Temperatur im Juli beträgt 22° C.

Ein mäßig warmes, typisches Mittelmeerklima herrscht im weiteren Umkreis von ʿAjlun, wie z. B. um Irbid und in der hügeligen Belqaʿ-Region. Der Sommer ist hier heiß (Durchschnitt-Temperatur im Juli 25° C), und im Winter gibt es ausreichend Niederschlag (zwischen 500 und 345 mm). Ein warmes Steppenklima herrscht im oberen Jordantal. Der Sommer ist heiß und der Winter mild. Die Durchschnittstemperatur beträgt im Juli 30° C, im Winter mißt man immer noch zwischen 22 und 24° C. Ein kühleres Steppenklima findet man auf den geschützten Hängen der östlichen Berge. Die Region bekommt im Schnitt weniger als 300 mm Niederschlag, die Jahres-Durchschnitts-Temperatur übersteigt 18 ° C nicht. Schließlich gibt es noch ein heißes kontinentales Wüstenklima im östlichen und südlichen Teil der Wüstenregion (Jahresdurchschnitts-Temperatur 25 ° C) und im *Ghor es-Safi* (Durchschnitt 19 ° C), womit immerhin der größte Teil der Bodenfläche Jordaniens erfaßt wird. Die extrem hohen Tagestemperaturen kontrastieren mit ausgesprochen kühlen Nächten. In diesen Regionen gibt es nahezu kein Niederschlag.

Der **Wind** weht meistens aus westlicher Richtung. Im Sommer kann der Khamsin auftreten, ein heißer Wüstenwind, der vom Süden weht.

3. Flora und Fauna

Mit abnehmender Niederschlagsmenge von Westen nach Osten verändert sich gleichermaßen die Vegetation des Landes. Während im Jordangraben noch subtropische Pflanzen gedeihen, vollzieht sich nach Osten hin ein langsamer Übergang zu Steppen- und Trockenpflanzen. Weite Teile des nördlichen Hügellandes waren bis in die osmanische Zeit bewaldet. Zum vorherrschenden Baumbestand zählt vor allem die Aleppo-Kiefer, die meist auf einer Höhe über 700 m auf kalkhaltigem Boden wächst (ʿAjlun), und gelegentlich von der Eiche verdrängt wurde. Immergrüne Wälder von Eichen und Pistaziensträucher kommen sowohl im Norden (vom *Wadi es-Sir* bis nach Irbid) als auch im Süden des Landes ebenfalls auf einer Höhe über 700 m vor. Gerade diese Waldgebiete haben im Laufe der Geschichte unter dem Eingriff der Menschen sehr stark gelitten, indem ganze Gebiete für die Landwirtschaft gewonnen bzw. als Brennmaterial – vor allem zur Zeit der Inbetriebhahme der *Hejas*-Eisenbahnlinie – abgeholzt wurden. Nur in den Bergen von Süd-Jordanien auf Höhen über 1000 m, findet man auf Sandsteinboden Wacholderwälder in Verbindung mit Zypressen und Pistaziensträuchern. Bei Quseir ʿAmra, im *Wadi el-butm* (»Pistazien«-*Wadi*) wachsen auch heute noch neben Tamarisken Pistaziensträucher. Im Jordantal, Azraq und ʿAqaba wurden Palmen angepflanzt. An wasserreichen Stellen häufen sich Mimosen (z.B. auf dem Weg von ʿAmman nach Gerasa), Pfeffer-, Pistazien- und Eukalyptusbäume sowie Oleandersträucher.

In der regenreicheren Frühlingszeit können sich weite Landstriche, auch die steppenartige Wüste, in Blumenteppiche verwandeln. In der Gegend von

Madeba und im Wadi Mujib findet man dann die schwarze Iris, an Straßenrändern Mohnblumen, Hundskamille, verschiedene Malvenarten, Alpenveilchen, Krokusse, Acanthus und Bergrosen. In der Umgebung von ʿAqaba kann man subtropische Dornensträucher und Schirmakazien sehen.

Die Fauna ist so abwechslungsreich wie die Landschaft Jordaniens selbst. In den Bergen leben Adler, seltener sind Gazellen anzutreffen. In den Oasen, vor allem in Azraq, halten sich die Zugvögel auf ihrer Durchreise oder ständig in den Wintermonaten auf. Zugleich trifft man dort asiatische Schakale, Füchse, Wölfe und gestreifte Hyänen. Die in moderner Zeit ausgerottete weiße Antilope (*Oryx leucoryx*) wurde durch die Initiative des *Royal Society for the Conservation of Nature* erfolgreich in der *Shaumari Wildlife Reserve* wieder angesiedelt. Asiatische Löwen, Geparde, syrische Bären, Dammhirsche und Wildesel, die früher die Oasenregionen bevölkerten, sind durch Jagd gänzlich ausgerottet worden. In der Wüste leben Eidechsen und verschiedene Nagetiere. In den peträischen Bergen trifft man manchmal die blaue Sinai-Eidechse (*Agama sinaita*). Zu den gefährlichen Giftschlangen zählen die Hornviper und die hübsch aussehende palästinische Schlange (*Echis coloratus*). Etwa über dreihundert verschiedene Vogelarten hat man in Jordanien registriert, darunter verschiedene mit auffallend farbigem Federkleid. In den Gärten um ʿAmman kann man den palästinischen Sonnenvogel beobachten (*Nectarinia osea*), wie er den Nektar aus den Blumen saugt. Das ökologische Gleichgewicht auf der knapp 17 km langen Küstenlänge im Golf von ʿAqaba hat durch den starken Schiffsverkehr gelitten, doch gerade im südlichsten Teil der Küstenlinie kann man immer noch eine verschwenderisch reiche Korallenwelt und eine Vielzahl tropischer Fische bewundern.

4. Bodenschätze und Energieversorgung

Neben Kupfer-, Eisen- und Schwefel-Vorkommen verfügt das Land über beachtliche Phosphat-Vorräte. Der Export dieses Grundstoffes, der im *Wadi el-abyad,* Ruseifa und im *Wadi el-Hesa* gewonnen wird, ist eine der Haupt-Einnahmequellen des Landes. Das Tote Meer enthält ebenfalls verschiedene Mineralien. Baustein und Zement bilden weitere Industriezweige. Erdöl wird aus Saudi-Arabien und dem Irak importiert. Bis jetzt konnten nur geringe Mengen Öl im Azraq-Becken gefunden werden, dafür entdeckte man 1987 aber ergiebige Erdgasvorkommen. Die Anstrengungen konzentrieren sich neuerdings auf erneuerungsfähige Energiearten wie Wind- und Solarenergie.

Verschiedene Dammprojekte halfen bei der Speicherung des kostbaren Wassers. Der König Talal-Damm staut den *Nahr ez-Zerqa* (Yabboq) und hat ein Fassungsvermögen von 86 Millionen m³. Weitere Projekte werden den Wasserhaushalt des Yarmuk (Maqarin-Damm) und des Wadi ʿArab regulieren.

5. Handel und Wirtschaft

Das Wirtschaftssystem in Jordanien ist von den Prinzipien der freien Marktwirtschaft inspiriert. Größere industrielle Projekte (u.a. Phosphat-, Pottasche- und Ölindustrie, *Royal Jordanian* Fluggesellschaft, usw.) befinden sich allerdings in Staatseigentum. Dagegen sind die Landwirtschaft und kleine bis mittelgroße Betriebe in privater Hand. Weiter spielt der Staat eine Rolle bei der Preisgestaltung und bei der Subventionierung der Grundnahrungsmittel. Als Jordanien bei der israelischen Besatzung 1967 die West-Bank verlor, ging dies mit einen Verlust von einem Drittel des fruchtbaren Bodens einher. Die vielen Flüchtlinge aus Palästina erschwerten außerdem den wirtschaftlichen Aufstieg. Die permanente Krise im Libanon kam aber Jordanien zugute. Der Golfkrieg zwischen Iran und Irak (Sept. 1980) entfachte einen wirtschaftlichen Aufschwung. Außerdem lockte der Boom in der Öl-Industrie viele jordanische Gastarbeiter in die Golfstaaten. Ihre Geldtransfers wurden zu einer der größten Einnahmequellen des Landes. Mit den Geldüberweisungen wurden ehrgeizige Infrastrukturprogramme im eigenen Land finanziert. Zeitweise hatte Jordanien selbst über 150.000 Gastarbeiter, vor allem aus Ägypten, aber auch aus Pakistan und den Philippinen. Die Turbulenzen im Ölgeschäft (seit 1983) und das Ende des Golfkrieges 1988 stürzten das Land in eine Wirtschafts- und Finanzkrise. Gezwungen durch den internationalen Währungsfonds mußte Jordanien die subventionierten Preise für die Grundnahrungsprodukte anheben, was im April 1989 zu sozialen Unruhen, vor allem in Maʿan und im Süden des Landes, führte. Die Besetzung und Annektion Kuwaits durch den Nachbarn Irak (2. August 1990) brachte das wirtschaftliche Gefüge des Landes vollends ins Wanken. Die Touristikbranche kam zum Erliegen. Die Seeblockade gegen Irak traf auch den Hafen ʿAqaba: der Transithandel wurde eingestellt, das Flüchtlingsproblem stellte Jordanien vor unüberwindlichen Aufgaben, die ohne Fremdhilfe nicht zu bewältigen waren. Nach dem Ende des Krieges kehrten 300.000 Palästinenser nach Jordanien zurück und verschärften damit den wirtschaftlichen Notstand.

Während Jordanien Obst und Gemüse exportiert (Handelswert 1986: 43.300.000 JD), konnte die Getreideernte mit dem Bevölkerungszuwachs nicht Schritt halten: die Importe mußten von 32,8 Mill. JD in 1975 auf 160 Mill. JD in 1986 gesteigert werden. Ein wichtiger Wirtschaftsfaktor für das Land ist die Touristik, die ihre Zahlen in den 70er Jahre vervierfachen konnte. Die unstabilen politischen Verhältnisse sorgten 1980 zwar für eine Verlangsamung des Zuwachses, dennoch machte der Ertrag der Touristik-Branche vor der Annektion Kuwaits etwa 9 % des Brutto-Sozialproduktes aus.

1986 betrug die Wachstumsrate der Wirtschaft 3,7 %. Die Staatseinkünfte beliefen sich 1986 auf 304.100.000 JD. Die arbeitende Bevölkerung wird auf 500.000 geschätzt, während die Arbeitslosigkeit etwa 8 % der Bevölkerung betrifft. Die Handelsbilanz wird auf 598.100.000 JD (1986) beziffert. Die Gesamt-Auslandsschuld betrug 1.110.700.000 JD (1986). Die wichtigsten Importe umfassen Erdöl (Saudi-Arabien und Irak), industrielle Fertigprodukte, Maschinen und Nahrungsmittel aus Europa und den USA. Die meisten Exporte Jordaniens gehen in die arabischen Staaten, vor allem in den Irak und Saudi-Arabien, weiter in die EG-Länder und Rumänien. Dabei gehören zu den wichtigsten Ausfuhrgütern Rohphosphate, Viehzuchtprodukte, Früchte, Gemüse und Tabak. Jordanien bemüht sich um eine ausgewogene Handelsbilanz und erstrebt bilaterale Verträge mit seinen Handelspartnern.

6. Regierungsform

Das Haschemitische Königreich Jordanien *(El-mamlakah el Urduniyah el Hashimiyah)* ist eine erbliche konstitutionelle Monarchie. Das Königshaus der Haschemiten leitet sich ab vom Propheten Mohammed in der 43. Generation. Der König ist Staatsoberhaupt und Oberbefehlshaber der Streitkräfte. Die Legislative ist in den Händen des Senats oder Oberhauses, deren 30 Mitglieder vom König bestimmt werden, sowie beim Unterhaus, deren 60 Mitglieder von allen Männern und Frauen über 18 Jahre gewählt werden. Zehn Sitze des Unterhauses gehören den Christen, zwei sind den Tscherkessen vorbehalten. Der Premier-Minister wird vom König bestimmt und kann von ihm auch abberufen werden.

Bei der Regierungskrise von 1952 wurden die politischen Parteien des Landes verboten. Nachdem sie 1962 ihre Tätigkeit wieder aufnehmen durften, wurden sie bei den Wahlen von 1963 jedoch erneut verboten. 1971 wurde die *»Jordanische Nationalunion«* (später: *»Arabische Nationalunion«*) vom König gegründet und als einzige Partei zugelassen. Nach der Verfassung sind Gewerkschaften erlaubt, 1957 und 1970 untersagte der König aber ihre Aktivitäten. 1991 wurde der Notzustand offiziell aufgehoben.

Teil II: Kulturgeschichte Jordaniens

1. Das Paläolithikum (1200000–8500 v. Chr.)

Lange Zeit hatten die Archäologen die Früh- und Vorgeschichte des Ostjordanlandes vernachlässigt. Die erste Generation der Archäologen, die sich für das Ostjordanland interessierte und dort forschte, stammte vorwiegend aus dem Kreis der Bibelwissenschaftler. Entsprechend interessierten sie sich vor allem für die Perioden der Geschichte, die Berührungspunkte mit der Biblischen Geschichte aufwiesen. Erst seit wenigen Jahrzehnten ist nun die Erforschung der Vorgeschichte in den Mittelpunkt der archäologischen und geschichtlichen Arbeit gerückt, wobei rasch deutlich wurde, daß das Ostjordanland der Wissenschaft gerade für die Vorgeschichte der menschlichen Kulturen wertvolle Beiträge liefern kann.

Flint- und Basaltgeräte wurden im ganzen Gebiet des Ostjordanlandes entdeckt, vor allem aber in der Wüstenregion bei den *Wadis.* Als Jäger und Sammler verfeinerte der paläolithische Mensch allmählich seine Werkzeuge aus Stein. Grundlagen der Ernährung blieben das gejagte Wild und die gesammelten Früchte von Bäumen und Sträuchern. Im **Mittelpaläolithikum** zeichnet sich der Übergang vom groben Faustkeil zur sorgfältig bearbeiteten Klinge ab. Zeugnisse aus dem **Jungpaläolithikum** (Kharane, *Wadi Dab'i* in der östlichen Wüste) fehlen fast ganz, während das **End- oder Epipaläolithikum** (17 000 bis 8 500 v. Chr.) wiederum im Ostjordanland stärker verbreitet gewesen ist: An den Sichelklingen aus Silex und Obsidian konnte man eine Berührung mit getreide-artigen Gräsern nachweisen. Die zweischneidige Pfeilspitze tritt erstmals auf, daneben fand man noch aus Knochen hergestellte Gebrauchsgegenstände. Erste Architektur-Entwicklungen machen sich bemerkbar, denn es wurden kleine kreisförmige Einzäunungen und Fundamente von Hütten entdeckt (**Beidha** bei Petra). Die letzte Phase des Paläolithikums leitet einen ganz neuen Abschnitt in der Menschheitsgeschichte ein: über einen Zeitraum von einigen Jahrtausenden und in mehreren Etappen befreite sich der Mensch aus der Abhängigkeit von der Natur und fing an, diese umzugestalten und zu kontrollieren. Die Sammeltätigkeit machte Platz für die Landwirtschaft, die Jagd wich der Viehzucht.

2. Das Neolithikum (8500–4500 v. Chr.)

Den Übergang von einer Gesellschaft von Jägern und Sammlern zu Frühformen der Seßhaftigkeit (die sog. Neolithisierung) fand im Ostjordanland im Vergleich zum Westjordanland erst mit einer gewissen Verzögerung statt; auch hier setzten allmählich die Domestizierung von Tieren und die Herdenhaltung sowie die systematische Anpflanzung von Wildgetreide ein, die eine seßhafte Lebensweise erst möglich machen. Zu den wichtigsten Fundorten dieser Periode gehören **Beidha** bei Petra, **ʿAin Ghazal** bei ʿAmman, **Jericho** am Westrand des Jordantals sowie die nördliche Basaltwüste. In ʿAin Ghazal scheint es um 6500 eine fast explosionsartige Zunahme des besiedelten Gebietes gegeben zu haben. *»Konservative«* Lebensformen für Jäger und Sammler hielten sich aber gleichzeitig in der nördlichen Basaltwüste: Fangeinrichtungen aus niedrigen Basalt-Mauern, manchmal über mehr als zehn Kilometer ausgedehnt, dokumentieren eine perfektionierte Gazellenjagd. Die eingetieften runden und rechteckigen Wohnhäuser von Beidha weisen eine große architektonische Einheitlichkeit auf, sie dokumentieren damit eine Art des sozialen Ausgleichs. Die neuen Formen des Wirtschaftens hatten in diesem Stadium noch keine unter- und übergeordneten Klassen in der Bevölkerung geschaffen, obwohl mit der eingeführten künstlichen Bewässerung der Grundstein für eine Differenzierung der Gesellschaft gelegt wurde. Ein Totenkult zeigte sich in der Ahnenverehrung: die Schädel der Verstorbenen wurden vom restlichen Körper abgetrennt und mit einer Gipsmasse modelliert. In ʿAin Ghazal wurden kleine Statuetten aus Ton gefunden, die ebenfalls dem Totenkult dienten.

3. Das Chalkolithikum (4500–3200 v. Chr.)

Günstigere klimatische Verhältnisse im Ostjordanland scheinen für eine dichtere Besiedlung des Landes entscheidend gewesen zu sein. Damit geht allmählich eine Spezialisierung der Produktion einher, die von Bauern und Viehzüchtern in kleinen Siedlungen betrieben wird. Methoden der Kupferverhüttung werden erfunden, die letztlich diesem Zeitabschnitt seinen Namen geben. Neben wiederbelebten alten Siedlungen (Teleilat Ghassul) entstehen vielerorts Neugründungen (Tabaqat Fahl = Pella; Sahab; Umm Hammad; Abu Hamid). Die Bestattungen der Erwachsenen findet nun auf einem

Friedhof statt, nicht mehr in den Wohnungen. Aufsehen erregte in Teleilat Ghassul die Auffindung vielfarbiger Darstellungen (Kultszene, ein großer Stern, verschiedene Tierdarstellungen), die in einigen Häusern auf den Wandputz aufgetragen worden waren. In der Keramikproduktion erzielt man durch Drehbewegungen neue Zierformen, und durch besser gesteuerte Temperaturen ermöglicht man die Herrstellung größerer Gefäße. In Abu Hamid z.B. wurden riesige Vorratsgefäße für die Aufbewahrung von Getreide oder vielleicht auch Öl benutzt. Einige Dolmen-Felder, die man verstreut im ganzen Ostjordanland finden kann (u.a. bei Damiyeh im zentralen Jordantal, Kufr Yuba im nördlichen Hügelland und Khirbet el-Mukhayyet beim Berg Nebo), datieren wohl auch aus diesem Zeitabschnitt.

4. Die Bronzezeit (3200–1200 v.Chr.)

Die **Frühbronzezeit** (FB, ca. 3200–ca. 2250 v.Chr.) weist als besondere Neuerung die *Entstehung städtischer Zentren* und die *Erfindung der Schrift* im Zweistromland und Ägypten auf. Wiederum vollzieht sich die Urbanisierung im Ostjordanland und Palästina erst mit einer gewissen Verzögerung. Die Entwicklungen werden mit neuen Bevölkerungsgruppen in Zusammenhang gebracht, die sich im Land ansiedeln und als weitere Neuerung eine veränderte Bestattungsform mitbringen. Man ließ die Verstorbenen erst verwesen und schichtete dann in einer Zweitbestattung ca. 1 m unter dem Erdboden die Gebeine mehrerer Tote auf. Dabei wurden die Schädel und die Opferbeigaben getrennt an den Rändern der Grabkammer deponiert. Zahlreiche neue Siedlungen in landwirtschaftlich günstigen Gebieten bilden nun isolierte und leicht zu verteidigende Zentren.

Zwischen 3000 und 2300 v.Chr. (FB II und III) bauten verschiedene dörfliche Gemeinschaften *befestigte Mauern* um ihre Siedlungen. Damit entstand eine neue politische Struktur im Lande, indem sich – zunächst bescheidene – autonome Stadtstaaten etablierten, die über ihr eigenes Ackerbauland verfügten und Handelsbeziehungen mit den Nachbarstaaten pflegten. Beispiele für diese Entwicklung sind Tell esh-Shuneh-Nord, Tell es-Saʿidiyeh, Tell Handaquq-Süd und Qataret es-Samra im Jordantal, Numeira und Safi im *Wadi el-ʿAraba,* Khirbet el-Mukhayyet, Sahab und der Zitadellenbereich von ʿAmman im Hügelland sowie Jawa in der nordöstlichen Basaltwüste. Der bedeutendste Fundort dieser Zeit ist aber **Bab edh-Dhraʿ**, 250 m unter dem Meeresspiegel am Zugang zur Lisan-Halbinsel am Toten Meer gelegen. Neben der befestigten Siedlung auf dem Hügel liegt der wohl größte Friedhof des Vorderen Orients, der auch vor und nach der Besiedlung auf dem Hügel noch von Sippen aus der Umgebung benutzt wurde.

Die meisten städtischen Siedlungen wurden am Ende der FB II und der FB III zerstört oder aufgegeben. Diesmal scheinen klimatische oder ökologische Faktoren dafür verantwortlich gewesen zu sein, obwohl auch das Eindringen neuer Bevölkerungsgruppen nomadischer Herkunft (die sog. *»Amoriter«*) als Ursache nicht ausgeschlossen werden kann. In der **Frühbronzezeit IV** (2250–1900 v. Chr.) wurden im Nordteil des Jordantales neue Siedlungen gegründet. Man bevorzugte nun Plätze auf flachem Gelände, oft bei der Mündung von *Wadis:* die Verteidigung spielte in diesen Siedlungen meist keine große Rolle. Das Hauptinteresse galt der Landwirtschaft.

Die **Mittelbronzezeit** I–III (MB) (ca. 1900–ca. 1550 v. Chr.) ist gekennzeichnet durch das Aufkommen der schnell drehenden Töpferscheibe. Sie ermöglichte eine Feinkeramik. Viele Neugründungen siedelten sich nun auf der Spitze eines Hügels an (Zitadellenbereich von ʿAmman, Tell es-Saʿidiyeh, Tabaqat Fahl). Bronze als Herstellungsmaterial für Waffen und Geräte fand immer mehr Verbreitung. Es liegt nahe, diese Neuerungen wieder mit dem Eindringen neuer Bevölkerungsgruppen in Zusammenhang zu bringen. Viele Ortschaften haben ein Befestigungssystem mit einem Glacis (Erdaufschüttung oder Böschung), das dazu dient, die Stadt- oder Befestigungsmauer zu schützen, indem ein toter Winkel vermieden wird und zugleich die Rammstöße der *»Mauerbrecher«* abgefangen wurden. Die Bestattungen finden in einem Schachtgrab statt, das für Gemeinschaftsbestattungen hergerichtet und reichlich mit Beigaben versehen wurde. Die ersten historischen Quellen für unsere Region stammen aus diesem Zeitabschnitt, die sog. *»Ächtungstexte«* aus Ägypten. Die Texte enthalten auf Tonscherben bzw. auf zerschlagenen Figürchen u. a. einige Namen von Herrschern und Ortschaften aus dem Ostjordanland.

Die **Spätbronzezeit** I–II (SB), ca. 1550–1200 v. Chr.) bringt vor allem eine Öffnung der östlichen Mittelmeerwelt, Ägyptens und Mesopotamiens für weitreichende Handelsverbindungen und für einen regen Kulturaustausch untereinander. Töpferwaren aus Zypern sowie mykenische Keramik finden ihren Weg bis zum Ostjordanland. In der SB II A und B (ca 1400–1200 v. Chr.) wird Ägypten mit der 18. Dynastie, vor allem unter seinem Herrscher Thutmosis III. (1490–1436), zur dominierenden Macht in Palästina-Syrien. Die Siedlungen im Ostjordanland aus dieser Zeit verraten deutlich den ägyptischen Einfluß. Im Laufe des 14. Jhs. müssen dann aber Gruppen der Seevöl-

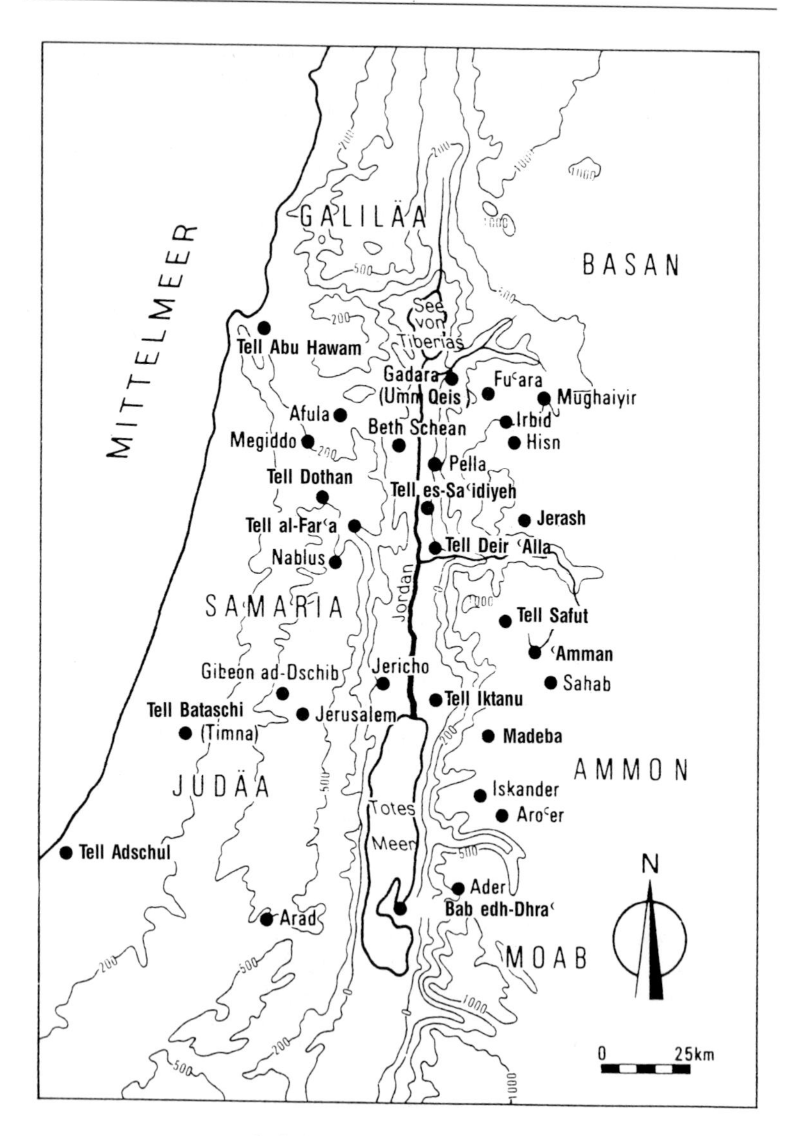

Jordanien im 2. Jahrtausend v. Chr.

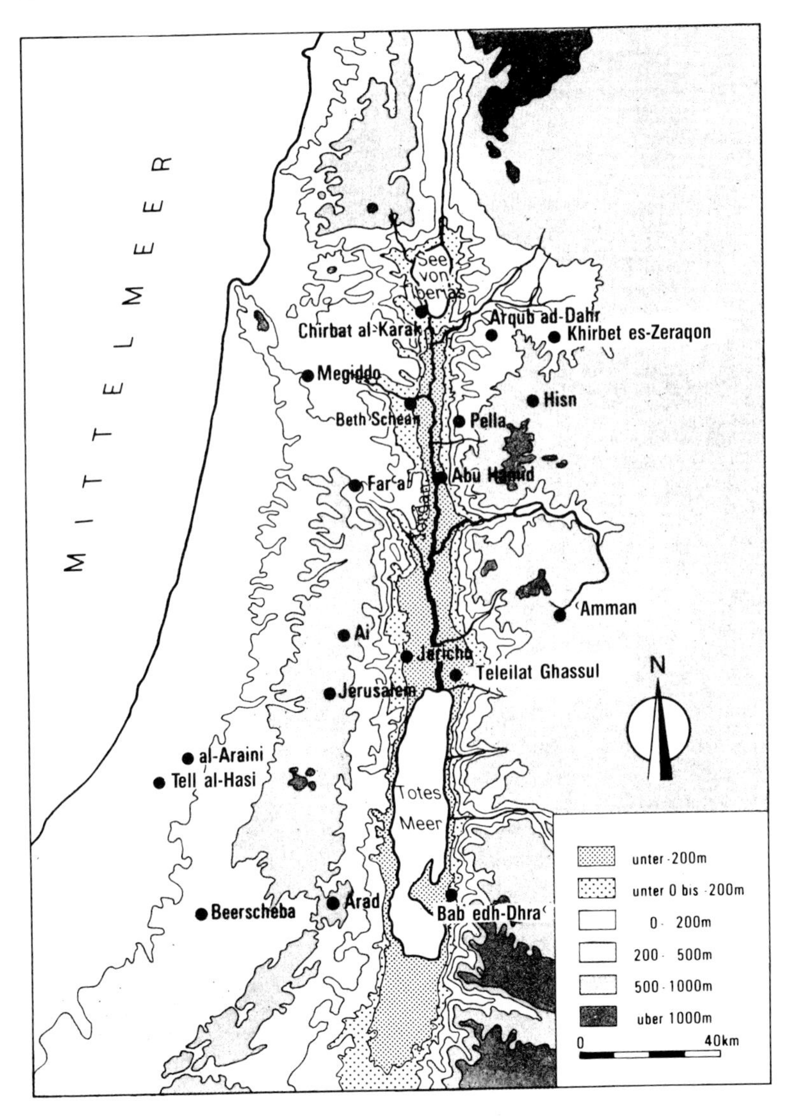

Jordanien im 3. Jahrtausend v. Chr.

ker von Beth-Schean aus sich u. a. in Pella *(Tabaqat Fahl)* angesiedelt haben. Die Stadtbefestigung von Pella und Sahab, die Tempelanlagen am Marka-Flughafen in ʿAmman und in Tell Deir-ʿAlla, die Siedlungen in Sahab und Tell es-Saʿidiyeh sowie alle weiteren archäologischen Befunde aus dieser Zeit belegen, daß es im Lande keine Besiedlungslücke vor der Eisenzeit gegeben hat. Mit den blühenden Stadtkulturen geht die Entwicklung der Alphabetschrift auf der Sinai-Halbinsel und in Ugarit einher; zugleich liefert das Amarna-Archiv der Pharaonen Amenophis III. und IV. (Echnaton) weitere Hinweise auf die politischen Strukturen der Stadtstaaten in Palästina-Syrien.

5. Die Frühe Eisenzeit (1200–750 v. Chr.)

Um 1200 v. Chr. bricht das Gleichgewicht der Großmächte (Ägypten und das Hethiterreich) zusammen, als die Seevölker über das Mittelmeer nach Kleinasien eindringen. Nacheinander erobern und zerstören sie Hattusha (die Hauptstadt der Hethiter), Zypern und viele kleine Stadtstaaten am Mittelmeer und im syrisch-palästinischen Binnenland. Die Bevölkerung im Ostjordanland hatte im Zuge der Auseinandersetzungen mit den Wanderstämmen und den Bedrohungen vom Ausland damit begonnen, sich in größeren politischen Zusammenhängen zu organisieren. Auf der transjordanischen Hochebene entstanden die Königreiche Ammon, Moab und später auch Edom. Die materielle Kultur der Frühen Eisenzeit war gekennzeichnet durch einen einheitlichen Wohnhaus-Typ, der aus vier Räumen und Mauern mit Stützpfeilern bestand (das sog. *»Vierraumhaus«*). Weiter findet man in dieser Zeit erstmals Zisternen mit wasserdichtem Verputz, die es nun ermöglichen, weniger abhängig von nahen Wasserquellen zu existieren.

Der südliche Teil des Landes, vom Golf von ʿAqaba bis zum *Wadi el-Hesa,* bildete das Königreich **Edom.** Die ägyptischen Pharaonen hatten oft genug Gründe, sich eingehend mit diesem Landstrich zu beschäftigen. Die nomadischen Bewohner waren notorische Störenfriede, die man zu Frondiensten in den Kupferminen von Feinan verpflichtete. So scheint eine Zentralisierung der politischen Macht in Edom erst mit einiger Verzögerung stattgefunden zu haben. Noch bis zum 9. oder gar 8. Jh. v. Chr. ist mit einem stammesmäßig differenzierten Regionalfürstentum zu rechnen. Das widerspricht allerdings dem biblischen Bericht in Gen *36,31 ff.* und Num *20,14–21,* der für die frühe Eisenzeit von einer bereits etablierten edomitischen Königsdynastie spricht. Die archäologischen Befunde auf dem Umm el-Biyara (Petra), in Tawilan und

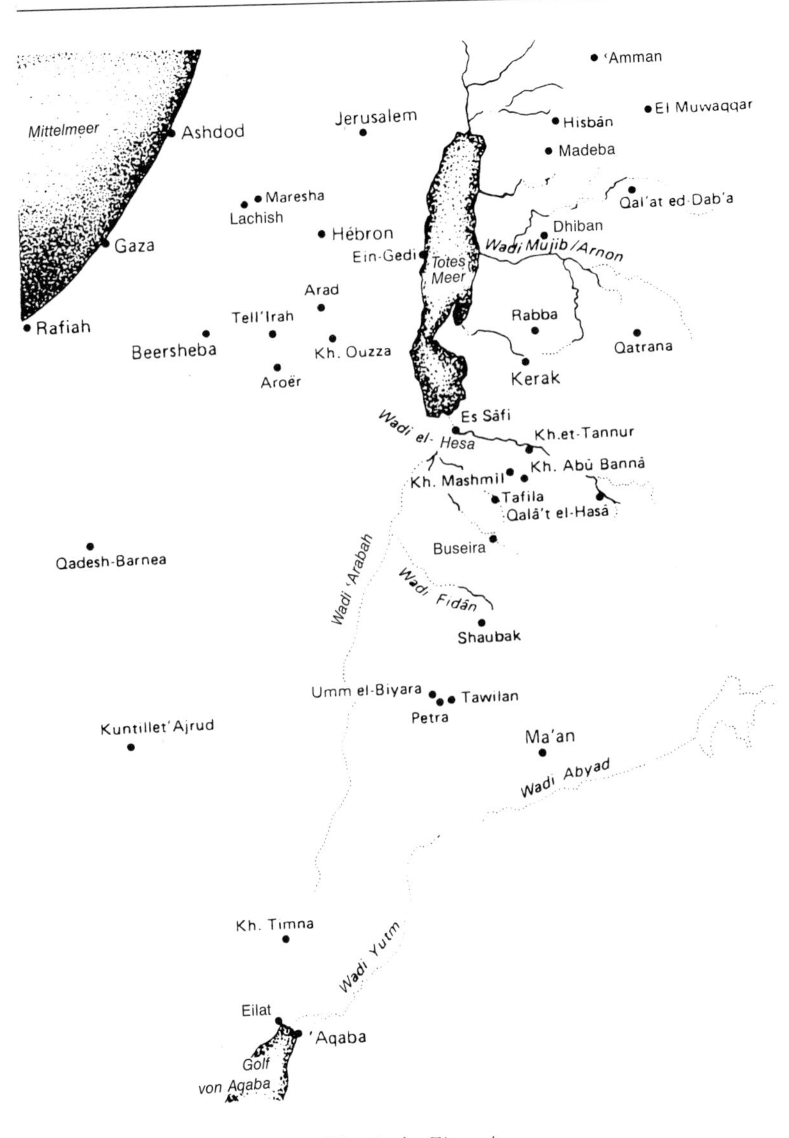

Edom in der Eisenzeit

Buseira lieferten auf jeden Fall keine Hinweise für eine zentrale, königliche Staatsverfassung im 13. Jh. Auf der östlichen Mauer des Innenhofes im Amun-Tempel von Luxor wird berichtet, wie Ramses II. (1290–1224) nach dem Sieg über die Schasu-Beduinen in Edom zahlreiche befestigte Städte im Ostjordanland einnahm und ihre Stadtkönige in Gefangenschaft wegführen ließ. Nach dem biblischen Bericht in 2 *Sam 8,13f.* besiegte König David die Edomiter und setzte Vögte ein. Sein Sohn Salomo gründete den Hafen Ezjon-Geber am Golf von ʿAqaba *(1 Kön 9,26)*. Der Edomiter Hadad konnte sich noch unter Salomo vom israelitischen Joch befreien und herrschte wenig später als König von Edom *(1 Kön 11,14–22)*. Zwischen 848 und 841 war Edom zur Zeit des judäischen Königs Joram wieder unabhängig *(2 Kön 8,20–22)*. Verschiedene Male gelang es dem Südreich unter den judäischen Königen, Edom zu unterwerfen, um 730 v. Chr. konnte Edom dann aber für längere Zeit seine Unabhängigkeit gegen Juda behaupten. Dafür trat Edom bei den Auseinandersetzungen des assyischen Königs Adad-Nirari mit Damaskus in ein Vasallenverhältnis zu Assur ein, behielt aber seine eigene Königsdynastie.

Das Gebiet von **Moab** erstreckte sich vom *Wadi el-Hesa* bis zum Arnon *(Wadi el-Mujib)*, bisweilen schloß es auch die Madeba-Ebene ein. Der Zusammenschluß von neu einströmenden aramäischen Wandernomaden mit Bevölkerungselementen, die aus dem sozialen Gefüge der spätbronzezeitlichen Stadtkultur herausgefallen waren, führte um 1200 v. Chr. zu Umstrukturierungen der politischen Verhältnisse und zur Gründung eines eigenen moabitischen Königreiches. Gerade für diesen Zeitraum stehen uns biblische Angaben zur Verfügung, die aber in den wenigsten Fällen als historische Quellen dienen können. Der legendäre lokale amoritische Herrscher Sihon verweigerte den Israeliten bei ihrem Auszug, das fruchtbaren Gebiet nördlich des Arnon zu durchqueren. Daraufhin *»besetzten die Israeliten das Land vom Arnon bis zum Yabboq, d. h. bis zum Gebiet der Ammoniter« (Num 21,24)*. Balak, der König der Moabiter, ließ angesichts des gewaltigen israelitischen Heerlagers, das die Ressourcen seines Landes zu verzehren drohte, den Seher Bileam vom Euphrat herbeiholen, damit dieser Fluchworte über die israelitischen Stämme ausspreche; aber Bileam sprach, unter dem Eindruck der Gottesbotschaft, die ihm über seine sprechende Eselin zuteil wurde, nur Segensworte aus *(Num 22,1–24,25)*. Aus der Richterzeit erzählt das Alte Testament noch die Episode vom Richter Ehud aus dem Stamm Benjamin. Dieser Stamm, der bei Jericho ansässig und offensichtlich unter moabitischer Kontrolle geraten war, zahlte dem moabitischen König Eglon schon seit 18 Jahren Tribut *(Ri 3,12–30)*. König David (1004–965 v. Chr.) konnte Moab unterwerfen. Dem moabitischen Heer versetzte er einen schweren Schlag, indem er zwei Drittel umbringen ließ *(2 Sam 8,2)*. Erst nach der Reichstrennung in Israel konnte Moab sich

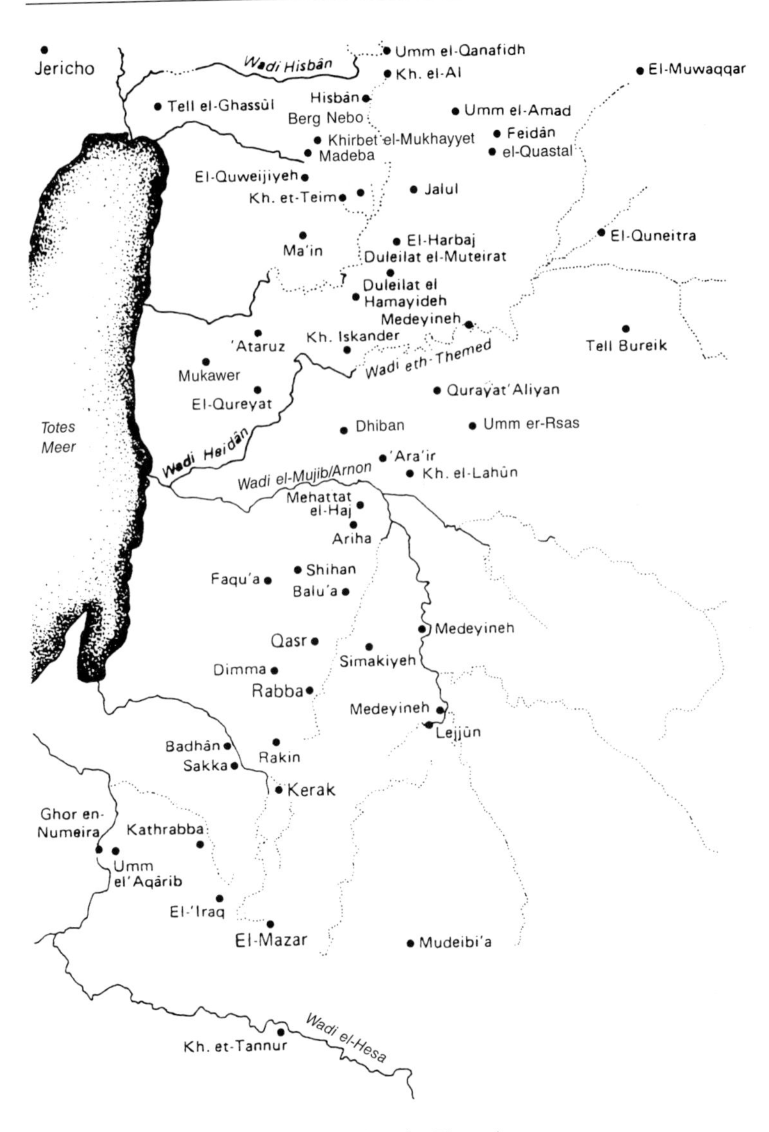

Moab in der Eisenzeit

wieder aus der Fremdherrschaft befreien. Das Nordreich Israel brachte unter Omri Moab allerdings wieder unter seine Kontrolle. Eine Bauinschrift aus dem 9. Jh., die sog. **Mescha-Stele,** weiß zu berichten, daß der moabitische König Mescha um die Mitte des 9. Jhs. die Israeliten aus Madeba, Nebo, ʿAtarot und Dibon vertreiben konnte, daß er verschiedene Städte neu gründete, Zisternen ausheben ließ und die Straße am Arnon gebaut habe. Von den Königen Joram (Israel) und Joschafat (Juda) wird noch erzählt, daß sie zusammen mit ihrem Vasallen, dem König von Edom, den moabitischen König in **Qir-Heres** (wahrscheinlich das spätere Kerak) belagert haben und daß dieser in seiner verzweifelten Notlage seinen erstgeborenen Sohn dem Gott Kemosch opferte *(2 Kön 3,25–27)*.

Das Gebiet des Königreiches **Ammon** erstreckte sich vom Yabboq *(Nahr ez-Zerqa)* im Norden bis zum Arnon im Süden. Dasselbe Gebiet war nach dem Zeugnis der Bibel Siedlungsraum der Ammoniter und der biblischen *»Amoriter«* (vgl. *Num 21,25–30; Dtn 1,14* u.ö.). Als in Israel noch die Richter in Notsituationen das Geschick der Stämme bestimmten, hätte Ammon sich bereits als Königreich organisiert. Die biblischen Angaben über Ammon sind sehr zahlreich, ihre historische Zuverlässigkeit ist aber oft zweifelhaft. Gerade in den ersten Jahren nach der Ansiedlung israelitischer Stämme in Kanaan ist wohl nicht damit zu rechnen, daß Gesamtisrael beim Exodus das ammonitische Gebiet annektiert hat, wie *Ri 11,12f.* nahelegt. Andererseits scheint der ammonitische König Nahas von König Saul Teilgebiete zurückerobert und sogar die von Israeliten besiedelte und tief im Norden gelegene Stadt Jabesch-Gilead bedrängt zu haben. Dagegen hat sich David um gute Kontakte mit Ammon bemüht. Seinem Sohn Salomo gab er eine Ammoniterin zur Frau. Der von David eingesetzte ammonitische Statthalter Schobi blieb David auf seiner Flucht vor Abschalom treu und versorgte ihn mit dem Nötigen *(2 Sam 17,27–29)*. Diese freundschaftlichen Beziehungen veränderten sich nach einem anekdotischen Bericht in *2 Sam 10* schlagartig, als der Ammoniter Hanun nach dem Tod seines Vaters Nahas II. den Thron bestieg. Aus diesem Anlaß wollten israelitische Gesandte Hanun eine Kondolenzbotschaft für den verstorbenen Vater überbringen, Hanun hielt sie aber für Spione: *»man ließ sie festnehmen, ließ ihnen die Hälfte des Bartes abscheren und ihnen die Kleider zur Hälfte abschneiden, bis zum Gesäß herauf« (2 Sam 10,4);* so schickte er sie entehrt nach Jerusalem zurück. Es kam zum offenen Krieg, wobei David Rabbat-Ammon (das heutige ʿAmman), die Hauptstadt der Ammoniter, von seinem Feldherrn Joab belagern und einnehmen ließ. Salomo konnte Ammon als Vasallenstaat behalten und nahm mehrere ammonitische Frauen in seinen Harem auf *(1 Kön 11)*. Aber schon bei der Reichsteilung nach seinem Tode (ca. 932 v. Chr.) konnten die Ammoniter ihre Unabhängigkeit zurückerobern. Zur Zeit Sal-

Ammon in der Eisenzeit

manassar III. (858–824) beteiligte sich Ammons König Baesa an einer antiassyrischen Koalition unter der Führung von Hamath und Damaskus. Das führte zur Schlacht bei Qarqar (853 v. Chr.), bei der die Kampfhandlungen, trotz assyrischer Siegesberichte, wohl unentschieden ausgingen.

6. Die Oberherrschaft der Assyrer, Babylonier und Perser (750–332 v. Chr.)

Seit der Regierung von Salmanassar III. (858–824) wurde das asssyrische Großreich zu einer Bedrohung für die Existenz der ostjordanischen Reiche. Nach der Eroberung der syrischen Stadt Aleppo begaben sich viele Kleinstaaten freiwillig in ein Vasallenverhältnis zu Assur und zahlten Tribut. Der Widerstand der syrisch-palästinischen Kleinstaaten wurde nacheinander von der Städten Hamath und Damaskus organisiert. Die Früchte der unentschieden ausgegangenen Schlacht von Qarqar wurden aber verspielt, indem immer wieder Rivalitäten zwischen den Kleinstaaten aufbrachen. Tiglatpileser III. (745–727 v. Chr.) eroberte aus diesem Anlaß ganz Transjordanien. Der ammonitische König Sanipu unterwarf sich und zahlte Tribut. Ebenso handelte wohl der edomitische König Qaus-Malak und König Shalaman von Moab.

Im 7. Jh. erlebte Ammon gleichwohl eine Blütezeit seiner Kultur. Die Mauern der Zitadelle wurden abermals verstärkt, und es entstand eine zwar provinzielle, aber interessante, eigenständige ammonitische Kultur und Kunst. Die rundplastischen Skulpturen und Terrakotten, die besonders im Bereich der Zitadelle von ʿAmman gefunden wurden, sind bescheidene Werke einheimischer Künstler, die unter assyrischem und aramäischem Einfluß stehen. Aus dem ammonitischen Pantheon ist vor allem der Gott Milkom aus der Bibel und einigen Inschriften bekannt. Sprache und Schrift sind nur in wenigen Dokumenten bezeugt: eine Inschrift von der Zitadelle und vom Theater von ʿAmman, die Bronzeflasche von Tell Siran, Ostraka aus Heschbon sowie zahlreiche Siegelinschriften dokumentieren die enge Verwandtschaft der ammonitischen mit der moabitischen und hebräischen Sprache. In den Inschriften des Assarhaddon und Assurbanipal werden der edomitische König Qausgabar, der Moabiterkönig Musur und Bod'el sowie dessen Nachfolger Amminadab I. als treue Vasallen aufgezählt, indem sie Transportdienste nach Ninive leisteten (um 673) und Truppen für den assyrischen Angriff gegen

Ägypten stellten. So blieben die ostjordanischen Reiche unter Sanherib (705–681 v. Chr.), Assarhaddon (680–669) und Assurbanipal (668–631) weiterhin Vasallen Assurs. Unter Assurbanipal nahm der Druck der Beduinen auf die Kulturgebiete zu. Mit ihren eigenen Truppen und mit Unterstützung der Vasallentruppen aus Edom, Moab und Ammon wurden die Qedar-Beduinen zurückgedrängt.

Bei alledem wird deutlich, daß die drei ostjordanischen Reiche eine gewisse innere Selbständigkeit behalten konnten. Die assyrischen Provinzgouverneure und ihre lokalen Beamten und Aufseher waren indessen gefürchtet und hatten wohl ein ausgeklügeltes Meldesystem für umstürzlerische und konspirative Aktivitäten der Bevölkerung erfunden. Eine Deportation wie im Nachbarland Israel und später unter den Babyloniern in Juda fand auch im Ostjordanland statt, aber wahrscheinlich nicht im gleichen Ausmaß. Die Folgen der assyrischen Religionspolitik, die ihren Staatsgott Assur durch ihre militärischen Erfolge als einen überlegenen Gott präsentieren konnte, werden wohl darin bestanden haben, daß assyrische Gottheiten neben den einheimischen verehrt wurden.

Aus den sogenannten *»Völkersprüchen«* und aus anderen Stellen des Alten Testamentes (vor allem das ganze Buch *Obadja, Jer 49,16–18; Ez 25, 12–14; Ez 35; Ps 137,7–9; Jes 34,5–17; 63,1–6* u.ö.) spricht ein tiefer Haß gegen Edom. Möglicherweise hat Edom bei der babylonischen Eroberung und Zerstörung Jerusalems 587 v. Chr. Handlangerdienste geleistet. Zudem lieferte das Vordrängen der Edomiter in den judäischen Negev – nach der Einnahme Jerusalems durch die Babylonier – einen weiteren Grund für die Feindschaft. Der letzte babylonische König Nabonid besiegte *»die Stadt Edoms«* – damit ist wohl die Hauptstadt Bozra (heute: Buseira) gemeint. Ab dem 7./6. Jh. griffen Edomiter immer häufiger auf den westlich gelegenen Negev über; sie scheinen selbst von einrückenden früharabischen Nomadenstämmen bedrängt gewesen zu sein, bis dann im 4. Jh. die **Nabatäer** zur dominierenden Volksgruppe in Edom wurden. Nachdem die assyrische Macht sich im 7. Jh. rasch abschwächte, drohte immer wieder Gefahr aus der Wüste, von wo aus Nomadenstämme ein geordnetes und friedliches Leben unmöglich machten. Nebukadnezzar wurde aus diesem Anlaß zur Hilfe gerufen. Dennoch sind gleichzeitig bei Ammon Versuche festzustellen, das eigene Staatsgebiet zu vergrößern. Nur in der Bibel belegt *(2 Kön 25; Jer 41)* ist der Bericht über die Verschwörung einiger radikaler antibabylonischer Gruppen in Juda und des Königs der Ammoniter, Baʿalis: Heimtückisch ermordeten sie 587 v. Chr. den babylonischen Statthalter Gedalja in Mizpa. 589 scheint Ammons König Baʿalis sich zusammen mit der Stadt Tyrus dem Aufstand Zidkijas von Juda gegen die Babylonier angeschlossen zu haben. Daraufhin wurde Rabbat-

Ammon in einer Strafaktion zerstört und die ammonitische Bevölkerung teilweise deportiert.

Unter Kyros II. (559–530) gehörte Transjordanien zusammen mit Palästina und Mesopotamien zur Satrapie *»Babylonien und Transeuphrat«*, später wurde Transeuphrat zur eigenständigen Satrapie. Diese 5. Satrapie war in Provinzen *(Hyparchien)* untergliedert, wozu u.a. Ammon, Samaria, Idumäa und später auch Judäa gehörten. In der Provinz Ammon trat in der persischen Zeit ein gewisser Tobias auf, der als Lokalfürst Besitztümer in Transjordanien hatte und zum Statthalter (*ʿabd,* wörtlich: Sklave) des achämenidischen Königs ernannt worden war. In dieser Eigenschaft erscheint er im biblischen Buch Nehemia. Als Nehemia mit königlicher Genehmigung die Stadtmauer Jerusalems wiederherstellen wollte, hatte er mit dem Mißtrauen und erbitterten Widerstand des Gouverneurs von Samaria, Sanballat, des Araberkönigs Geschem und des Ammoniters Tobias zu rechnen. Archäologische Zeugnisse aus der persischen Zeit sind in Palästina-Syrien sehr selten. Um so wertvoller waren die Entdeckungen verschiedener Gräber aus dieser Zeit in Umm el-Udaina, Khilda (nordwestlich von ʿAmman) und auf dem Tell el-Mazar. Die Fundstücke zeugen alle von einer ausgeprägt kosmopolitischen und reichhaltigen Kultur und einer starken persischen Präsenz in diesem Gebiet.

Im Zuge des Niedergangs der persischen Macht im 4. Jh. gewannen die Nomaden der arabischen Wüste im ostjordanischen Gebiet immer mehr Freiraum. Sie sorgten für eine politische Instabilität und für unkontrollierbare Verhältnisse, die wiederum mit verantwortlich dafür waren, daß das ganze Gebiet in diesen Jahrhunderten am Rande der Kulturwelt blieb. Die Edomiter hatten den Süden inzwischen weitgehend verlassen und waren über das *Wadi el-ʿAraba* in den heutigen Negev gezogen. In das Vakuum im Süden drangen nomadische Stämme ein, aus denen sich dann allmählich die Nabatäer herauskristallisierten. Obwohl das persische Reich sehr starke zentralistische Züge – zu erinnern ist z.B. an die Einführung des Reichsaramäischen als internationale Umgangs- und Verwaltungssprache im Riesenreich der Achämeniden – und eine perfekte Verwaltungsstruktur hatte, konnte sich nach ihrem Niedergang kein einheitlicher ostjordanischer Staat herausbilden. Die drei Reiche Ammon, Moab und Edom hörten auf zu existieren.

7. Die Hellenistische Zeit (332–63 v. Chr.)

Das persische Großreich hatte in seiner Expansionspolitik das griechische Westkleinasien unter seine Kontrolle gebracht und griff in den Kriegen gegen die griechischen Stadtstaaten auch auf europäisches Territorium über. Die wechselhaften, mit Unterbrechungen über anderthalb Jahrhunderte andauernden Perserkriege und die Herrschaft über Gebiete, die von Griechen besiedelt waren, hatten griechisches Kultur- und Gedankengut in das riesige Perserreich eingeschleust. Nachdem der Makedone Philipp II. (359–336) die Rivalität der griechischen Stadtstaaten überwunden hatte, besiegte Alexander der Große 333 v. Chr. in der Schlacht bei Issos den letzten Perserkönig, Dareios III. Kodomannos (336–331) und trat damit das Erbe des persischen Großreiches an. Das Interesse Alexanders war aber hauptsächlich auf Ägypten und Mesopotamien, später auch auf das entfernte Industal gerichtet. Das Ostjordanland spielte in seinen weltpolitischen Planspielen niemals eine eigenständige Rolle. Als er am 10. Juni 323 v. Chr. in Babylon starb, ließ er das Reich ohne einen direkten Erben zurück. Die Satrapien wurden unter den Generälen Alexanders neuverteilt: dabei fiel Ägypten dem Ptolemaios, dem Sohn des Lagos zu; dem Antigonos Monophthalmos überließ man Pamphylien, Lykien und Großphrygien. Eine Neuordnung des Reiches wurde 321 v. Chr. in der nordsyrischen Stadt Triparadeisos vorgenommen, aber auch dieses Übereinkommen hielt der wachsenden Machtgier der Diadochen nicht stand. Durch den Friedenschluß von 311 v. Chr. und durch die Ausrottung der makedonischen Dynastie waren die Voraussetzungen für die Entstehung von fünf großen Territorialstaaten auf dem Boden des einstigen Alexanderreiches gegeben. Der bedeutendste Staat war das asiatische Reich des Antigonos Monophthalmos, das die Gebiete vom Hellespont bis zum Euphrat umfaßte. Das kleinere Reich des Lagiden Ptolemaios umfaßte Ägypten, die Cyrenaica, die Insel Zypern und zeitweise auch Südsyrien. Seleukos unterwarf seit dem Jahre 308 v. Chr. durch einen Kriegszug von Babylon aus den gesamten iranischen Osten bis nach Indien.

Nach wechselhaften Kampfhandlungen wurde die Idee der Reichseinheit nach und nach zu Grabe getragen. Mit der Annahme des Königstitels, zuerst durch Antigonos und Demetrios im Jahre 306 v. Chr., wurde ein wichtiger Schritt auf dem Weg zur Zerstörung des Einheitsreiches eingeleitet. Nach der Schlacht von Ipsos (301 v. Chr.) entstand ein hellenistisches Staatensystem, das sich in seiner inneren und äußeren Gestalt nur noch wenig wandeln würde. Die Niederlage des Antigonos und seines Sohnes Demetrios bei der Schlacht von Ipsos stärkte die Gebietsansprüche der Gegner: Seleukos erhob

Anspruch auf Syrien, weil Ptolemaios sich bei der Schlacht im Hintergrund gehalten hatte. In den nächsten 150 Jahren wurde Südsyrien (Koilesyrien) zum Zankapfel zwischen den Seleukiden und Ptolemäern. 278/277 v. Chr. gelang es Ptolemaios II. Philadelphos (285–246 v. Chr.), die Nabatäer zurückzudrängen und den Handel aus ihrem Gebiet ganz auf die ptolemäische Festung Gaza umzulenken. Neugegründete Militärsiedlungen sollten die Grenzen gegen weiter eindringende Araber im Osten und gegen die Seleukiden im Norden absichern. Alte Standorte wurden als hellenistische Städte ausgebaut. Antiochos III. vertrieb im 5. Syrischen Krieg (201–195 v. Chr.) Ptolemaios V. Epiphanes endgültig aus ganz Palästina-Syrien und schuf damit die Voraussetzungen für das Aufblühen des nabatäischen Volkes, das nun den Weihrauchhandel als ihr Monopol betrachten konnte.

Unter dem Seleukiden Antiochos IV. Epiphanes wurde die Hellenisierung konsequent vorangetrieben. Das rief im West-Jordanland die Widerstandsbewegung der Makkabäer hervor. Unter Judas Makkabäus, dem Sohn des Mattathias, wurden die seleukidischen Truppen dreimal geschlagen. Kurze Zeit sympathisierten die Nabatäer mit den jüdischen Nationalisten. Simon, ein weiterer Bruder des Judas, konnte 141 v. Chr. die Unabhängigkeit Judäas gegen die Seleukiden durchsetzen. Unter Alexander Jannai (103–76 v. Chr.) erlangte das judäische Königreich seine größte Ausdehnung, weite Teile des Ostjordanlandes bis zum Wadi el-Hesa hinunter wurden annektiert. Andauernde Konflikte mit den Nabatäern sowie innere Querelen im eigenen Königshaus lähmten schließlich den Elan Judäas, so daß Rom ein leichtes Spiel bei seiner Eroberung der Gebiete beiderseits des Jordans hatte. Die aus dem südlichen Ostjordanland ausgewanderten Edomiter siedelten sich auf dem judäischen Territorium im Negev an und wurden nun Idumäer genannt. Unter dem Hasmonäerfürst Johannes Hyrkan (134–104 v. Chr.) wurden sie zwangsjudaisiert und in das jüdische Volk eingegliedert.

Im Grenzbereich zwischen den beiden rivalisierenden Königreichen der Ptolemäer und der Seleukiden lebte das Ostjordanland mehrere Jahrhunderte lang in Unabhängigkeit. Das Eindringen der hellenistischen Kultur vollzog sich auf dem Boden des Ostjordanlandes recht unterschiedlich. Der nördliche und der zentrale Teil des Landes weisen deutlichere hellenistische Einflüsse auf, vor allem in den Stadtneugründungen der Dekapolis (Philadelphia, Gadara, Gerasa, Pella, Abila, Capitolias).

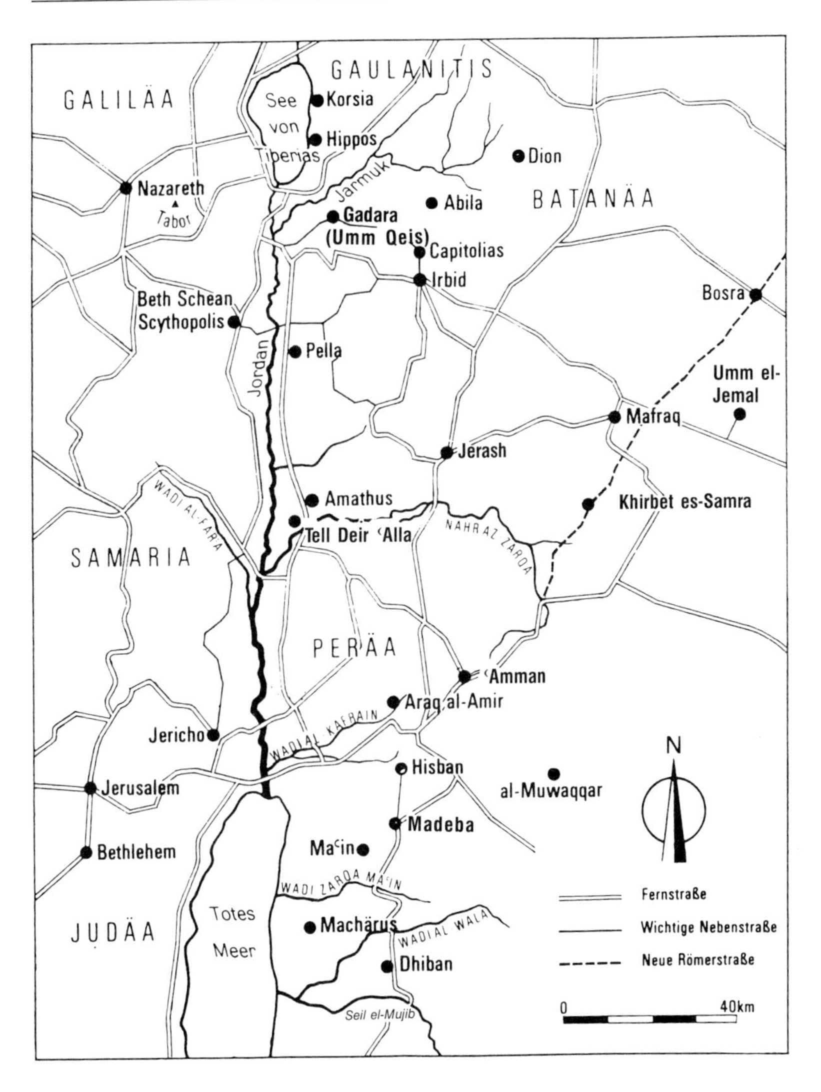

Das Ostjordanland in hell.-röm. Zeit

8. Die Nabatäer (3. Jh. v. Chr. – 2. Jh. n. Chr.)

Die Frühgeschichte des nabatäischen Volkes ist ungeklärt. Arabische Stämme konnten sich im 6. Jh. v. Chr. nach und nach die Kontrolle über die Kamelkarawanen sichern, die von Arabien zum Mittelmeer führten. Unter den zahlreichen arabischen Stämmen bildeten sich dann um 300 die Nabatäer als eigenständiges Volk heraus, indem zugewanderte Mitglieder des Stammes Qedar sich mit Edomitern verbanden und auch kleinere, unbedeutende Stämmegruppierungen in dem neuen Volk der Nabatäer aufgingen. Neben Nomaden und Händlern gab es von Anfang an unter den Nabatäern auch Städter, Handwerker und Bauern. Ihre wirtschaftliche und militärische Macht verschaffte ihnen jedoch die Kontrolle über ein Gebiet, das sich weit nach Norden – zeitweise bis nach Bostra und Damaskus – ausstreckte, obwohl sie zahlenmäßig dieses große Gebiet nicht dominierten. Petra wurde zum Hauptumschlagplatz für südarabische und indische Waren: dazu gehörten Weihrauch und Myrrhe. Das begehrte Terebinthenharz kam ebenfalls aus Arabien, die Duftstoffe Aloe, Zimt und Kassia kamen aus Indien, Sri Lanka und Südarabien. Von dort wurden diese Waren über Petra weiter nach Gaza, Syrien, Mesopotamien und Ägypten transportiert.

In hellenistischer Zeit werden die Nabatäer erstmals im Zusammenhang mit den Diadochenkämpfen erwähnt: als Antigonos Monophthalmos, Herrscher über Kleinasien und Syrien, die Ptolemäer 312 v. Chr. angreifen wollte, bot sein Feldherr Athenaios 4000 Fußsoldaten und 600 Reiter gegen die Nabatäer auf. Dabei gelang es Athenaios *»einen Berg, sehr schwer zu bezwingen und ohne Mauern«* einzunehmen (Diodor Siculus, 1. Jh. v. Chr.), in dessen Nähe die Nabatäer ihre Habe, Frauen und Kinder zurückgelassen hatten. Im Gegenschlag konnten die Nabatäer aber das Lager des Feindes überfallen und vernichten. Antigonos' Sohn, Demetrios Poliorketes, griff abermals Petra an, und wieder siegten die Nabatäer. In einem aramäisch geschriebenen Brief schlugen sie dennoch Antigonos einen Friedensvertrag vor. Die Auseinandersetzungen zwischen Ptolemäern und Seleukiden um die Vorherrschaft im Vorderen Orient ging zunächst für die Nabatäer ungünstig aus: 278/277 konnte Ptolemaios II. Philadelphos die Nabatäer zurückdrängen und das von ihm beherrschte Gaza als Endstation des Karawanenhandels durchsetzen. Um ihre anderen arabischen Konkurrenten (Gerrhäer, Sabäer und Minäer) auszustechen und sich gegen ptolemäische Pläne zu behaupten, die darauf abzielten, den Fernhandel über das Rote Meer umzuleiten und selbst in die Hand zu nehmen, waren die Nabatäer gezwungen, sich mit den Seleukiden zu arrangieren. Als Antiochos III. der Große im 5. Syrischen Krieg 201–195

v. Chr. Ptolemaios V. Epiphanes besiegen konnte, vertrieb er damit die Ptolemäer endgültig aus ganz Palästina-Syrien. Die anderen südarabischen Stämme, die vorher Ägypten unterstützt hatten, verloren ihren Einfluß: die Nabatäer konnten ihren Handel monopolisieren. Für diese Zeit ist der erste uns namentlich bekannte nabatäische Herrscher, Aretas, dokumentiert. Eine erste Berührung mit der jüdischen Geschichte ereignete sich 169 v. Chr., als der jüdische Hohepriester Joshua (Jason) *»von Aretas, dem Fürst der Araber, festgenommen wurde; er konnte aber entkommen und floh von einer Stadt in die andere und war nirgends sicher« (2 Makk 5,8)*. Als Antiochos IV. Epiphanes 168 v. Chr. Gesetze erließ, die das religiöse Empfinden der Juden empfindlich verletzten und dadurch den makkabäische Aufstand provozierte, sympathisierten die Nabatäer zunächst mit den jüdischen Widerstandskämpfern. Diese Freundschaft fand aber bald ein Ende, als der Makkabäer Jonathan seinen Bruder Johannes mit einer Truppe *»zu den mit ihm befreundeten Nabatäern« (1 Makk 9,35)* schickte, um so den seleukidischen Verfolgern zu entkommen. Bei Madeba wurde Jonathan von den *»Kindern Jambris«*, einem nabatäischen Stamm, überfallen und getötet. Im Gegenzug überfielen die Juden einen Hochzeitszug dieses Stammes und *»richteten ein Blutbad an; viele wurden erschlagen, die übrigen flohen ins Gebirge. Ihre ganze Habe nahmen sie als Beute mit« (1 Makk 9,40)*. Das beweist indirekt, daß die Nabatäer um die Mitte des 2. Jhs v. Chr. auch große Teile des Ostjordanlandes beherrschten.

Zwischen 120 (oder 110) und 96 v. Chr. herrschte Aretas II. über die Nabatäer: Geschickt schwächten die Nabatäer sowohl die Ptolemäer wie die Seleukiden. Unter Johannes Hyrkan (140–125 v. Chr.) wuchs aus der jüdischen Opposition allmählich ein Nationalstaat, der die Expansion des eigenen Territoriums betrieb: Konflikte mit den Nabatäern waren damit vorprogrammiert. Der jüdische Hasmonäerfürst Alexander Jannai (103–76 v. Chr.) konnte den Nabatäern weite Teile des Gebietes östlich des Jordans und des Toten Meeres entreißen. Als es ihm 96 v. Chr. auch gelang, die Hafenstadt Gaza in seine Macht zu bekommen, war den nabatäischen Negev-Städten Oboda (Avdat) und Khalasa (Elusa) der Weg zum Mittelmeer versperrt. Dem nabatäischen König Obodas I. (ca. 96–87 v. Chr.) gelang es, den judäischen König 90 v. Chr. bei Gadara zu schlagen und die Negev-Städte sowie Gaza zurückzuerobern. Auch das Gebiet des Hauran wurde wieder nabatäisch. Als die Ituräer die Stadt Damaskus bedrängten, riefen die Damaszener die Nabatäer zur Hilfe und bestimmten Aretas III. Philhellenos (87–62 v. Chr.) als ihren Schutzherrn. Bei Adida an der Mittelmeerküste schlug derselbe Aretas Alexander Jannai 85 v. Chr. vernichtend. Der Handel der Nabatäer konnte nun wieder ungestört von der Küste des Roten Meeres und dem *Wadi Sirhan* bis nach Damaskus und der Mittelmeerküste verlaufen. Neue Städte wie

Bostra und Umm el-Jemal wurden entlang der großen Karawananroute nach Norden gegründet. Die Nabatäer erlebten eine Blütezeit ihrer Kultur. In Petra wurden große Bauvorhaben durchgeführt. Man fertigte die hauchdünne und hübsch bemalte Keramik an, eine unverwechselbare nabatäische Leistung.

Als es Thronstreitigkeiten unter den Söhnen des Alexander Jannai gab, griff Aretas III. 65 v. Chr. ein. Der idumäische Statthalter Antipater, der selbst gute Verbindungen mit den Nabatäern und den Hafenstädten Gaza und Aschkelon hatte, riet einem der Thronanwärter, Hyrkan, die Nabatäer zur Hilfe zu rufen und ihnen dafür die 12 Städte zurückzuerstatten, die sein Vater Alexander Jannai den Nabatäern weggenommen hatte. Aretas III. ging auf den Vorschlag ein und zog mit einem starken Heeresverband gegen Aristobul, den Rivalen des Hyrkan, den er in Jerusalem belagerte. Zum selben Zeitpunkt zog Pompeius (106 – 48 v. Chr.) nach seinem Kampf gegen die Seeräuber im Mittelmeer siegreich in Syrien ein. Als die zwei jüdischen Rivalen jeweils um seine Unterstützung baten, entschied sich der von ihm bestellte Schiedsrichter Aemilius Scaurus für Aristobul. Die Römer forderten von den Nabatäern einen unverzüglichen Abzug aus Jerusalem und ließen ihre Truppen nach Petra aufmarschieren. Hyrkan und Antipater unterstützten dabei die Römer, indem sie die nabatäischen Ackerfluren verwüsteten. Nachdem eine klare Kampfentscheidung ausblieb, setzte man letztlich doch Verhandlungen an. Mit einem gewaltigen Tribut von 300 Talenten erkaufte Aretas III. die Unabhängigkeit seines Staates. Der Idumäer Antipater, von den Römern zum Prokurator von Judäa bestellt, wurde nun zum gefährlichsten Konkurrenten der Nabatäer. Die Neuordnung der von Rom beherrschten Gebiete in die neue *Provincia Syria* brachte wieder Ruhe in die Region, wovon der nabatäische Handel profitierte. Die Herrschaftsverhältnisse im nabatäischen Reich dieser Zeit bleiben unklar: möglicherweise regierte damals ein Obodas II. über das Land. Sein Nachfolger, Malichus I. (56 oder 47 bis 30 v. Chr.), konnte die Beziehungen zu einzelnen römischen Persönlichkeiten verbessern. Nur stand Nabatäa zu oft auf der falschen Seite, als römische Rivalen miteinander um die Macht in Konflikt gerieten. So halfen die Nabatäer 48 v. Chr. Pompeius, der aber bei Pharsalos besiegt wurde. Inzwischen hatte Antipater dafür gesorgt, daß sich seine römischen Beziehungen auszahlten. Er schuf die Voraussetzungen für die Errichtung einer eigenen Dynastie: sein Sohn Herodes wurde Gouverneur von Galiläa, sein anderer Sohn Phasael erhielt dieses Amt für Jerusalem.

Als parthische Truppen 40 v. Chr. kurzerhand die römische Provinz eroberten und besetzten, geriet die neue jüdische Dynastie in akute Gefahr. Phasael fiel in die Hände der Parther, Herodes selbst entkam über Masada in das Ostjordanland: dort wollte er die Nabatäer dazu bewegen, das Lösegeld für die Befreiung seines Bruders zu besorgen. Aus Rücksicht gegen die Parther und wohl auch weil er kaum an einer Machterweiterung des Herodes interessiert war, weigerte sich Malichus. Damit hatte der Nabatäer aber die Freundschaft mit den Römern endgültig verspielt. Der General Ventidius Bassus konnte die Parther wieder vertreiben, forderte aber eine horrende Kriegssteuer von den Nabatäern, gewährte ihnen andererseits weiterhin die Unabhängigkeit. Im selben Jahr 40 war Herodes in Rom zum König von Judäa und Idumäa ernannt worden: 37 v. Chr. gelang es ihm die Stadt Jerusalem in seine Macht zu bekommen und sich im ganzen Land durchzusetzen. Die letzte Herrscherin der Ptolemäer in Ägypten, Kleopatra VII., hatte von Antonius 36 v. Chr. Teile des judäischen (z. B. Jericho) und nabatäischen Reiches geschenkt bekommen, die sie den früheren Besitzern wieder verpachtete. Als Malichus die vereinbarten Zahlungen nicht leistete, kam es zu der Schlacht von Diospolis (Lydda), bei der Herodes im Auftrag der Kleopatra die Nabatäer besiegte. Kleopatra, die keinen eindeutigen und mächtigen Sieger aus dieser Schlacht hervorkommen lassen wollte, half nun ihrerseits den Nabatäern: ihr Stratege Athenion besiegte – vereint mit den nabatäischen Truppen – Herodes 32 v. Chr. bei Qanatha *(el-Qanawat)*. Als die Nabatäer daraufhin die totale Konfrontation mit Herodes suchten, wurden sie von ihm 31 v. Chr. bei Philadelphia geschlagen. Die Niederlage war verheerend: 12.000 Nabatäer sollen gefallen sein, Herodes wurde zum Schutzherrn des nabatäischen Volkes ausgerufen, der Hauran wurde in das judäische Reich einverleibt. Während Herodes sich aufgrund der laufenden Kriegshandlungen vor einer Parteinahme für die Rivalen Antonius oder Oktavian drücken konnte und bei der entscheidenden Schlacht von Aktium 31 v. Chr. nicht einzugreifen brauchte, hatte Malichus sich mit der Entsendung von Hilfstruppen eindeutig für Antonius ausgesprochen. Damit standen die Nabatäer nach dieser Schlacht abermals auf der Verliererseite.

Obodas III. (30 – 9 v. Chr.), Sohn des Malichus I., war noch unmündig, als sein Vater starb. Nachdem Oktavian in Rom Alleinherrscher geworden war, leitete er die Blütezeit der römischen Geschichte ein: Der römische Frieden *(pax romana)* sorgte überall im Reich für geordnete Verhältnisse und einen ungestörten Handel. Die Nabatäer konnten von dem steigenden Bedürfnis nach Luxus-Gütern und von den reibungslos verlaufenden Handelsbeziehungen nur profitieren. Die Anhäufung unermeßlichen Reichtums in ihren Händen forderte den Neid der Römer heraus, die nun mit Gewalt den Gewürz- und Weihrauchhandel selbst kontrollieren wollten. Die von den Nabatäern konsequent betriebene Trennung von Erzeuger und Verbraucher, die sie für die Abnehmer unentbehrlich machte, wollte Rom möglichst bald beenden. Augustus beauftragte 24 v. Chr. deshalb seinen Präfekten in Ägypten, Aelius

Gallus, mit einer Begleittruppe von 10.000 Mann, darunter 1000 nabatäischen Kamelreiter und 500 jüdäischen Bogenschützen, eine Expedition zum Sabäerreich in Südarabien durchzuführen. Der Kanzler des Königs Obodas, Syllaios, wurde zum Expeditionsführer ernannt. Nachdem die Expedition von Ägypten aus das Rote Meer überquert hatte, erreichte sie den Hafen *Leukè Komè* an der arabischen Westküste. Nach der Darstellung des römischen Historikers Strabo, eines persönlichen Freundes des Aelius Gallus, hätte Syllaios die Expedition dann von dort absichtlich auf Irrwegen geführt, damit den Römern die Handelsrouten verborgen blieben. Als die Expedition völlig geschwächt vor der Stadt Marib stand, mußte sie kehrtmachen. Ein großer Teil der Expedition kam dabei in der Wüste um. Durch Intrigen konnte Syllaios erreichen, daß die Bewohner der Trachonitis (jetzt *el-Leja,* südlich von Damaskus) gegen Herodes revoltierten und wieder unter nabatäische Kontrolle gerieten. Nach dem Tode von Obodas 9. v. Chr. überging man Syllaios und setzte einen gewissen Aeneas als Aretas IV. auf den Thron. Syllaios selbst wurde 8 v. Chr. in Rom angeklagt. Zwei Jahre darauf wurde er wegen Verrates am römischen Volk und wegen seiner Angriffe auf das Territorium des Herodes enthauptet.

Aretas IV. Philodemos regierte von 9. v. Chr. bis 40 n. Chr. Herodes Antipas (4. v. Chr. – 39 n. Chr.), einer der Söhne des Herodes und Tetrach von Galiläa und Peräa hatte eine Tochter des Aretas geheiratet. Als er sich von ihr scheiden ließ, um seine Schwägerin und Nichte Herodias zu heiraten (vgl. *Mt 14; Mk 6 und Lk 3),* floh sie 32 n. Chr. über Machairos zu ihrem Vater in Petra. Daraufhin fing Aretas Kampfhandlungen auf den Golan-Höhen an und eroberte kurzerhand das Gebiet. Kaiser Tiberius (14 – 37 n. Chr.) hielt eine Strafaktion gegen die Nabatäer für unausweichlich und ließ seine Truppen unter der Führung des Legaten Vitellius gegen Petra aufmarschieren. Der Kaiser starb aber inzwischen, und Vitellius mußte umkehren, da der neue Kaiser Caligula (37 – 41 n. Chr.) keinen neuen Angriff anordnete. Die meisten aufgefundenen nabatäischen Münzen stammen aus der Zeit des Areatas IV., zahlreiche Inschriften und hervorragende keramische Erzeugnisse dokumentieren die Blütezeit der nabatäischen Kultur. In Petra wurde damals der antike Stadtkern erbaut: Tempel, Märkte, die Wasserleitung durch den Sik, vielleicht auch el-Khazne.

Der Nachfolger Malichus II. (40 – 71 n. Chr.) war ein treuer römischer Vasall. Als Kaiser Vespasian den jüdischen Aufstand 67 n. Chr. niederschlug, nahmen 1000 nabatäische Reiter und 500 Bogenschützen an den Kämpfen teil. Bei der Einnahme und Zerstörung von Jerusalem 70 n. Chr. durch Titus waren ebenfalls Nabatäer beteiligt. Im Negev wurden die nabatäischen Städte Avdat, Nessana und Mampsis (Kurnub) allerdings von nomadischen Stämmen überfallen. Außerdem hatte sich der Handel durch die hochgeschraubten Zölle und Bestechungsgelder so verteuert, daß eine Ausweichmöglichkeit von Südarabien über das Rote Meer und den Nil nach Alexandria immer attraktiver wurde. Der Höhepunkt des nabatäischen Einflusses und Reichtums war überschritten.

Unter Rabel II. (71 – 106 n. Chr.) wurde der Negev von den Nomaden zurückerobert. Bei der Erstürmung der letzten jüdischen Festung Masada 73 n. Chr. unterstützten nabatäische Truppen den römischen Statthalter Flavius Silva. Dennoch war den Römern im Zuge einer Neugliederung und Durchorganisierung das halbselbständige Nabatäerreich ein Dorn im Auge. Unter Kaiser Trajan (98 – 117 n. Chr.) gliederte der neue Statthalter der *Provincia Syria*, Aulus Cornelius Palma, Petra und das Nabatäerreich 106 n. Chr. in die neue *Provincia Arabia* ein. Die Hauptstadt wurde bald von Petra nach Bostra verlegt. Die *via nova Traiana*, die das Rote Meer über Petra mit Bostra und Damaskus verband, verlief quer durch das ehemalige Nabatäerreich und bildete als Hauptachse des *limes arabicus* einen Angelpunkt in der römischen Strategie zur Beherrschung des Landes. Die Nabatäer selbst gingen dabei als Volk nicht gleich unter. Rechtzeitig hatten sie sich nicht mehr ausschließlich auf das Monopol des Fernhandels konzentriert, sondern sich im Lande in allen gängigen Berufen engagiert. Vor allem als Landwirtschafts- und Bewässerungsexperten hatten sie zur Urbarmachung großer Gebiete (vor allem im Negev) beigetragen, ihre Erfolge lebten noch lange in der byzantinischen Zeit weiter. Im Jahre 130 besuchte der römische Kaiser Hadrian (117 – 138) Petra. Für Sextius Florentinus, der 130 als römischer Legat starb, ließ sein Sohn in Petra ein Grab mit prächtiger Fassade errichten. Petra wurde weiter kunstvoll ausgestattet, viele Tempel wurden renoviert und verschönert. Die nabatäischen Kaufleute konnten offensichtlich weiterhin, diesmal allerdings strikt in Diensten der römischen Herren, ihren Geschäften nachgehen. In Palmyra erwuchs Nabatäa allerdings ein neuer Konkurrent: die Oase in der syrischen Steppe verband das Mittelmeer mit dem persischen Golf. Als die palmyrenische Königin Zenobia (266 – 271) auf die römischen Gebiete übergriff, ja sogar nach Ägypten zog und es kurzerhand eroberte, mag sie wohl auch Nabatäa besetzt haben, denn die Liste der römischen Gouverneure der *Provincia Arabia* wird für einige Zeit unterbrochen. Kaiser Diokletian (284 – 305) erweiterte das römische Reich noch weiter nach Norden, er teilte die *Provincia Arabia* und bezeichnete das frühere Nabatäa als *Provinvia Arabia Petraea.* Unter der Herrschaft der Byzantiner wurden die Nabatäer schließlich christianisiert. Nabatäa hatte nun weder politisch, noch wirtschaftlich, weder religionsmäßig noch kulturell etwas Eigenständiges aufzuweisen. Die nabatäischen Städte im Negev wurden unter den Byzantinern zu einer neuen Blüte geführt, Kirchen und Festungen wurden errichtet, aber die eigenständige nabatäische Kultur hörte auf zu existieren.

Die religiöse Welt der Nabatäer hat sich für uns in den zahllosen Reliefpfeilern oder Betylen, in den Gräbern und Spitzpfeiler, Opferplätzen, Tempeln und religiösen Skulpturen dokumentiert. Die Betyle *(Baityloi)* sind meist in Nischen eingefaßt, können eine stilisierte menschliche Gestalt oder völlig abstrahiert nur Gesichtszüge oder einfache Pfeiler bzw. eiförmige Gebilde darstellen. Sie repräsentieren die Hauptgottheit der Nabatäer, Dushara (griech.: Dusares), der in späterer Zeit mit dem griechischen Zeus identifiziert wurde. Das semitische Wort Dushara bedeutet *»der von Seir stammt«*, wobei Seir ein Name ist, der auch im Alten Testament für das bewaldete Gebiet südlich vom Toten Meer verwendet wird. Auch Jahwe wird in *Ri 5,4* angesprochen als *»der Gott, der aus Seir hervortritt«!* Die wichtigsten weiblichen Gottheiten waren ʿAllat, Atargatis und el-ʿUzza. Die ägyptische Isis genoß seit der Zeitenwende besonders in Petra eine große Verehrung. Beim Kult spielten sowohl Brandopfer wie vor allem verschiedene Riten mit Wassergüssen (Libationen) eine sehr große Rolle. Der Totenkult zeigt sich besonders an den aufwendigen Grabbauten Petras. In den dazugehörigen Triklinien (oder Biklinien), wo die versammelte Sippe zum Totenmahl *(Thiasos)* zusammentraf, aß und trank man zum Andenken an die Verstorbenen.

9. Die Römische Zeit (63 v. Chr. – 324 n. Chr.)

189 v. Chr. griff die römische Macht unter L. Cornelius Scipio erstmals in die Auseinandersetzungen zwischen Seleukiden und Ptolemäern ein, indem sie Antiochus III. bei Magnesia besiegte. Pompeius (106 – 48 v. Chr.) brachte schließlich Palästina unter römische Herrschaft. Dieser kriegerisch erfolgreiche, aber politisch zauderhafte Mann hatte verschiedene militärische Aktionen und diplomatische Verhandlungen (mit den Parthern und dem Armenier Tigranes) erfolgreich zu Ende geführt: nach seinen Siegen in Sizilien und Afrika gelang ihm die Unterwerfung der kilikischen Seeräuber im östlichen Mittelmeer, die Roms Versorgung aus dem Osten über See ernsthaft gefährdet hatten. Die römische Politik war bestrebt, einen Kranz von abhängigen Klientelstaaten um die eigentlichen Provinzterritorien zu legen. Nabatäa erfüllte für die Römer eine derartige Rolle, indem Rom dort zwar die Oberherrschaft ausübte, den Nabatäern jedoch die innere Unabhängigkeit gelassen wurde.

Das wohlhabende und fruchtbare Gebiet im Norden des Ostjordanlandes war von der hellenistischen Kultur stärker durchdrungen als der Süden. Pompeius schuf hier die Voraussetzungen für den Zehnstädtebund *(Dekapolis)*: die Städte, die er von der jüdischen Herrschaft befreit hatte, faßte er in einer Wirtschaftsgemeinschaft mit kommunaler Selbstverwaltung zusammen, die nun über besondere Finanz- und Bürgerrechte verfügte und dem römischen Statthalter von Syrien direkt unterstellt war. Nach Plinius gehörten zehn Städte dazu: Damaskus, Philadelphia, Raphana, Skythopolis (Beth-Schean), Gadara, Hippos, Dion, Pella, Galasa (eine Verschreibung für Gerasa) und Kanatha (jetzt: *Qanawat*). Die Dekapolis hielt sich bis ins 2. Jh. n. Chr., 106 n. Chr. wurden sie in die *Provincia Arabia* eingegliedert.

Empfindlich gestört wurde der römische Frieden durch den Einfall der Parther 40 v. Chr. Ausgelöst wurde dieser Kriegszug durch die Privilegien, die Julius Caesar der judäischen Provinz zugestanden hatte: neben Steuererleichterungen und Befreiung vom Militärdienst zog er auch die reichsrömischen Besatzungstruppen ab. Jüdische Nationalisten intrigierten daraufhin gegen die Römer und ihren Verbündeten Herodes den Großen und riefen die Parther zur Hilfe. Die Parther ihrerseits waren daran interessiert, Palästina zu einem von ihnen abhängigen Klientelstaat zu machen, um so einen Zugang zum Mittelmeer zu bekommen. Die römische Reaktion gegen den Überfall der Parther blieb nicht aus. Bei ihren Bestrebungen konnten die Römer auf den loyalen Herodes den Großen rechnen, der bei seiner Flucht vor den jüdischen Widerstandkämpfern und den Parthern in Rom zum König von Judäa ausgerufen worden war. Allerdings mußte Herodes der Große noch selbst versuchen, sein Land zu erobern. Schon 37 v. Chr. gelang ihm das mit römischer Hilfe. Zwar blieb er als König von Judäa tributpflichtiger Vertreter römischer Interessen, aber er und sein Nachfolger Herodes Antipas nützten den Freiraum innerhalb ihrer Halbautonomie so gut wie möglich aus. In diesem Zusammenhang sind auch die Eroberungen des Herodes im Ostjordanland zu sehen. Dort verleibte er zunächst den Landstrich Peräa (zwischen der römischen *Provincia Asia* bzw. der Dekapolis und Nabatäa) seinem Reich ein. Ein weiterer Angriff 23 v. Chr. gegen Batanäa (das alte Baschan, nördlich des Yarmuk-Flusses) unterstellte auch dieses Gebiet Herodes den Großen und seinen Nachfolgern, wodurch nun die Handelswege der Nabatäer unsicher waren.

Kaiser Trajan (98–117 n. Chr.) und Hadrian (117–138 n. Chr.) setzen die Eroberungspolitik Caesars bzw. die Konsolidierung des Reiches fort. Die Halbautonomie der Klientelstaaten wurde eingeschränkt: Judäa wurde 44 n. Chr. römische Provinz, 106 n. Chr. folgt das Nabatäerreich. Die straffere Zentralisierung des Reiches umfaßte die feste Einbindung der Randprovinzen in das Römische Reich, was eine bessere Kontrolle ermöglichte. Ein einheitliches Münzwesen wurde eingeführt und die Infrastruktur deutlich verbessert: im Ostjordanland ließ z.B. Kaiser Trajan 111–114 n.Chr. die alte Königsstraße instandsetzen und ausbauen; diese *via nova (Traiana)* führte vom Golf von ʿAqaba bis hinauf nach Syrien. Die Maßnahmen ermöglichten ungestörte Handelsbeziehungen innerhalb des Reiches und mit dem Ausland, was wiederum ein höheres Steueraufkommen für den römischen Staat einbrachte. Allerdings konnte Rom sich nun bei der Sicherung der Grenzen nicht mehr auf die Eigeninitiative seiner Klientelstaaten verlassen, sondern mußte dazu eigene Garnisonen bereitstellen. Der *limes Arabicus,* eine Militärstraße mit einem Gürtel von Festungen, wurde zwischen 111 und 114 fertiggestellt. Dieser *limes* übernahm weitgehend die Trasse der alten nabatäischen Handelsstraße von ʿAqaba nach Bosra und sollte das Reich gegen Überfälle von fremden Nachbarvölkern und Beduinenstämmen sichern. Der nordwestliche *Hejas,* dünn besiedelt und eigentlich außerhalb der befestigten Grenzzone, wurde durch die neue Straße einbezogen. Die Kontrolle über die Stämme des *Hejas* wurde von einer thamudischen Stämmeföderation unter römischer Aufsicht übernommen. Es ging nun nicht mehr darum, das Reich durch weitere Expansion zu vergrößern, sondern nur noch um die Erhaltung und Verteidigung der bestehenden Grenzen. Ein Berufsheer von 300–400.000 Mann hatte das römische Weltreich mit seinen etwa 50.000.000 Einwohnern zu kontrollieren und in die *pax romana* einzubinden. Die Grenzgarnisonen und ihre Befehlshaber bekamen dadurch immer mehr Gewicht, so daß von 235–325 n.Chr. verschiedene *»Soldatenkaiser«* (u.a. Maximinus Thrax, Philippus Arabs) von ihren Truppen zum Kaiser des Römischen Reiches ausgerufen wurden. Die Zeit der Severer (193–235) hatte nochmals eine Konzentration der Bemühungen bei der Verstärkung und Sicherung der Grenzen gebracht: darauf weisen die vielen Meilensteine und Inschriften von militärischen Anlagen, die man beim nordwestlichen Ausgang des *Wadi Sirhan* vorfand (u.a. in Qasr el-Hallabat, Qasr el-ʿUweinid). Instandsetzungsarbeiten am südlichen Abschnitt der *via nova Traiana* ergänzten die Bemühungen für einen sicheren Handelsverkehr und schnelleren Truppentransport. Die dadurch neu gewonnene größere Sicherheit führte zu einer Blütezeit in den Randprovinzen. Die Dekapolis-Städte Gerasa, Gadara, Pella und Philadelphia wurden prachtvoll ausgebaut. Kaiser Diokletian (284–305 n.Chr.) zementierte die fortschreitende Dezentralisierung, indem er mit seiner neuen Reichsverfassung die Herrschaft auf zwei Augusti und zwei *Caesares* verteilte und entsprechend mehrere Hauptstädte bestimmte. Rom war nun nicht länger Mittelpunkt des Reiches. Eine Verwaltungsreform ordnete 295 die Provinzeinteilung in ganz Palästina neu. So kamen z.B. die Gebiete südlich vom *Wadi el-Hesa,* die ursprünglich zur *Provincia Arabia* gehört hatten, zusammen mit dem Negev und dem Sinai in einen gemeinsamen Verwaltungsbezirk *Palaestina.* Die Region nördlich vom *Wadi el-Hesa* behielt den alten Namen *Arabia.* Über beide Gebiete herrschte nun ein Dux, der über erhebliche militärische Macht verfügte. Besonderen Wert legte Diokletian auf die Verteidigung der Grenzen im Ostteil des Römischen Reiches. Dem Drängen arabischer Nomadenstämme wollte er damit Einhalt gebieten. Die Nomaden, von den Römern *»saraceni«* genannt, waren Beduinen, die mit ihren Kamelen sehr beweglich operieren konnten. Die Aufweichung und Anarchie innerhalb des römischen Reiches verlockte sie dazu, immer wieder in das von den Römern beherrschte Kulturland einzufallen. Mit Wachtürmen – teilweise wurden bereits bestehende nabatäische Türme reaktiviert – und Festungen *(castella)* wurde ein engmaschiges, gestaffeltes Netzwerk an strategisch wichtigen Punkten (Wasserquellen, Brücken, Eingänge zu *Wadis,* Hügelspitzen) geschaffen, das ein unkontrolliertes Eindringen größerer Nomadenverbände unterbinden sollte. Die kleinen rechteckigen Lager (meistens 40 x 60 m) umfaßten Garnisonen von etwa 120–160 Mann. Aus Diokletians Zeit stammen nicht nur die Festungen Deir el-Kahf im Norden und Qasr Beshir in Mitteljordanien, sondern auch die *castella* in Umm el-Jemal und Khirbet es-Samra, das Lager in el-Lejjun sowie die Festung in Khirbet el-Fityan. Die *Notitia Dignitatum,* eine Art Staatshandbuch für den internen Dienstgebrauch römischer Behörden in der Spätantike (425/430 n. Chr.), gibt uns ein komplettes Verzeichnis dieser Garnisonen und verrät auch, daß etwa zwei Drittel dieser Stationen für Kavallerie-Truppen gedacht waren. Kaiser Diokletian kümmerte sich außerdem um eine Verbesserung des regionalen Wegessystems. Die gut ausgebauten Straßen ermöglichten den Truppen ein rascheres Eingreifen und einen reibungslosen Nachschub. Neue militärische Einheiten und verschiedene Elite-Kavallerie-Einheiten wurden zur Grenze geschickt, um in den Festungen die neuen Aufgaben zu übernehmen.

In Persien hatten sich im 3. Jh. die Sasaniden zu einem für das römische Reich gefährlichen Gegner entwickelt. Die Römer gingen in dieser gefahrvollen Zeit wieder dazu über, selbständige Grenzreiche als Pufferstaaten an den bedrohten Grenzen zu errichten. So z. B. gestatten sie um 260 n. Chr. Palmyra, unter seinem König Odeinat, eine weitgehende politische Selbständigkeit. Inzwischen hatte Kaiser Severus Alexander 232/233 einen ersten Feldzug gegen die Sasaniden zu führen. Während Gordian III. (235–238) und Philippus Arabs (244–249) sich noch gegen Shahpur I. durchsetzen konnten, gelang es Shahpur I. kurz darauf, die syrische Stadt Antiocheia zu erobern. 260 n. Chr. geriet Kaiser Valerian sogar in die Gefangenschaft des Shahpur I., und nur das beherzte Auftreten der Palmyrener rettete ihn aus ihren

Händen. Die Oasenstadt Palmyra, inzwischen auch wirtschaftlich zur Nachfolgerin Petras im internationalen Transithandel aufgestiegen und aufgrund ihrer politischen Schlüsselstellung zwischen den Sasaniden und dem römischen Reich mit einer ungeahnten Machtfülle ausgestattet, entwickelte unter Königin Zenobia ungezügelte Machtträume. Zenobias Sohn Wahballat regierte vor 271 – offensichtlich noch mit der Zustimmung der Römer – über die *Provincia Arabia* als *rex, consul, imperator und dux romanorum.* Als die Nachfolgerechte für ihren Sohn nicht befriedigend von den Römern geklärt werden konnten, griff Zenobia die Römer an, und in einem rasanten Tempo ließ sie Armenien, Syrien und 269 sogar Unterägypten erobern. Die Reaktion der Römer konnte nicht ausbleiben: 273 wird Palmyra besiegt. 283 gelang es Kaiser Carus, die sasanidische Metropole Ktesiphon (am Tigris) einzunehmen. Nach einem Friedensvertrag, der für eine kurze Ruhepause sorgte, mußte Kaiser Diokletian (284–305 n. Chr.) 288 erneut den Kampf gegen die Sasaniden aufnehmen. Es gelang ihm, die dringendste Gefahr zu bannen und Palmyra definitiv zu bezwingen.

Die kulturelle Entwicklung im Ostjordanland wird durch umfangreiche Bauprogramme in den wichtigsten städtischen Zentren dokumentiert. Dabei mußten sich römische architektonische Vorstellungen oft genug gegen vorgegebene hellenistische Stadtpläne (in den Dekapolis-Städten) oder lokale Traditionen (Petra) durchsetzen, so daß Kompromisse eingegangen wurden. Dennoch sind gerade an der Errichtung von Theatern, Thermenanlagen, Triumphbögen, Stadtmauern und Stadttoren der römische Einfluß und architektonische Gestaltungswille unübersehbar.

10. Die Byzantinische Zeit (324–636 n. Chr.)

Das Ostjordanland wurde schon sehr früh über den Weg der jüdischen Gemeinden christianisiert, bildete aber anfänglich keine so bedeutenden Zentren wie in Syrien (Antiocheia, Damaskus). Die kulturellen, politischen und geistigen Verbindungen des Ostjordanlandes erstreckten sich vor allem zum Westjordanland hin. Während noch unter Kaiser Diokletian (284–305) viele Christen als Märtyrer starben, war das Land unter Konstantin seit 306 schon weitgehend vom Christentum durchdrungen. Das Ostjordanland zählte damals 21 Bistümer. Nachdem Kaiser Konstantin 330 n. Chr. die Reichsmetropole nach Konstantinopel am Bosporus verlegt hatte, wurde das Ostjordanland um das Jahr 358 in zwei Verwaltungsbezirke eingeteilt, das Gebiet nörd-

Wadi Ram

Der Mameluckenbau in Kerak

lich des *Wadi ez-Zerqa* (Yabboq) mit den Stadtdiözesen Pella, Gadara, Abila und Capitolias wurde der *Provincia Palaestina Secunda* mit den Erzbistümern in Skythopolis (Bet-Schean) und Bostra zugeschlagen. Das südliche Gebiet mit den Stadtdiözesen Amathus, Bacatha, Libias und Gadara in Peräa kam zur *Provincia Palaestina Prima* mit dem Erzbistumssitz in Cäsarea. Nach dem Konzil von Chalkedon 451 gelangten die Bischöfe der zwei Kirchenprovinzen, die bisher unter der Gerichtsbarkeit des Patriarchen von Antiocheia gestanden hatten, unter die des Bischofs von Jerusalem, der den Titel eines Patriarchen anstrebte. Der südliche Teil des Landes wurde *Palaestina Salutaris* genannt.

Architektonisch hat das Christentum erst spät Zeugnisse hinterlassen: die älteste nachweisbare *»Kirche«* war wohl das in eine Kirche umgewandelte Urnengrab in Petra (447 n. Chr.). Ansonsten war in der Anfangszeit des Christentums kein Bedarf vorhanden, sich von den Wohnhäusern unterscheidende *»Kirchen«* zu bauen. Somit ist vor der Mitte des 5. Jhs. nicht mit eigenständigen Kirchenbauten in Jordanien zu rechnen. Das Martyrium der Hl. Propheten in Gerasa datiert von 465 und das älteste uns bekannte Mosaik einer Kirche von 482 (Khirbet el-Maqatiʿ, bei ʿAjlun). In justinianischer Zeit erlebte das Land eine wirtschaftliche Blüte, die sich u. a. in den prächtigen Mosaikböden der vielen Kirchen und einiger Privathäuser zeigt. In Madeba, Heschbon und Gerasa existierten verschiedene Mosaik-Werkstätten. Man hielt sich im allgemeinen zunächst an die gängigen Vorbilder und Themen der klassischen Antike. Unter den bevorzugten Themen finden sich Szenen aus der griechischen Mythologie, Hirten- , Ernte- und Jagdszenen, Flußbilder, Personifikationen der Jahreszeiten, der Erde oder des Meeres. Nach und nach befreiten die Mosaikschulen sich aber davon, um eigene Themen (z. B. Darstellungen der Stifter, Personifikationen der vier biblischen Paradiesflüsse, vor allem aber die *»Städtebilder«*) zu entwerfen, die dann ihrerseits wieder fleißig kopiert wurden.

Auch in der byzantinischen Zeit läßt Persien keine Ruhe im oströmischen Reich aufkommen. Byzanz war allerdings selbst nicht mehr in der Lage, der permanenten Gefahr der Beduinenstämme und der Sasaniden zu begegnen. Justinian (527–565), der das auseinandergefallene römische Reich wieder unter seiner Herrschaft vereinen wollte, hatte sowohl im Westen die Donau-Grenze wie im Osten die syrische Grenze (gegen die Sasaniden) zu verteidigen. Sein ehrgeiziges Bauprogramm in Konstantinopel und in den Provinzen verzehrte die Geldressourcen der Staatskasse. Die Ostgrenze mit ihren vielen Festungen und Wachtürmen kostetet ihm zusätzlich viel Geld. Als er 530 daran ging, seinen Traum einer Wiedereroberung des westlichen Abendlandes in die Tat umzusetzen, entschied er sich wohl aus wirtschaftlichen Gründen für eine Demobilisierung seiner östlichen Grenztruppen. Als Ersatz-Hilfstruppe holte er sich den Stamm der **Ghassaniden**, christianisierte Araberstämme, die ursprünglich wohl aus dem Jemen stammten und dem häretischen Monophysitentum angehörten. 529 erhob Kaiser Justinian den Ghassanidenfürst Harith zum *»Herrscher über alle Araber*‹. Er vertraute ihm die Kontrolle über den Ostteil des Reiches, über einige Regionen Transjordaniens und Palästinas an.

Die Perser ihrerseits holten sich den arabischen **Lakhmiden**-Stamm als Hilfstruppe. Zur Zeit des Justinian (527–565) wurde mit dem Sasanidenfürst Chosrau I. ein *»ewiger«* Fieden geschlossen, indem Byzanz als Gegenleistung den Persern Tributzahlungen leistete. Die Sasaniden griffen jedoch alsbald nach Syrien über, zerstörten 540 Antiocheia und drangen bis zur Mittelmeerküste vor. 562 schloß Justinian mit den Persern einen erneuten Friedensvertrag auf 50 Jahre. Die arabischen Stämme, die auf beiden Seiten der Großreiche kämpften, stellten ein Bindeglied nach Zentralarabien dar. Der Elan der arabisch-islamischen Truppen im 7. Jh. ist ohne die Vermittlerfunktion dieser arabischen Stämme nicht zu verstehen! Der südliche Teil des Landes, bisher *Palaestina Salutaris* genannt, wurde in einer Verwaltungsreform in *Palaestina Tertia* umgetauft, ein Name, den das Gebiet bis an das Ende der byzantinischen Zeit behalten sollte. Das Gebiet umfaßte den palästinischen Negev bis nach Eleutheropolis (Bet Guvrin), einen Großteil der Sinaihalbinsel und das Südgebiet der Provinz Arabien vom *Wadi el-Mujib* bis zum Golf von Aila (ʿAqaba). 591 wurde abermals ein Friedensvertrag zwischen Byzanz und den Sasaniden geschlossen. Unter Kaiser Herakleios (610–641) verübten die Sasaniden 613 allerdings einen erneuten Angriff gegen Syrien. Sie konnten Antiocheia und Damaskus erobern und in das nördliche Ostjordanland eindringen. Ihr Siegeszug brachte sie 614 vor die Tore Jerusalems. Die Stadt wurde verwüstet, die von Konstantin den Großen errichtete Grabeskirche ging in Flammen auf, das Hl. Kreuz wurde nach Ktesiphon verschleppt, Kirchen und Klöster zerstört und geschändet, die christliche Bevölkerung dezimiert. Von 614 bis 627 blieb das nördliche Ostjordanland unter persischer Besatzung. Zunächst hat die Bevölkerung wohl unter der Verfolgung ihres Glaubens und unter den damit verbundenen Unruhen zu leiden gehabt. Doch bald zeichnete sich ein friedliches Nebeneinander und eine Normalisierung der Beziehungen zwischen den Eroberern und der Bevölkerung ab, was z. B. in Rihab durch die Errichtung zweier neuer Kirchen dokumentiert wird. Erst Kaiser Herakleios I. konnte 627 die Perser bei Ninive vernichtend schlagen. Das oströmische Reich war durch diese Auseinandersetzungen wirtschaftlich und militärisch jedoch am Ende. Im Grenzgebiet zu Syrien konnten dennoch 634/635 – wiederum in Rihab, das zur Erzdiözese Bostra gehörte –, weitere zwei Kirchen (Menas- und Isaiaskirche) gebaut werden.

Trotz der politisch labilen Lage erweist sich die byzantinische Zeit für das Ostjordanland im großen Ganzen doch als eine kulturelle und wirtschaftliche Blütezeit. Der Transithandel, als Grundlage für den Wohlstand im Lande, konnte nahezu die ganze Zeit – nur unterbrochen durch die persischen Vorstöße – aufrecht gehalten werden. Das Gemeinwesen orientierte sich nicht mehr an den klassischen Idealen der heidnischen Antike. Eine klar gegliederte städtebauliche Planung mit dominierenden und strukturierenden Straßenachsen, die den Weg zur Bürgerversammlung und zu den Tempeln weisen, fehlt. Dafür zeigen die Städte eher eine Anhäufung von kleineren Gebäuden ohne städtisches Gesamtkonzept. Auch eine einzelne Kirche als herausragenden Mittelpunkt im Stadtbild wird man vergeblich suchen. Die Vielzahl der sakralen Gebäude an einigen Orten überrascht. Sie sind oft dezentralisiert, versteckt in den Wohnvierteln vorzufinden. Innen beeindrucken sie aber oft genug durch ihre prächtige Mosaikausstattung. Die Vielzahl der Kirchen auch in relativ kleinen Gemeinden wie z.B. Khirbet es-Samra (8), Rihab (14), Madeba (mehr als 10), Umm er-Rsas (etwa 15) oder Maʿin ist noch immer nicht befriedigend erklärt worden. Abstand zu nehmen ist von der Vorstellung, daß in jeder Kirche nur einmal am Tag Gottesdienst gefeiert werden durfte und daß deshalb bei der entsprechenden Priesterzahl mehrere Kirchen gebaut werden mußten. Eher ist damit zu rechnen, daß zwischen 550 und 650 sowohl der Wohlstand einiger Familien wie die Vielzahl der Reliquien nach der Zeit der Christenverfolgungen den entscheidenden Impuls zur Errichtung verschiedener *Martyria* gaben.

11. Mohammed und die ersten vier Kalifen (636–661 n.Chr.)

Um 570 in Mekka geboren, gründete Mohammed, aus dem Stamm der Qoraish, als Vierzigjähriger aufgrund seiner mystischen Offenbarungen eine streng monotheistische Religion, die aus den Glaubensüberlieferungen des Judentums, des Christentums und aus den altarabischen Traditionen schöpfte. Vor allem aufgrund seiner strengen Kritik an den polytheistischen Glaubensvorstellungen seiner Heimatstadt kam es zu Auseinandersetzungen, die ihn überzeugten, 622 nach **Yathrib** (dem heutigen Medina, d.h. die Stadt [des Propheten]) auszuwandern. Dieses Datum der sog. *Hejra* brachte den Durchbruch für die neue Religion und wird von den Moslems als Zeitenwende be-

Die Länder am Jordan unter den Kalifen, 8.–9. Jahrhundert

Das Ostjordanland in islamischer Zeit

trachtet. Von nun an nimmt Mohammed in Medina die Stellung eines Stadtfürsten ein. Mohammed konnte noch erleben, wie seine Verkündigung Erfolg hatte und wie die arabischen Stämme der Halbinsel nach den kriegerischen Auseinandersetzungen mit der Stadt Mekka (623–630) zu einer politischen Einheit fanden. Bei seinem Tod 632 war der Grundstein für das islamische Weltreich gelegt: große Teile der Arabischen Halbinsel bis nach Aila (dem heutigen ʿAqaba) gehörten dazu. Dabei hatte Mohammed auch Rückschläge hinnehmen müssen, wie z.B. bei der Schlacht in Muta, über deren Ausgang ein Bericht von dem moslemischen Hassan ibn Thabit und vom byzantinischen Historiker Theophanes vorliegen. Nachdem 629 eine Gesandtschaft Mohammeds den byzantinischen Statthalter in Bosra zum islamischen Glauben hatte bekehren wollen, ein Ghassanide aber diese Gesandten ermordet hatte, kam es zu einem Rachefeldzug gegen die Byzantiner. Mohammed muß gewußt haben, daß dieser Feldzug riskant sei, denn er nominierte drei Führer, die nacheinander den Oberbefehl der moslemischen Truppen übernehmen sollten, falls einer von ihnen umkäme. Die improvisierte Armee des Propheten verlor ihre Befehlshaber dennoch – und zwar alle drei in der festgestellten Reihenfolge –, Zaid ibn Haritha (Adoptivsohn des Mohammed), Jaʿfar ibn Abu Taleb (ein Vetter des Propheten) und den Dichter ʿAbd Allah ibn Ruwaha. Nachdem der letzte die Befehlsgewalt an Khaled ibn al-Walid übergeben hatte, konnte dieser mit dem Rest der Truppen entkommen. Das Mausoleum für die drei Gefallenen befindet sich in Mazar, südlich von Kerak.

Die ersten beiden Nachfolger des Mohammed, die Kalifen (d.h. Stellvertreter) Abu Bakr und Omar I., weiteten die Eroberungszüge nach Nordafrika und Palästina-Syrien aus. Unter dem General Khalid ibn-el-Walid wurden das Ostjordanland, Syrien und Palästina erobert. Ein byzantinisches Heer wurde 635 bei Pella besiegt, im selben Jahr noch fiel Damaskus in die Hände der moslemischen Truppen. Am 20. August 636 fand dann zwischen dem oströmischen Kaiser Herakleios und den Moslems unter Khaled ibn el-Walid am Yarmuk (nahe dem heutigen **Umm Qeis**) die entscheidende Schlacht statt, die für die Byzantiner in einer verheerenden Niederlage endete. Die moslemischen Truppen konnten daraufhin bis zu den Gebirgsgrenzen Anatoliens vorstoßen: durch die persischen Kriege ausgelaugt und durch das Monophysitentum in Glaubensfragen mit der offiziellen Religion Byzanzs uneins, leistete die Bevölkerung keinen nennenswerten Widerstand. 638 konnte der Kalif Omar Jerusalem einnehmen, 640 fiel Cäsarea als letzte byzantinische Bastion.

Die regionalen Militärgouverneure wurden im Auftrag des Kalifen von ihm direkt unterstellten Beamten begleitet, die die eroberten Gebiete steuermäßig erfaßten und kontrollierten. Die byzantinischen Verwaltungsstrukturen in Syrien und Palästina wurden zunächst weitgehend übernommen, zumal diese Region, aufgrund ihres Verhaltens beim Eroberungszug der Moslems, nicht geplündert oder zerstört worden war. Es zeigte sich aber bald, daß keines der städtischen Zentren auf der arabischen Halbinsel (Mekka, Medina, Taif) imstande war, die riesigen Kriegsgewinne und Steuergelder zu verwalten und sinnvoll zu verwenden.

Der Kalif Omar wurde 644 ermordet. Sein Nachfolger, Othman (644–656), hat sich vor allem Verdienste bei der offiziellen Redaktion des Koran erworben. Othman konnte sich dem Drängen seiner Familienmitglieder (die *Banu Umayya* oder Omayyaden) nicht erwehren, und bald standen diese an der Spitze der wichtigsten Provinzen, so z.B. Muʿawiya als Statthalter in Damaskus. Unter ungeklärten Umständen wurde Othman 656 beim Gebet ermordet. Bei Othmans Berufung zum Kalifen war der Vetter des Propheten Ali zum dritten Male nicht zum Zuge gekommen, und die frommen Kreise sahen die Macht wiederum in den Händen der lange ungläubig gebliebenen alten Aristokratie. Erst nach dem Tode Othmans konnte Ali endlich die Nachfolge der Kalifen antreten, wurde aber wegen seiner (vermeintlichen) Mitschuld an der Ermordung Othmans von Muʿawiya ibn Abu Sufyan bekämpft. Nach einem abgebrochenen Kampf bei Siffin am Oberlauf des Euphrat wurde 658 im jordanischen Udruh ein Schiedsgericht abgehalten, um die religionspolitisch verfeindeten Parteien wieder zusammenzuführen. Das Schiedsgericht fiel ganz zum Nachteil Alis aus, und nachdem Ali den Schiedsspruch annahm, verließen ihn noch mehr seiner Anhänger. 661 wurde auch Ali ermordet.

12. Die Omayyaden (661–750 n.Chr.)

Mit dem Statthalter von Syrien, Muʿawiya I. Abu Sufyan (661–680), der 661 das Kalifat übernahm, gelang es einem Mitglied der Kaufmannsfamilie der Quraish aus Mekka, die Macht an sich zu reißen und 90 Jahre lang das Kalifat in den Händen seiner Familie zu behalten. Die Omayyaden führten das islamische Reich zu einem geschichtlichen Höhepunkt. Damit war aber ein weiterer Riß in der Glaubensgemeinschaft vorprogrammiert, denn die mekkanische Familie des Muʿawiya hatte mit zu denen gehört, die von Mekka aus Mohammed am Anfang seines Wirkens heftig bekämpft hatten und erst zum Glauben übergetreten waren (630), als durch die militärischen Erfolge des

Propheten politischer Widerstand keinen Vorteil mehr brachte. Die religiöse Motivierung dieser Bekehrung wurde deshalb von vielen angezweifelt. Die Machtübernahme durch die Omayyaden deutete man als eine Säkularisierung des Gottesstaates und eine Aufgabe des Prinzips, daß der rechtmäßige Kalif aus der leiblichen Nachkommenschaft des Mohammed stammen sollte. Die Einführung des dynastischen Prinzips im Kalifat verfestigte noch die Ablehnung gegen diese Herrschaft, die als Königsherrschaft und nicht als authentisches Kalifat verstanden wurde. Als Schiiten trennten sich die Anhänger des Ali von der sunnitischen Glaubensgemeinschaft. Durch die Verlegung der Residenz von Medina nach Damaskus vollzog Mu'awiya einen weiteren Schritt, der politisch sicher klug war – denn er verlegte das Zentrum des Reiches in die wohl kapitalkräftigste Stadt der damaligen Zeit –, religiös blieb diese Entscheidung umstritten. Unruhen waren die Folge, dennoch hat sich gerade die Region von Transjordanien an den Unruhen gegen die Omayyaden (660–670) nicht beteiligt.

Mu'awiyas Sohn Yazid war vor allem ein Freund des Luxus, der Kunst und der Poesie. In der Schlacht bei Kerbela konnte er 680 Hussein, einen Sohn Alis und Fatimas, einen Enkel des Mohammed also, besiegen. In den Auseinandersetzungen mit seinen Gegnern ließ Yazid 683 sogar die heilige Stadt belagern, wobei die Kaaba in Brand gesetzt wurde. Das brachte ihm endgültig den Ruf eines Gottlosen ein. Noch im selben Jahr starb Yazid. Mit Marwan I. (684–685) stieg eine Seitenlinie der Omayyadenfamilie zum Kalifat auf. Sein Sohn 'Abd el-Malik (685–705) konnte das Reich wieder einigen und wichtige administrative Maßnahmen treffen. Er führte das Arabische als offizielle Verwaltungssprache ein und prägte einheitliche Münzen mit arabischer Aufschrift für das ganze Reich. Als Bauherr errichtete er den Felsendom und die Moschee el-Aqsa in Jerusalem, wodurch er den Rang Jerusalems in der islamischen Welt aufwertete.

El-Walid I. (705–715) konnte noch die Vernichtung des Westgotenreiches und die Eroberung Spaniens erleben. Moslemische Truppen stießen von Südpersien bis in das Industal vor. Die Islamisierung der Türkenvölker nahm unter ihm seinen Anfang. Omar II. (717–720), ein Mann von tiefer Religiosität, bemühte sich die Spannungen zwischen den stolzen arabischen Eroberern und den bekehrten nicht-arabischen Moslems zu beseitigen. Er ist der einzige Omayyade, der in der späteren islamischen Literatur von der üblichen Kritik an der religiösen Indifferenz und der gottlosen Regierungspraxis der Omayyaden ausgenommen wird.

Das Ostjordanland und Palästina bekamen in den letzten Jahren der Omayyaden-Herrschaft eine größere Bedeutung. Prächtig ausgestattete Bauwerke wie z. B. Mshatta entstanden. Yazid II. (720–724) hatte eine Residenz in el-

Muwaqqar. Sonst werden aus seinem Kalifat vor allem Anekdoten über seine Lieblingsfrauen und seine leichtsinnige Verschwendung erzählt.

Hisham (724–743) leitete die letzte große Blüte des arabischen Reiches ein. Er baute im Norden Syriens die beiden Qasr el-Hir (el-Gharbi und esh-Sharqi) sowie in Palästina den Palast in Khirbet el-Mefjir. Im Westen kam der arabische Ansturm durch den Sieg des Gründers der karolingischen Dynastie, Karl Martell, 732 in der Schlacht bei Tours und Poitiers zum Stillstand. Die Opposition der Schiiten und Kharejiten äußerte sich vielerorts in einem offenem Aufstand gegen die Omayyaden. Walid II. (743–744) entzog sich seiner politischen Verantwortung und blieb lieber in seinen Residenzen in der Syrischen Wüste, wo er sich den Gelagen und der Poesie hingeben konnte. Schon als Prinz verbrachte er lange Zeit in el-Azraq. ʻAmman selbst spielte wohl eine wichtige innenpolitische Rolle, denn es diente in dieser Zeit als Notablengefängnis, und bedeutende Schätze wurden in der Stadt deponiert (vgl. die Chronik des Tabari). Marwan II. (745–750), der letzte Omayyade, hatte sich in einem Mehrfrontenkrieg gegen überall auftretende Abfallbewegungen zu wehren. Nach seiner Niederlage, die ihm die Abbasiden am Großen Zab 750 zufügten, wurde er auf der Flucht nach Ägypten ermordet.

Das Omayyaden-Geschlecht nahm im Laufe seiner Herrschaft immer mehr absolutistische Züge an. Die Widerstände gegen die als gottlos empfundene Dynastie der Omayyaden wurden genährt aus dem traditionellen arabischen Partikularismus, aus der Jahrhunderte währenden Abneigung der Beduinen gegen eine staatliche Institution und Disziplin und aus den pietistischen Strömungen der Opposition, die sich an der früheren Gegnerschaft der Omayyaden-Familie zu Mohammed erinnerte. Außerdem nahmen die sozialen Spannungen im Reich zu, nachdem der Gegensatz zwischen dem übernationalen Charakter der Religion und dem Eroberungswillen des arabischen Omayyadengeschlechtes nicht befriedigend gelöst werden konnte. Die wichtigsten Einkünfte holte sich der Staat aus der Kopfsteuer und der Grundsteuer. Die Bekehrung zum Islam hätte *de jure* eine Befreiung der Kopfsteuer für die Konvertiten bedeuten müssen. De facto wurden aber nicht alle Neubekehrten (die sog. *mawalis*) von dieser Steuer befreit. Die Grundsteuer zwang viele dazu, den eigenen Grund und Boden aufzugeben und in die Stadt abzuwandern. Dort versammelte sich allmählich ein Heer von Unzufriedenen und Habenichtsen.

Die Omayyaden zeigten eine ausgesprochene Vorliebe für die Wüstengebiete, die sie oft als Ort ihrer Residenzen auswählten und mit einem erstaunlichen technischen Aufwand versuchten zu bewässern. Die sogenannten omayyadischen »*Wüstenschlösser*« findet man im ganzen Kerngebiet ihrer Herrschaft: im heutigen Syrien und Jordanien, in Israel und im Libanon. Sie sind, wie die

Schlösser in Khirbet el-Mefjir (bei Jericho), Khirbet el-Minyah (beim See Gennesareth) und Anjar (im Libanon) zeigen, nicht immer in der Wüste gelegen. Dagegen befinden sich die jordanischen Wüstenschlösser ausnahmslos weitab vom fruchtbaren Land. Im Baustil dieser Anlagen entliehen die Omayyaden die meisten architektonischen Details von ihren Vorgängern: Vorbilder waren die römisch-byzantinischen Festungen. Bei den Bädern konnte man ebenfalls auf römisch-byzantinische Anlagen zurückgreifen; für die *»Vier-Iwan-Halle«* gab es parthisch-sasanidische Beispiele. Die Schlösser wurden außerdem oft auch an der Stelle von Vorgängerbauten errichtet. Die Zuschreibung dieser Anlagen an die Omayyaden war von daher lange Zeit umstritten. Aus den verschiedenen Anleihen entwickelte sich dann doch ein unverwechselbarer eigener Typus mit festen Merkmalen, wie z.B. der befestigten Außenmauer, die mit Halbtürmen bewehrt war, dem hervorgehobenen Eingangsportal, dem Zentralhof im Innern, kleineren Wohnkomponenten aus 4/5 Räumen um einen Innenhof *(Beit-Typus)*, dem Badetrakt, der Moschee und der axialen Ausrichtung vom Eingangstor auf den Audienz-, bzw. Thronsaal. Umstritten bis heute bleiben dagegen die Funktion und der Sinn dieser Anlagen. In den Städten des syrisch-palästinischen Raumes war jedoch meistens kein Platz für größere, neue Palastanlagen. Gerade der geringe Widerstand der örtlichen Bevölkerung bei der arabischen Eroberung und die Verträge, die rechtsgültig mit den Eroberten abgeschlossen wurden, ließen nicht zu, daß große Areale konfisziert, eingeebnet und für Palast-Neubauten hergerichtet werden konnten. Nur die Güter, die von ihrem Besitzer verlassen worden waren, und natürlich die Wüste selbst waren freigegeben und konnten von den Omayyaden in Anspruch genommen werden. Gerade diese Zurückgezogenheit in der Wüste, nur zum Teil eine Verlegenheitslösung, forderte dann die Kräfte und die Phantasie der neuen Herrscher heraus, um aus diesen Neubauten Luxusherbergen zu machen und einen Repräsentationsstil zu pflegen, die diese Bauten in der Wüste auf den gleichen, ja einen höherwertigen Rang heben sollten als die Bleiben der alten Herrscher und Reichen. Außerdem konnte man durch den ausgefallenen Lebenstil in der Wüste auch die verbündeten Beduinenscheichs beeindrucken und sie so in das Herrschaftsgefüge einbinden.

In ihrem Hofstil scheinen die Omayyaden entsprechend aufgetrumpft zu haben, um damit ihren Herrschaftsanspruch zu legitimieren und zu demonstrieren. Sicher sind die historischen Berichte, die vorwiegend aus der Zeit der Abbasiden stammen, von anti-omayyadischen Tendenzen inspiriert. Aber wie die Kunstwerke von Quseir ʿAmra und Khirbet el-Mefjir zeigen, war die Sucht nach Luxus bei den Omayyaden besonders ausgeprägt. Einige von ihnen hielten sich umfangreiche Harems und ließen aus dem ganzen Land Mädchen zuführen, die ihrem Schönheitsideal entsprachen. Die literarischen Berichte sprechen über einen enormen Weingenuß, obwohl dies vom islamischen Glauben her verboten war. Die Poesie erlebte unter den Omayyaden eine erste Blüte, wobei einige Kalifen sich als hervorragende Dichter hervortaten.

Aus der bilderfeindlichen Haltung ihrer Religion heraus und aufgrund des Mangels an baukünstlerischen Formen in der Wüste ergaben sich zwar zunächst keine neuen Impulse. Als aber dann die neuen religiösen Bräuche, das gemeinsame Freitagsgebet, die Orientierung der Betenden nach Mekka und der Gebetsaufruf allmählich eigene architektonische Ausdrucksformen verlangten, konnte sich eine eigenständige moslemische Bauform, die Moschee, entwickeln. Erst die Omayyaden, mit ihrer Aufgeschlossenheit dem christlichen und sasanidischen Kunsthandwerk gegenüber, setzten Kräfte und Fähigkeiten der Bevölkerung für diese neuen Aufgaben frei. Der Anspruch des Islam, sowohl Christentum wie Judentum mit seiner endgültigen und abgeschlossenen Offenbarung zu überbieten, sollte sich nun architektonisch und künstlerisch umsetzen. Das Gewicht der Kontinuität des heiligen Ortes ließ die Omayyaden gerade an den heiligen Plätzen der beiden vorausgegagenen großen Religionen ihre Bauwerke errichten: u. a. den Felsendom und die *el-Aqsa*-Moschee auf dem Tempelplatz in Jerusalem, die Omayyaden-Moschee in Damaskus am Standort der aramäischen, hellenistisch-römischen und christlichen heiligen Stätte. Das Ausstattungsprogramm (Material, Mosaiken) sollte ebenfalls deutlich machen, daß der Islam die alten Religionen eingeholt und übertroffen hatte.

Ein besonderes Problem stellt die Bilderfeindlichkeit dar. Gerade das anfängliche Fehlen von geeigneten Handwerkern und entwickelten Kunstformen ließ die Omayyaden bei der Ausstattung ihrer Bauvorhaben auf bewährte Handwerker und Künstler aus den eroberten Gebieten zurückgreifen. Wollten die omayyadischen Herrscher z. B. im Felsendom von Jerusalem oder in der Omayyaden-Moschee von Damaskus nicht auf die bei den Byzantinern übliche prächtige Mosaik-Ausstattung verzichten, dann mußten sie eben geschulte Mosaizisten herbeirufen. Ähnlich muß man auch den Einfluß der in der byzantinischen und syrisch-lokalen Tradition ausgebildeten Architekten vorstellen, die sowohl die Formen des Zentralbaus wie des basilikalen Gebäudes weitervermittelten, wenn auch mit den notwendigen Korrekturen, die vom moslemischen Glauben her erforderlich waren. Das strenge byzantinische Bilderprogramm mit seinen aufgereihten Heiligen und thronendem Pantokrator konnte selbstverständlich in den moslemischen Bauten nicht übernommen werden. So enthielt man sich dieser figürlichen Darstellungen und setzte dafür abstrakte Herrschaftssymbole ein, florale und geometrische Motive, auch die ersten Schriftbänder in arabischer Kalligraphie, in Damaskus dazu noch Städtebilder und Flüsse. Das alles sollte durchaus das byzantinische Kunstempfinden und Herrschaftsgefühl übertreffen und die Überlegenheit der neuen Religion dokumentieren. Im privaten Bereich wurde hingegen die omayyadische Abstinenz jeder Darstellung von Menschen und Tieren über Bord geworfen, indem man z.B. in Quseir ʿAmra oder auch in Khirbet el-Mefjir durchaus das pralle Leben (Frauendarstellungen nach dem damaligen Idealtypus, Herrschergestalten, Handwerker, Tänzer, Tierdarstellungen) in das Bilderprogramm aufnahm. Die Tendenz der Bilderfeindlichkeit nahm dann nach den Omayyaden – auch bei den Christen! – noch zu und fand einen markanten Höhepunkt unter dem Fatimiden el-Hakim. Die religiöse Toleranz der Omayyaden zeigte sich an den verschiedenen christlichen Kirchen, die in dieser Zeit neu errichtet werden konnten: dazu zählen die untere Kirche von el-Qweismeh bei ʿAmman (780 n. Chr.), Shuneh-Süd im Jordantal, Umm er-Rsas, die Marienkirche von Madeba und die Kirche auf der Akropolis von Maʿin.

13. Die Abbasiden und Fatimiden (750–1099 n. Chr.)

Das Geschlecht der Abbasiden (die Nachkommen des Abbas, des Onkels des Propheten Mohammed) machte sich die sozialen Spannungen nichtarabischer Bevölkerungsteile im iranischen Norden und die Unzufriedenheit sozial Benachteiligter zunutze und konnte sich in der Frage der legitimen Herrschaft des Kalifates der Unterstützung der Partei der Schiiten sichern. Abu Muslin, ein iranischer Freigelassener und Bevollmächtigter der Abbasiden, der in Kufa aufgewachsen war, entfesselte 747 in Khorasan (nordöstlicher Irak) einen Aufstand (*Hashimiya* genannt) gegen das verbrauchte Geschlecht der Omayyaden und konnte unter dem Motiv der Rache viele gegensätzliche Gruppen um sich scharen. 748 hatte er mit seinen unter schwarzen Fahnen zum Kampf antretenden Truppen schon den gesamten Iran und Teile des Irak unter seine Macht gebracht. 749 wurde Kufa erobert und kurz darauf Ibrahim Abu'l-Abbas dort als neuer Kalif ausgerufen, wodurch die Anhänger Alis zwangsläufig in Opposition zum neuen Kalifengeschlecht gerieten. Die Schlacht am Großen Zab (Nebenfluß des Tigris) 750 n. Chr. besiegelte die Niederlage des Omayyaden Marwan II. Das Geschlecht der Omayyaden wurde ausgerottet und die Erinnerung daran getilgt.

Abu'l Abbas' Bruder Abu Jafar el-Mansur (754–775) gründete 762 Bagdad (in der Nähe der Ruinen der Sasaniden-Residenz Ktesiphon, am Westufer des Tigris) als seine neue Hauptstadt und verlagerte so das Zentrum des Reiches in den Irak. Es gelang ihm, die Macht seiner Familie gegen den Widerstand der Omayyaden- und Ali-Anhänger sowie gegen Widerstände aus den eigenen Reihen zu behaupten. Beim Aufbau eines stark zentralisierten Verwaltungssystems konnte der Kalif auf die Fähigkeiten einer vom Buddhismus zum Islam übergetretenen persischen Aristokratenfamilie (Barmakiden) zurückgreifen.

Die Regierungszeit Harun er-Rashids (786–809) erscheint in der arabischen Literatur als Höhepunkt des abbasidischen Kalifats. Vor allem der späte Erzählzyklus *Tausend und eine Nacht* hat zur Glorifizierung Haruns beigetragen. Nach dem Tode Haruns führte der Thronstreit seiner Söhne zu einer Art Bürgerkrieg, der auch als Konflikt zwischen Persien und dem Irak zu sehen ist. Schon unter Ma'mun (813–833) begann die Aufstellung einer Leibgarde aus Männern türkischer Herkunft. Sein Nachfolger el-Mu'tasim (833–842) ging zur direkten Anwerbung unter den erst seit kurzem islamisierten turkmenischen Stämmen über, erhöhte dadurch aber die Spannungen zwischen diesen Truppen und der Bevölkerung von Bagdad. Er mußte seine Residenz nach Samarra am Tigris (etwa 100 km nördlich von Bagdad) verlegen. Der Einfluß der turkstämmigen Offiziere war dadurch eher noch gewachsen, so daß sie nun direkt in die Politik des Reiches eingriffen und die Nachfolge des Kalifats mit entschieden. Das zeigte sich besonders klar in der Regierungszeit des el-Mutawakkil (847–861), der übrigens selbst von seiner türkischen Garde ermordet wurde. Das Kalifat war kein mächtiger und tatkräftiger Mittelpunkt der islamischen Welt mehr, es war zum Spielball der Intrigen einer Hofclique geworden. Das große Reich begann an all seinen Rändern auszufransen, indem immer neue Dynastien Teile des Reiches selbständig verwalteten. Erst 1055 wurden die Abbasiden dann von den türkischen (sunnitischen) Seldschuken verdrängt. Unter dem Kalifen en-Nasir (1180–1225) wurde der Einfluß des Kalifates ein letztes Mal verstärkt, aber die Vorstöße zentralasiatischer Stämme nach Iran kündigten schon das Ende der Dynastie an. 1258 wurde Bagdad von den Mongolentruppen des Hülagü gestürmt, der Kalif wurde hingerichtet und ein großer Teil der Bevölkerung Bagdads getötet.

Der Lebenstil der Abbasiden war nicht weniger prunkvoll als unter den Omayyaden. Die Konzentration des Hofes mit seinem gewaltigen Apparat an Leibwachen, Verwaltungsbeamten und Haremsdamen in einer eigenen Residenzstadt steigerte sogar noch den Luxus der Vorgängerdynastie. Man mißachtete das Weinverbot, obwohl es von den Untertanen unnachgiebig gefordert wurde. Die Distanz des Herrschers zu seinem Volk wurde immer größer. Die soziale Lage der ärmeren Schichten in der Stadtbevölkerung war oft genug Anlaß zu heftigen Revolten. Die Landbevölkerung sah sich ihrerseits rücksichtsloser Ausbeutung ausgesetzt. Die ungeheure Ausdehnung des Reiches zur Zeit der arabischen Eroberung schrumpfte nun bis auf den eigentlichen Mittelpunkt, den Irak, zusammen. Im 10. Jh. erreichte das Kalifat in diesem Verfallsprozeß seinen absoluten Tiefpunkt. In Ägypten regierten die Tuluniden (868–905) und die Ikhshiditen (929–1003), in Syrien und Mesopotamien die Hamdaniden (929–1003). Die ismailitisch-schiitische Dynastie der Fatimiden (909–1171) gründete in Ägypten ein politisch wirksames schiitisches Kalifat. Sie übten die Herrschaft über Ägypten mit seinen Einflußgebieten im Ostjordanland, Südsyrien und Jemen aus. Ihre Kalifen waren oft Marionettenfiguren oder wie el-Hakim (996–1021) sogar Kinder, für die Familienangehörige oder Wesire die tatsächliche Macht ausübten.

Spuren haben die Abbasiden im Ostjordanland kaum hinterlassen. In ʿAmman wurden an der Festungsmauer der Zitadelle nach dem Erdbeben von 747 n. Chr. Restaurierungsarbeiten durchgeführt. Die Mauer selbst wurde mit einem Glacis ausgestattet, aber schon im 9. oder im 10. Jh. wurde sie als Festungsmauer aufgegeben. Abbasidische Münzen und Töpferware hat man in Hisban, Diban, auf dem Berg Nebo und in Tell Deir ʿAlla gefunden. Diese spärlichen Reste täuschen nicht darüber hinweg, daß das Ostjordanland in der abbasidischen Zeit nur durch seine Randständigkeit und Bedeutungslosigkeit auffällt, es hat kein einziges bedeutendes Monument oder Kulturzeugnis für die Zeit von 800 bis 1100 n. Chr. vorzuweisen.

14. Die Ayyubiden, Kreuzfahrer und Mamelucken (1099–1515 n. Chr.)

Mit dem Machtaufstieg der **Seldschuken** wurden die türkischen Elemente im islamischen Orient allmählich ausschlaggebend. Etwa Ende des 10. Jhs. löste sich der Stammeshäuptling Seldschuk ibn Duqaq aus seiner Heimat zwischen Oxus (Amu Darya) und Jaxartes (Sir Darya) und stieß mit seiner Gruppe nach Persien vor, wo ein Teil des Stammes sich seßhaft machte. Seine militärische und politische Macht konnte er dort stärken, nachdem die Seldschuken sich durch die Einverleibung anderer türkischer Stämme stark vermehrt hatten. 1055 zogen sie in Bagdad ein und befreiten das Kalifat von der bisherigen schiitischen Vorherrschaft der persischen Buyiden. Als Verfechter der sunnitischen Orthodoxie gaben sie sich als Beschützer des abbasidischen Kalifats, das – selbst völlig machtlos –, dem neuen Volk und ihrem in Persien gegründeten Staat mit Sympathie gegenüberstand. Alp Arslan führte die Seldschuken dann zum Höhepunkt ihrer Macht, als er 1071 in der Schlacht bei Manzikart auf der armenischen Hochebene den byzantinischen Kaiser Romanos Diogenes besiegte. Den schiitischen Fatimiden entriß er einen Teil ihrer Besitzungen in Palästina und Syrien. 1089/90 nahmen die Seldschuken Jerusalem, Edessa und Antiocheia ein. Nach dem Tode des Malik Shah (1092) brachen Thronstreitigkeiten unter den Brüdern aus, die zur völligen Anarchie im Reich führten. So kam es zur Auflösung des Reiches in verschiedene Einzelstaaten, in denen teils seldschukische Familienmitglieder, teils die von ihnen als Statthalter eingesetzten Generäle (Atabeg) neue Dynastien gründeten.

Erst mit der Kreuzfahrerzeit gewann neben Palästina auch das Ostjordanland wieder an Bedeutung. Viele Faktoren haben die Kreuzzugbewegung möglich gemacht. Nicht zuletzt waren es der stetige Verfall des Abbasidenkalifats und ihr offenkundiges Desinteresse an dieser Region. Die christlichen Pilgerfahrten nach Jerusalem und den heiligen Orten in Palästina wurden durch die neuen Machtverhältnisse im Lande erschwert. Nur in diesem Umstand den äußeren Anlaß für die Kreuzzüge zu sehen, scheint aber nicht gerechtfertigt. Schon früher (ab 1008), unter dem Fatimiden El-Hakim, wurden die Christen viel hartnäckiger verfolgt und zahllose Kirchen entweiht. Sogar die Grabeskirche in Jerusalem fiel 1009 der Spitzhacke zum Opfer! Im 11. Jh. lassen sich andererseits nirgendwo Pogrome gegen die orientalischen Christen nachweisen. Papst Urban II. (1088–1099) hatte seinen Aufruf zum Kreuzzug auf der Synode von Clermont 1095 offensichtlich sorgfältig vorbereitet und geplant. Vorausgegangen war ein Hilferuf des byzantinischen Kaisers Alexios I. Komnenos (1081–1118) an das 1095 abgehaltene Konzil von Piacenza, mit dem er wohl Söldnerkontingente für seine Rückeroberungspläne von Anatolien werben wollte, ohne zu ahnen, daß später stattdessen ganze Ritterheere anrücken würden. Sozio-ökonomische Faktoren werden ebenso mit dazu beigetragen haben, daß der feudale Westen sich in einer Art Aufbruchseuphorie befand. Aber auch damit ist das vielfältige Phänomen einer Bewegung, die zwei Jahrhunderte anhielt, nicht restlos zu erklären. Daß 1212 ein Kreuzzug mit unbewaffneten Kindern unter der Führung des Kölner Knaben Nikolaus und 1096 ein Bauernkreuzzug möglich wurden, läßt die Kreuzzugbewegung als eine Welle der fanatischen Begeisterung und einer kindlich-mystischen Glaubensüberzeugung breiter Bevölkerungsschichten verstehen.

Weniger der eigenen Stärke als der politischen Konstellation in Palästina war es zu verdanken, daß den Kreuzfahrern überhaupt die Eroberung des Landes mindestens teilweise gelang; der konfessionelle und militärische Gegensatz zwischen den in Ägypten residierenden schiitischen Fatimiden und den sunnitischen Seldschuken machte es dem ersten Kreuzfahrerheer unter Gottfried von Bouillon (+ 1100) leichter. Nachdem das Selkdschukenreich sich seit 1092 in verschiedenen Teilstaaten zersplittert hatte, gelang es den Kreuzrittern, am Rande des Seldschukenreiches 1099 das Lateinische Königreich Jerusalem sowie die Grafschaften Edessa, Antiocheia und Tripoli zu errichten. 1107 drangen die Kreuzfahrer unter Gottfrieds Nachfolger Balduin I. erstmals ins Ostjordanland vor, wo sie in *Val Moyse* bei Petra seldschukische Truppen vertreiben konnten. Balduin unternahm 1115 einen erneuten Vorstoß ins Ostjordanland, um dort durch die Errichtung der Burg Montréal (Shaubak) die Südgrenze zu sichern und die Handels- und Pilgerstraße von Damaskus nach Arabien zu kontrollieren und den Handel selbst möglichst empfindlich zu stören. Im folgenden Jahr nahm er ʿAqaba ein und besaß damit einen Stützpunkt am Golf, den er durch die Befestigung der dem Sinai vorgelagerten Insel *Ile de Graye* sicherte. Aber mehr als eine lockere Aufsicht über die Beduinenstämme in Transjordanien und gelegentliche Strafexpeditionen wollte und konnte man nicht erreichen. Balduin II. (1118–1131), unter dessen Herrschaft die ersten Ritterorden entstanden, setzte Roman Le Puy zum ersten Lehnsoberen von *Mons Regalis* (Shaubak) und damit über das Gebiet *trans Jordanem (Oultrejourdain)* ein.

Sobald aber die Seldschukendynastien wie z.B. die Zengiden in der 1. Hälfte des 12. Jhs. ihre Macht konsolidierten, gerieten die fränkischen Kreuzfahrer-Königreiche in höchste Gefahr. Als erste Grafschaft ging den Kreuzfahrern 1144 Edessa verloren. Nur ed-Din (1146–1174) schlug 1149 Raimond von Antiocheia vernichtend in der Schlacht bei Inab; seitdem betrachtete er sich als Vorkämpfer des Islam und machte den Heiligen Glaubenskrieg zur treibenden Kraft seiner Politik. Als die Zengiden und Ayyubiden schließlich die Fatimiden in Ägypten besiegten, gelang es den Kreuzfahrern auch mit immer neuen Vorstößen und frischen Truppen nicht mehr, sich aus der Umklammerung zu befreien.

1132 wurde Payen le Bouteillier von Fulco (1131–1143), dem König des Lateinischen Königreiches in Jerusalem, als neuer Lehnsoberer des ostjordanischen Territoriums bestellt. 1142 baute Payen le Bouteillier Kerak zu einer starken Wehrburg aus. Er wollte damit das neu dazugewonnene Gebiet von Moab kontrollieren, die Beduinenstämme überwachen, die Salzgewinnung am Toten Meer in den Griff bekommen und die Erträge der Getreidefelder aus der Umgebung einfahren. Die Burg errang bald überregionale Bedeutung, wurde 1168 Sitz des Erzbischofs von Petra und bald zur inoffiziellen Hauptstadt von *Oultrejourdain.* In Tafila und Hormoz entstanden weitere Kreuzfahrerstützpunkte, aber *Outremer* geriet dennoch mehr und mehr unter militärischem Druck. In Salah ed-Din, (1169–1193), der aus einer kurdischen Offiziersfamilie stammte, trat den Franken der gefährlichste Gegner ihrer Geschichte entgegen. Er konnte als Wesir die Angriffe der Kreuzfahrer auf Ägypten abwehren und griff von dort aus auf die Besitzungen der Kreuzfahrer über. Nach Nur ed-Dins Tod konnte er sich als Herrscher durchsetzen, wodurch die fränkische Kreuzfahrerstaaten in einen tödlichen Würgegriff gerieten. Schon 1170 gelang es ihm, die Festung von ʿAqaba zurück zu gewinnen. Mehrmals versuchte er, Kerak zu erobern. Dort zog Renaud de Châtillon 1177 als neuer Burgherr ein. Dieser Hitzkopf sah selten die Folgen seiner unüberlegten Aktionen voraus. Unter anderem stattete er 1182/83 in ʿAqaba sieben Schiffe aus, die er vorher in Aschkelon demontiert und auf Kamelen nach ʿAqaba transportiert hatte: Drei von ihnen blockierten die moslemische Festung auf dem *Jezirat Fira'un,* während die restlichen vier Plünderzüge entlang der arabischen Küste unternahmen. Nun war nicht nur der Landweg zwischen Syrien und Ägypten empfindlich gestört, dazu kam nun Unsicherheit für die Schiffahrt auf dem Roten Meer. Diese war genauso wichtig für den Pilgerverkehr aus Ägypten wie für den Gewürzhandel aus Indien. 1184/85 richtete Salah ed-Din im ʿAjlun die Zentralfeste Qalaʿat er-Rabad als offensiven Stützpunkt gegen das Lateinische Königreich ein. Während eines noch laufenden Waffenstillstandes überfiel Renaud eine Karawane, die von Damaskus nach Ägypten wollte. Salah ed-Din erklärte ihm daraufhin den offenen Krieg. Das Jahr 1187 markiert einen Wendepunkt in der Geschichte der Kreuzfahrer, denn bei der Schlacht von Hittin wurde das Kreuzfahrerheer vernichtend geschlagen, im selben Jahr noch Jerusalem eingenommen. Der Untergang des Lateinischen Königreiches war damit nicht mehr aufzuhalten. Im Herbst 1188 wurde Kerak durch die Ayyubiden erobert, kurz danach ereilte im Frühling 1189 die Burg Shaubak das gleiche Schicksal. Die Offensivburgen Qalaʿat er-Rabad und es-Salt konnten nun von den moslemischen Herrschern in administrative Zentren umfunktioniert werden.

Im Waffenstillstandvertrag zwischen Richard Löwenherz und Salah ed-Din wurde 1191 das Königreich Jerusalem wiederhergestellt, aber ohne die alte Hauptstadt Jerusalem. Akko wurde für kurze Zeit zur faktischen Hauptstadt, während nur noch die Küste den Kreuzfahrern überlassen blieb. Die natürliche Jordangrenze im Osten war damit verloren, und es war nur noch eine Frage der Zeit, bis auch die letzten Stützpunkte verloren gehen würden. Nur ein kurzes Intermezzo blieben die Ergebnisse einer vertraglichen Regelung zwischen Kaiser Friedrich II. und Sultan el-Kamil, als dem Kaiser 1229 Jeru-

Hammamet Maʿin ▶

Olivenernte in Umm Qeis

salem, Betlehem und einige andere Ortschaften zugesprochen wurden. Jerusalem ging 1244 der christlichen Herrschaft endgültig verloren.

In Kairo probte die mameluckische Leibgarde den Aufstand. Diese Elitetruppen, die aus türkischen Sklaven bestanden, die für den Soldatenberuf erzogen worden waren, stellten von 1250 an mit Aybag den ersten Mameluckensultan in Kairo. Drei Jahre später dehnten sie ihren Einfluß schon auf Südpalästina aus. Aber auch die Mongolen, ein in mehrere Stämme gegliedertes Nomadenvolk, breiteten ihre Herrschaft explosionsartig aus. Ihr Führer Hülagü hatte 1255 den letzten abbasidischen Kalifen el-Mustacsim umgebracht, 1259/60 eroberten sie Aleppo und Damaskus. Die Konfrontation mit den Mamelucken war unvermeidlich. Die letzten Sprengel der Kreuzfahrer versuchten im Norden des Landes Koalitionen mit den Mongolen zu bilden bzw. im Süden wenigstens im sich anbahnenden Konflikt neutral zu bleiben. Bei der Schlacht von ʿAin Jalut 1260 in Galiläa siegte das Mameluckenheer unter dem Sultan Baibars. Der Ruf der Unbesiegbarkeit, der den Mongolen vorausgeeilt war und der sich in zahllosen Siegen dokumentiert hatte, war damit zerstört. Mit Sultan Baibars (1260–1277) erwuchs dem Islam ein äußerst fähiger und begabter Feldherr und Herrscher, den man durchaus mit der Gestalt des Salah ed-Din vergleichen könnte. Wenn ihm auch die hohe moralische Integrität eines Salah ed-Dins fehlte, sein überlegenes strategisches Talent hatte ihn dazu prädestiniert, die Kreuzfahrern nahezu völlig aus dem Land zu vertreiben. Transjordanien geriet bald gänzlich unter seine Kontrolle. Die eroberten Kreuzfahrerburgen wurden ausgebessert und instandgesetzt. Durch den Ausbau einer schnellen Nachrichtenübermittlung, insbesondere durch die von ihm perfektionierte Taubenpost, gelang ihm immer wieder eine rasche und unerwartete Reaktionsfähigkeit auf neue Situationen. Sein Sohn Qalaʿun (+ 1290) führte die mameluckische Expansion weiter.

Mit der Mameluckenzeit fiel Transjordanien wieder in die Bedeutungslosigkeit als Randstaat zurück. Das eigentliche Machtzentrum lag in Ägypten, und, abgesehen von einigen kleineren Zentren, entvölkerte sich das Land. Die Beduinen bildeten weiterhin einen ständigen Unruheherd für die Region. Als politische Knautschzone mußten das Ostjordanland und Palästina die erneute Bedrohung der Mongolen unter ihrem Führer Timur um 1400 auffangen, damit die Kerngebiete des Reiches von dieser Gefahr verschont blieben. Während in Syrien immerhin größere Städte wie Damaskus, Aleppo und Hama eine gewisse Bedeutung als Zentren des Transithandels sichern konnten und auch als Stationen auf dem Pilgerweg nach Mekka eine Rolle spielten, konnte keine jordanische Siedlung eine ähnliche Rangstellung erlangen. Nur Kerak entwickelte als Verwaltungszentrum der Mamelucken eine überregionale Bedeutung. Immerhin bemühten die Mamelucken sich, die älteren Burgen Shaubak und Kerak wiederinstandzusetzen bzw. auszubauen, während sie außerdem in ʿAqaba eine Karawanserei für die Mekka-Pilger bauten.

15. Die Osmanen (1515–1918 n. Chr.)

Mit der Herrschaft der Osmanen 1516 trat für die Region keineswegs eine Besserung ein. Das Land wurde in zwei Verwaltungseinheiten eingeteilt, ʿAjlun im Norden und Kerak-Shaubak im Süden. Der Gouverneur von Damaskus bzw. Ägypten hatte verwaltungstechnisch die Oberaufsicht über das Land. *De facto* aber hatten einige lokale Sippen die Macht in der für die Osmanen uninteressanten Region in Händen. Das Interesse der Osmanen konzentrierte sich ausschließlich auf die Freihaltung des Pilgerweges nach Mekka. Nur dort, wo ältere Befestigungen noch intakt waren (ʿAjlun, es-Salt, Kerak und Shaubak), fanden sich nennenswerte Siedlungen, vermutlich, weil diese Bollwerke osmanische Garnisonen beherbergten, die der Bevölkerung einen gewissen Schutz gegen beduinische Überfälle gaben. Entlang der Pilgerroute von Damaskus nach Mekka über ʿAqaba fanden dennoch kontinuierlich Überfälle durch die Beduinen statt, die nur mit Abgaben an die Beduinen und durch Sicherung der Wasser- und Raststellen gemildert werden konnten. So reihten sich von Mezerib über Mafraq, Zarqa, Qalaʿat ed-Dabʿa, Qatrana, Qalaʿat el-Hesa, Uneiza und Maʿan, ʿAqabat esh-Shem und el-Mudawwara eine Reihe solcher Pilgerforts aneinander. Als Napoleon 1799 bei seinem Palästina-Feldzug östlich von Madeba gegen die Osmanen kämpfte, befanden sich einige Beduinenstämme auf seine Seite. Die osmanische Verwaltung versuchte zwar mehrmals, die Beduinen zu entwaffnen und sie durch die Abhaltung einer Volkszählung zu kontrollieren, aber gerade diese Maßnamen führten z. B. in Kerak zu schweren Krawallen und bewaffneten Auseinandersetzungen.

Der militärische Erfolg der Türken im Krim-Krieg (1853–1856) gab neue Impulse für den Bau verschiedener Polizeistationen und Kasernen im Lande. Nach dem russisch-türkischen Krieg 1877/78 siedelte Sultan ʿAbd el-Hamid II. kaukasische Tscherkessen als Wehrbauern in Jerash, Na'ur, Suweileh, ʿAmman und im *Wadi es-Sir* an. Moslemische Tschetschen, ein Bergvolk aus Daghestan (nördlicher Kaukasus) siedelte er in Zarqa, Ruseifa, Sukhneh und Suweileh an. Diese neuen Siedlungen der Einwanderer konnten wenigsten regional die schlimmsten Überfälle der Beduinen verhindern. Durch den Bau der *Hejas*-Eisenbahnlinie über das transjordanische Gebiet (1908) und durch modernere technische Ausrüstung der Armee konnten gesichertere Verhältnisse im Lande herbeigeführt werden. Die Eisenbahnlinie zwischen Damaskus und Medina/Mekka wurde von ʿAbd el-Hamid befürwortet und vorangetrieben: zu den Zuschüssen aus eigener Kasse, denen des Khediven von Ägypten und des Shahs von Iran (jeder zahlte 250.000 $), leistete die ganze Bevölkerung Beiträge und Steuern, um das Unternehmen gelingen zu lassen. Der türkische Ingenieur Hajtar Muchtar Bey überwachte die Ausführung und plante den Streckenverlauf der Bahnlinie genau nach der alten Pilgerroute: denn man ging davon aus, daß die Karawanen und Pilgergruppen in ihrer jahrhundertelangen Erfahrung sicher die bestmögliche Strecke mit den entsprechenden Wasserstellen ausgesucht hatten. Die praktische Durchführung des Projekts wurde überwacht von einem internationalen Team von 43 Ingenieuren, die unter der Leitung von Heinrich August Meissner standen. Im Jahr der Fertigstellung wurde aber Sultan Abdul Hamid bei der Revolution der *»Jungtürken«* abgesetzt.

16. Die Entstehung des modernen Staates Jordanien (1918 bis heute)

Erste europäische Reisende, wie vor allem Johann Ludwig Burckhardt, entdeckten das Land neu und machten es dem Abendland bekannt. Im 19. Jh. entwickelten England und Frankreich lebhaftes Interesse für den Vorderen Orient und versuchten nun ihrerseits, das marode osmanische Herrschaftssystem zu unterminieren. Lokale Bestrebungen für eine Unabhängigkeit und Befreiung vom türkischen Joch kamen den Machenschaften der Kolonialmächte dabei sehr gelegen. Die Geschichte des Landes war im 20. Jh. mit der schweren Hypothek einer doppelbödigen englischen und europäischen Diplomatie belastet.

1916 begann der von den Engländern unterstützte Aufstand unter dem Haschemiten Hussein von Mekka, der Herrscher im *Hejas* wurde. Als Belohnung für seine Teilnahme am Kampf gegen die Osmanen hatten die Briten ihm die Herrschaft über ein geeintes arabisches Großreich versprochen. Hinter dem Rücken der Araber vereinbarten Engländer und Franzosen jedoch im *Sykes-Picot-Abkommen* die Aufteilung des Territoriums. 1917 konnten die arabischen Aufständischen unter der Führung des dritten Sohnes des Sherif

Hussein, Feisal, und unter Teilnahme des legendären T.E. Lawrence ʿAqaba erobern. Aber noch im selben Jahr erklärte England in der *Balfour-Declaration* Palästina als *»nationale Heimstätte«* der Juden. 1918 wurden die Osmanen gänzlich vom jordanischen Gebiet vertrieben. Im selben Jahr eroberten die arabisch-englische Truppen Damaskus, Feisal wurde als König von Syrien eingesetzt. 1919–1920 wurde unter englisch-französischer Kontrolle das Königreich Syrien gebildet, das auch das Ostjordanland umfaßte. Nur das Gebiet um Kerak (Südjordanien) war noch eine kurze Zeit unabhängig. Auf der Konferenz von Versailles 1919 forderte Feisal, der Sohn Husseins, vergeblich die britischen Versprechungen von 1915/16 ein. Am 10. August 1920 wurden im Vertrag von Sèvres alle Gebiete, die aus ethnologischen und sprachlichen Gründen als arabisch galten, aus dem osmanischen Reich herausgelöst. Ihre politische Selbständigkeit wurde zwar proklamiert, die Gebiete hatten aber so lange unter dem Mandat einer europäischen Macht zu bleiben, bis sie fähig waren, ihre politische Geschicke selbst in die Hand zu nehmen. Auf der Konferenz von San Remo 1920 wurde Palästina – dazu gehörte auch das Ostjordanland – unter britisches Mandat gestellt. Frankreich erhielt als britische Gegenleistung die Kontrolle über Syrien und Libanon. Aus arabischer Sicht mußte dieses hinterhältige Spiel als eine einzige Frustration aller Vorstellungen und Bemühungen um Unabhängigkeit sowie als eine Fortschreibung der Fremdherrschaft gelten.

ʿAbdullah, der zweite Sohn Husseins, wurde in der Konferenz von Kairo 1921 als Emir von Transjordanien anerkannt, während sein Bruder Feisal König von Irak wurde. Mit Zustimmung des Völkerbundes wurde Transjordanien 1922 von Palästina abgetrennt und als selbständiges Emirat errichtet. Die Bevölkerung wollte aber mehr, und als Emir ʿAbdullah den Briten erlaubte, einige Ministerien in seinem Emirat zu übernehmen, gab es 1923 einen offenen Aufruhr. Am 25. Mai 1925 erkannte Groß-Brittannien dann die Unabhängigkeit des transjordanischen Staates an. Die Distrikte Maʿan und ʿAqaba wurden in einem Vertrag zwischen Transjordanien und Saudi-Arabien dem Emirat zugeschlagen. Im Februar 1928 wurden die innenpolitischen Machtbefugnisse des Emirs ʿAbdullah in einem britisch-transjordanischen Vertrag erweitert, und Transjordanien bekam erstmals eine eigene Verfassung. Im April 1928 sah ein weiterer britisch-transjordanischer Vertrag die Schaffung einer exekutiven und legislativen Autorität vor, und König ʿAbdullah konnte nun effizient über eine Region regieren, die jahrhundertelang vernachlässigt worden war. Anfang 1929 fanden die Wahlen zum ersten Legislativrat statt, der allerdings die unumschränkte Herrschaftsgewalt ʿAbdullahs kaum einschränkte. Die Briten schufen zugleich eine disziplinierte und effiziente Einsatztruppe unter dem Kommando von General Peake Pasha, die berühmte *Arabische Legion.* Als John Bagot Glubb Pasha 1939 Befehlshaber der Arabischen Legion wurde, konnte er einen weitgehend geordneten Staat vorweisen. Im Zweiten Weltkrieg unterstützte Transjordanien nach Kräften die Alliierten. Als Dank für diese Unterstützung wurde Transjordanien schließlich am 25. Mai 1946 ein selbständiges Königreich, ʿAbdullah der erste König des *»Haschemitischen Königreichs von Jordanien*ʿ. 1947 wurde eine neue Verfassung proklamiert, die zwei legislative Institutionen ins Leben rief, eine Abgeordneten-Kammer und einen Senat. Die im Oktober 1947 gewählte Nationalversammlung bestand aus zwanzig Repräsentanten des Unterhauses und zehn vom König ernannten Senatoren des Oberhauses. Dem Freundschaftsvertrag mit England folgte 1948 ein zweiter Vertrag, der gegenseitige Hilfe bei Kriegshandlungen zusicherte. Nach der Entscheidung für einen eigenständigen jüdischen Staat durch die Vereinten Nationen (29.11.1947) mußten etwa 300.000 Palästinenser vor den Israelis fliehen. Am 15. Mai 1948 proklamierten die Juden dann ihren eigenen Staat Israel. Während die übrigen arabischen Armeen geschlagen wurden, gelang es der jordanischen Arabischen Legion, die Altstadt von Jerusalem sowie die Gebiete um Hebron und Nablus zu besetzen. Nach den kriegerischen Auseinandersetzungen mit dem 1948 neu errichteten Staat Israel wurde am 3. April 1949 eine Waffenstillstandslinie festgelegt. Auf Wunsch vieler palästinensischer Bevölkerungskreise gliederte ʿAbdullah 1950 die sog. West-Bank in sein Königreich ein, das jordanische Parlament bestätigte noch im selben Jahr diese Union. Am 20. Juli 1951 wurde ʿAbdullah beim Betreten der *el-Aqsa*-Moschee in Jerusalem ermordet. Sein Sohn Talal folgte ihm am 6. September 1951 auf den Thron. Dieser arbeitete eine neue Verfassung für das erweiterte Haschemitische Königreich Jordanien aus, die am 8. Januar 1952 erlassen wurde. Wegen seines sich ständig verschlimmernden Nervenleidens übernahm ein Kronrat im August 1952 die politische Führung des Königreiches und setzte Talal als König ab. ʿAbdullahs siebzehnjähriger Enkel Hussein wurde am 2. Mai 1953 neuer König. 1955 wurde Jordanien Mitglied der Vereinten Nationen. Im Zuge der Arabisierung der jordanischen Armee wurde Glubb Pasha als Chef der Arabischen Legion 1956 entlassen, ihm folgten alsbald alle anderen englischen Offiziere. 1957 wurde der Beistandsvertrag zwischen England und Jordanien gekündigt, der letzte englische Soldat verließ das Land über den Hafen von ʿAqaba am 7. Juli 1957.

Jordanien wollte sich noch enger an die arabische Staatenwelt anschließen und verband sich am 14. Februar 1958 mit Irak; als die irakische Königsdynastie dort aber am 14. Juli desselben Jahres durch eine Revolution beendet wurde, erlosch die Union. In den 60er Jahren spielte das Land in der arabischen Welt eine immer gewichtigere Rolle. Die wirtschaftliche Entwicklung wurde gezielt vorangetrieben: der *East Ghor Kanal* wurde angelegt, die Phosphat-Industrie und die Öl-Raffinerien ausgebaut, 1962 wurde die *Jordan University* gegründet. Der Bruder des Königs, Prinz Hassan, wurde 1965 als Kronprinz ausgerufen.

Nach Grenzkämpfen und Überfällen im November 1966 u. a. gegen das jordanische Dorf Sammu' und der Blockade der Straße von Tiran durch Ägypten startete Israel am 5. Juni 1967 einen Überraschungs-Angriff gegen Ägypten, das seine ganze Luftwaffe einbüßte und schwere Verluste im Sinai hinnehmen mußte. Nach der Bombardierung syrischer und jordanischer Militärbasen lieferte man sich erbitterte Kämpfe, wobei irakische Truppen den Jordaniern zur Hilfe kamen. In diesem sogenannten *»Sechs-Tage-Krieg«* mußte Jordanien Ost-Jerusalem und die West-Bank räumen, das von nun an von den Israelis besetztes militärisches Gebiet wurde. Im August 1967 beschlossen die arabischen Staaten auf der Konferenz von Khartum, die vom Krieg betroffenen Staaten zu unterstützen: Saudi-Arabien, Kuwait und Libyen verpflichteten sich, Jordanien und Ägypten jährlich eine Summe von 135 Millionen Englische Pfund zu zahlen, um die Nachkriegsfolgen zu beheben. Am 22. November 1967 beschloß der Sicherheitsrat der VN die berühmte Resolution 242, die u. a. Israel dazu verpflichtete, alle besetzten arabischen Gebiete zu räumen. Der Verlust der West-Bank war ein schwerer Schlag gegen die Pläne für einen wirtschaftlichen Aufbau des Landes. Nicht nur wurden die landwirtschaftlichen Erträge damit halbiert, durch den Verlust der Stadt Jerusalem verlor Jordanien auch wichtige Einkünfte aus dem Tourismus. Etwa eine Viertel Million neue palästinensische Flüchtlinge aus der West-Bank und dem Gaza-Streifen überquerten die Allenby-Brücke, um in Jordanien Zuflucht zu suchen. Als die Israelis am 21. März 1968 die östliche Jordanebene bei Karame angriffen, leisteten die gerade dort angesiedelten Palästinenser-Flüchtlinge und Einheiten der jordanischen Armee erbitterten Widerstand, so daß das Unternehmen scheiterte. Im September 1970 (*»Schwarzer September«*) griff das jordanische Militär gegen die palästinensischen Freischärler ein, die zur unkontrollierbaren Macht im Lande geworden waren und eine offene Auseinandersetzung mit der Staatsmacht angezettelt hatten. Die mit 800 Panzern erfolgte syrische Intervention zugunsten der palästinensischen Freischärler scheiterte letztlich am Widerstand der jordanischen Armee, an der Anwesenheit der in Jordanien stationierten irakischen Truppen sowie am sowjetischen Druck auf Syrien. Politisch geriet Jordanien durch diese Aktion jedoch immer mehr in die Isolation: Kuwait und Libyen unterbrachen ihre finanzielle Hilfe für das arg gebeutelte Land. Syrien und Irak schlossen zeitweise sogar ihre Grenzen mit Jordanien. König Hussein schlug am 15. März 1972 ein *»Vereinigtes Arabisches Königreich«* vor, das die Befreiung der West-Bank in

Angriff nehmen sollte und unter seiner Führung zwei Bundesstaaten vorsah, mit jeweils ʿAmman und Jerusalem als Hauptstadt.

Beim Yom-Kippur-Krieg am 6. Oktober 1973 errangen die Ägypter und Syrer einen Anfangs-Erfolg, indem die Ägypter die *Bar-Lev*-Verteidigungslinie am Suez-Kanal durchbrechen konnten und die Syrer in den Golan eindrangen. Ein jordanisches Panzerregiment nahm – eher symbolisch – unter syrischem Oberbefehl an den Kriegshandlungen teil. Wohl brachte dieses Engagement die Wiederaufnahme der finanziellen Hilfe Kuwaits, mit Tunesien und Algerien wurden die diplomatischen Verbindungen wieder angeknüpft. Der Krieg hatte aber auch gezeigt, daß das Öl als Waffe in die Auseinandersetzungen eingebracht werden konnte: alle Staaten, die Israel unterstützten, wurden mit einem Öl-Embargo seitens der arabischen Staaten bedroht. Die meisten afrikanischen Staaten stehen seitdem auf der Seite der Araber. Die Konferenzen von Algier (26.–28.11.1973) und die Friedenskonferenz von Genf (21.12.1973) versuchten eine Entflechtung der gegnerischen Truppen durchzusetzen. 1974 wurde das jordanische Parlament auf unbestimmte Zeit aufgelöst und durch einen Nationalen Konsultativ-Rat ersetzt, dessen 60 Mitglieder vom König ernannt wurden. Seit 1975 führten die Unruhen in Libanon dazu, daß der nahöstliche Kapitalmarkt von Beirut allmählich nach ʿAmman verlegt wurde. Das bewirkte einen rasanten Aufschwung des Landes. 1976 wurde ein Fünfjahresplan (1976–1980) für die Entwicklung des Landes verkündet, nach dem die Industrialisierung (vor allem die Phosphatindustrie im *Wadi el-Hesa;* der Ausbau der Kapazitäten in den Ölraffinnerien in Zarqa; Pottasche-Industrie im *Ghor es-Safi*), die Infrastruktur im Verkehr und in der Telekommunikation sowie der Ausbau des Hafens ʿAqaba vorangetrieben werden sollte. Im Februar 1977 verunglückte Husseins Frau Alia tödlich bei einem Hubschrauber-Absturz. 1978 heiratete König Hussein die 26-jährige amerikanische Architekturstudentin Elizabeth Halaby, die seitdem Nur el-Hussein genannt wird. Sie ist zwar in Texas geboren, ihre Familie stammt jedoch aus dem syrischen Aleppo. Für den Zeitraum von 1981 bis 1985 wurde ein zweiter Fünfjahresplan für die Entwicklung des Landes gestartet, wobei die warenproduzierenden Bereiche der Wirtschaft verstärkt entwickelt, über 150.000 neue Arbeitsplätze geschaffen und vor allem die Stufe II des Jordanprojektes mit dem Bau des Maqarin-Dammes am Yarmuk-Fluß vorangetrieben werden sollte. 1984 wurden das Parlament wieder zugelassen und Neuwahlen durchgeführt. Im selben Jahr begann in der West-Bank die *Intifada*, ein offener Widerstand der arabischen Bevölkerung gegen die israelische Besatzung. Im Juli 1988 verzichtete König Hussein auf den jordanischen Anspruch auf die West-Bank: Die Palästinenser selbst tragen nun für das Gebiet die Verantwortung. Die jordanischen Zahlungen an die Verwaltungsbeamten im West-Jordanland wurden gestoppt. Die Parlamentswahlen vom 8. November 1989 konstituierten ein ausschließlich von der Bevölkerung des Ostjordanlandes gestelltes Parlament.

Die Situation des Landes verschlechterte sich im August 1990 dramatisch, als das Nachbarland Irak Kuwait besetzte. Die Sympathien der Mehrheit der Bevölkerung galten dem Irak, der sich als Herausforderer der Weltöffentlichkeit und der Großmächte zeigte, die bis heute für eine Lösung des Palästina-Konfliktes nichts Entscheidendes geleistet hatten. Die militärische Niederlage des Irak und das Fehlen deutlicher Umrisse einer Globallösung der anstehenden politischen Probleme im Vorderen Orient haben das Land in eine schwere Wirtschafts- und Identitätskrise gestürzt. Jordaniens Weg in die Zukunft gleicht einer Gratwanderung, sein Schicksal hängt weitgehend ab von einer befriedigenden Lösung des Palästinenserproblems.

Teil III: Kunst- und Reiseführer

1. ʿAmman und Umgebung

ʿAmman

ʿAmman hat eine bewegte Vergangenheit: die Stadt erlebte glanzvolle Höhepunkte, als vergessenes Provinznest aber auch Jahrhunderte völliger Bedeutungslosigkeit. Hat man erst mal die gewaltige Ausdehnung des jetzigen Stadtgebietes erkannt, die luxuriösen neuen Viertel auf dem Jebel ʿAmman, Jebel ʿAbdun und Shmeisani kennengelernt, die belebte Downtown im Viertel beim Römischen Theater beobachtet oder die orientalischen Gerüche im Suq eingeatmet, so läßt sich schwer vorstellen, daß ʿAmman noch vor einigen Jahrzehnten ein unbedeutendes Dorf war.

Die Stadt hieß seit dem 12. Jh. v. Chr. **Rabba** oder **Rabbat-Ammon**. Bei der Neugründung in seleukidischer Zeit gab man ihr den Namen **Philadelphia**. Der heutige Name ʿ**Amman**, der seit der Islamisierung des Landes wieder eingeführt wurde, knüpft an den alten semitischen Namen an.

ʿAmman liegt auf ca. 840 m. ü.M., z. T. im Tal und an den Hängen des *Wadi ʿAmman* und des *Wadi ʿAbdun*. Ihre Fläche erstreckt sich gegenwärtig auf über 17 Hügel. Zur Zeit zählt ʿAmman etwa 1.500.000 Einwohner. Dabei hat die Bevölkerungszahl in diesem Jahrhundert explosionsartig zugenommen: zählte man um 1900 nur 2.000 Einwohner, stieg die Einwohnerzahl um 1930 auf ca. 30.000, 1966 auf 321.000! In der Nähe hat sich nordöstlich, um **Zarqa** (300.000 Einw.), das Industriegebiet angesiedelt. Der moderne Flughafen *Queen Aliya* befindet sich ca. 25 km südlich von ʿAmman und ist bequem über den gut ausgebauten *Desert Highway (»Wüstenstraße«)* zu erreichen. Die wichtigsten Hotel-Anlagen, Ministerien und Botschaften befinden sich im Viertel *el-Shmeisani* und auf dem *Jebel ʿAmman*.

ʿAmman liegt topographisch und geopolitisch sehr günstig: direkt an der Yabboq-Quelle (*ez-Zerqa*) mitten in einem fruchtbaren Umland, entlang uralter Verbindungswege, ist es doch durch seine steilen Hügel gut zu verteidigen. Kein Wunder, daß diese günstigen Bedingungen den Ort schon in der Frühzeit als Siedlungsraum auswiesen, wie die ausgedehnte neolithische

Siedlung von **‘Ain Ghazal** (7250–5500 v. Chr.), an der Ausfahrt nach ez-Zarqa, zeigt. Verschiedene Dolmen in der Umgebung von ‘Amman dokumentieren die Besiedlung in chalkolithischer Zeit. Das Areal der heutigen Zitadelle wiederum war schon seit der Frühbronzezeit (3150–2200 v. Chr.) bewohnt. Nach dem Eindringen von Aramäerstämmen konnte sich Rabbat Ammon um 1200 v. Chr. als Hauptstadt eines selbständigen kleinen Königreiches entwickeln. Beim Durchzug der Israeliten durch das Ostjordanland erwähnt Mose in einem ersten Rückblick über sein Leben das riesige Eisenbett des Königs Og von Baschan (*Dtn 3,11*). Die legendäre Notiz bezieht sich möglicherweise auf einen monumentalen Sarkophag dieses Königs, der sich in Rabba befand. Nach den biblischen Angaben bildete die Beleidigung israelitischer Gesandte den Anlaß für einen erbitterten Krieg zwischen David und den Ammonitern (*2 Sam 10*). Beim Kampf um die Stadt fädelte David geschickt den Tod Urijas ein, so daß er dessen Frau Batseba zu sich nehmen konnte (*2 Sam 12*). Von Davids Feldherr Joab heißt es weiter, *»er habe die Königsstadt... und dabei auch die Wasserstadt eingenommen«* (*2 Sam 12,26f.*). Damit ist wohl der Bereich der heutigen Unterstadt am Bachbett des *Wadi ‘Amman* gemeint. Die lokalen Fürsten von Rabbatammana erhielten nach der Reichstrennung im Nachbarland Israel bald ihre Unabhängigkeit zurück. Die anthropoiden Sarkophage, die 1966 in den Anlagen des Raghdan-Palastes gefunden wurden, deutet man als Begräbnisstätten der damaligen lokalen Fürsten. Sie zeigen eine auffallende Ähnlichkeit mit den Sarkophagen der Philister in Palästina. Das weist auf einen kulturellen Kontakt mit diesen Gebieten hin, die damals noch unter ägyptischem Einfluß standen.

Um 700 v. Chr. geriet das Land in assyrische Abhängigkeit und erlebte dennoch eine kulturelle Blütezeit. Handwerk und Kleinskulpturen zeugen von einer zwar provinziellen, aber recht bemerkenswerten Kulturentfaltung. In babylonischer Zeit dauerte das Vasallitätsverhältnis an. In der persischen Zeit regierte die Familie der Tobiaden über die Region von ‘Amman. Nach den Auseinandersetzungen zwischen Seleukiden und Ptolemäern konnte Ptolemaios II. Philadelphos (287–246) als Sieger in die Stadt einziehen. ‘Amman wurde planmäßig ausgebaut und erhielt den Namen **Philadelphia**, zu Ehren seiner Schwester und Gattin Arsinoe II. Philadelphia. Dennoch erwähnen zahlreiche zeitgenössische Quellen (Zenon-Archiv, Polybios) weiterhin die Stadt mit dem alten Namen Rabbatammana. Die Tobiaden konnten sich unter den Ptolemäern als Gouverneure der Region westlich von ‘Amman halten. Der Seleukide Antiochos III. nahm Philadelphia 219 ein, nachdem ein Gefangener ihm den unterirdischen Zugang zu einer Wasserzisterne verraten hatte. Sobald die direkte Kontrolle der Seleukiden über das Gebiet nachließ, stießen die Nabatäer in das Vakuum. Unter ihrer Aufsicht und mit ihrer Genehmigung regierten nun lokale Fürsten. Um 130 v. Chr. herrschte z. B. der Tyrann Zenon über Philadelphia: er gewährte Ptolemaios, dem jüdischen Gegner von Johannes Hyrkan, Unterschlupf, als dieser die Mutter und die Brüder des Hyrkan ermordet hatte. Dem nabatäischen König Obodas I. gelang es um 90 v. Chr., die Kontrolle über Philadelphia zu übernehmen und die Handelswege wieder funktionsfähig zu machen. Der hasmonäische Fürst Alexander Jannai (103 – 76 v. Chr.) zerstörte Philadelphia 82 v. Chr. Nachdem sie 69 v. Chr. wieder in nabatäischen Besitz übergegangen war, eroberte Pompeius sie 63 v. Chr. und räumte ihr wichtige administrative und politische Privilegien ein: der Weg zur Aufnahme in die Dekapolis (Zehnstädte-Bund) wurde dadurch eingeleitet. Nach einer vorübergehenden Besetzung durch die Nabatäer, eroberte sie Herodes der Große 30 v. Chr. Zur Zeit des ersten jüdischen Aufstandes im 1. Jh. n. Chr. beteiligte sich die Bevölkerung von Philadelphia aktiv am Kampf gegen die jüdischen Zeloten.

Kaiser Trajan (98 – 117 n. Chr.) führte eine Verwaltungsreform durch, bei der ʿAmman in die *Provincia Arabia* einverleibt wurde. Die Verkehrsverbindungen waren nun wieder intakt, und durch seine Lage an der *via nova Traiana* erlebte Philadelphia im 2. und 3. Jh. eine Blütezeit. Die Christianisierung hinterließ im byzantinischen Philadelphia und in der direkten Umgebung zahlreiche, aber bescheidene Spuren. Dem Metropoliten von Bosra unterstellt, war Philadelphia ein selbständiger Bischofssitz. Neben der kleinen Kirche auf der Zitadelle fand man vor allem in der direkten Umgebung von ʿAmman verschiedene Zeugen christlicher Präsenz. Die Kirche von Swafiyeh war mit einem hübschen Mosaik ausgestattet, das ganz in der Tradition der Mosaikschule von Madeba stand. Östlich von einem eisenzeitlichen Turm auf dem *Jebel el-Akhdar* fand man eine kleine byzantinische Kapelle mit zwei angrenzenden Räumen, die mit ihren bescheidenen Maßen (7,30 x 5,25 m) dokumentiert, wie das Christentum seine Kultbauten konsequent dezentralisierte. Auf dem Hang des *Jebel el-Weibdeh* wurde ein kleiner römischer Tempel, der Herkules geweiht war, in eine Kirche zu Ehren des hl. Georg umfunktioniert. In Yadudeh (10 km südlich von ʿAmman) war seit 1825 eine kleine Kirche (16 m Länge) bekannt, die inzwischen durch Überbauung verschwunden ist. In Khirbet el-Kursi, westlich von ʿAmman, fand man eine mit Mosaiken ausgestattete Kapelle, die u. a. zwei fragmentarische Inschriften im aramäischen christlich-palästinischen Dialekt enthielten.

Die Sasaniden (614 – 624) markierten einen Einbruch in der Stadtgeschichte und kündigten schon die Eroberung durch die islamischen Araber 635 n. Chr. an. Die Bedeutung ʿAmmans wurde von den Omayyaden dadurch hervorgehoben, daß die Stadt Hauptstadt der Provinz *el-Belqa*ʿ wurde. Umfangreiche Umbauarbeiten wurden auf der Zitadelle durchgeführt, wobei vor allem der

Sicherung der Wasserversorgung besondere Bedeutung beigemessen wurde. Die Abbasiden dagegen zeigten für diesen abgelegenen Winkel kein besonders großes Interesse, und ‘Amman erlebte nun ein lange Zeit der Bedeutungslosigkeit. Auch in osmanischer Zeit waren den Türken es-Salt und ez-Zarqa wichtiger als das verschlafene ‘Amman. Erst 1876 änderte sich dieser Zustand, als Sultan ‘Abd el-Hamid den aus Rußland emigrierten Tscherkessen eine Bleibe u. a. in ‘Amman zusicherte. Leider ging diese Maßnahme auf Kosten des antiken Ruinenbestandes! 1922/23 wurde ‘Amman unter Emir ‘Abdullah Hauptstadt des Emirates Transjordanien. Durch den Bau der Hussein-Moschee (1924) sowie des Basman- und Raghadan-Palastes im Viertel *el-Qusur* gewann die Stadt deutlich an Profil. 1950 wurde ‘Amman schließlich Hauptstadt des Haschemitischen Königreiches Jordanien. Zugleich wurde es Sitz der Regierung und des Parlamentes des Landes. Vor allem die Flüchtlinge aus Palästina trugen nach 1948/49 und 1967 dazu bei, daß es zu einer Bevölkerungsexplosion kam, die aus dem bescheidenen Dorf eine Großstadt machte.

Die **Zitadelle** auf dem *Jebel el-Qala‘a* (*»Berg der Festung«*) war spätestens seit der MB-Zeit (1900 – 1550 v. Chr.) die Festung der Stadt. Der Bereich der Zitadelle hat die Form eines L und wurde im Laufe der Zeit in drei Terrassen gegliedert. Der bebaute Bereich wurde in römischer Zeit (2. Jh. n. Chr.) mit einer Mauer umgeben. Die Omayyaden renovierten die baufällig gewordene Mauer und bezogen die Temenos-Mauer des »*Herkules*«-Tempels und des nördlichen Tempels mit ein. Reste sind noch auf der West- und Südseite der Zitadelle zu sehen. Nach dem Erdbeben von 747 führten die Abbasiden Restaurierungsarbeiten durch; die Zitadelle wurde mit einem neuen Glacis versehen.

Der sog. **»Herkules«-Tempel** war umgeben von einer rechteckigen Temenos-Mauer von 70 x 119 m, wobei die Südmauer in römischer und omayyadischer Zeit Teil der Festungsmauer war. Der eigentliche Tempel stand auf einem Podium (43,5 x 27,5 m) in der westlichen Hälfte des Temenos-Bereiches und war nach Osten orientiert. Ein Architrav mit der Widmungsinschrift erwähnt den Kaiser Marc Aurel (161 – 180 n. Chr.). Da der Tempel in byzantinischer und arabischer Zeit als Steinbruch für die neuen Bauprogramme diente, ist außer dem Mauersockel und einigen Säulenbasen nichts mehr erhalten, so daß die Bezeichnung »*Herkules*«-Tempel rein hypothetisch ist. Zwar wurde Herkules in Philadelphia sicher verehrt, aber es gibt dennoch keine eindeutigen Hinweise dafür, daß dieser Tempel gerade hier gestanden habe. Auch das Auffinden einer überdimensionierten Hand und eines Ellenbogens aus Kalkstein im Umfeld des Tempels – jetzt am Eingang des Archäologischen Museums aufgestellt – lassen zwar auf eine Kolossalstatue

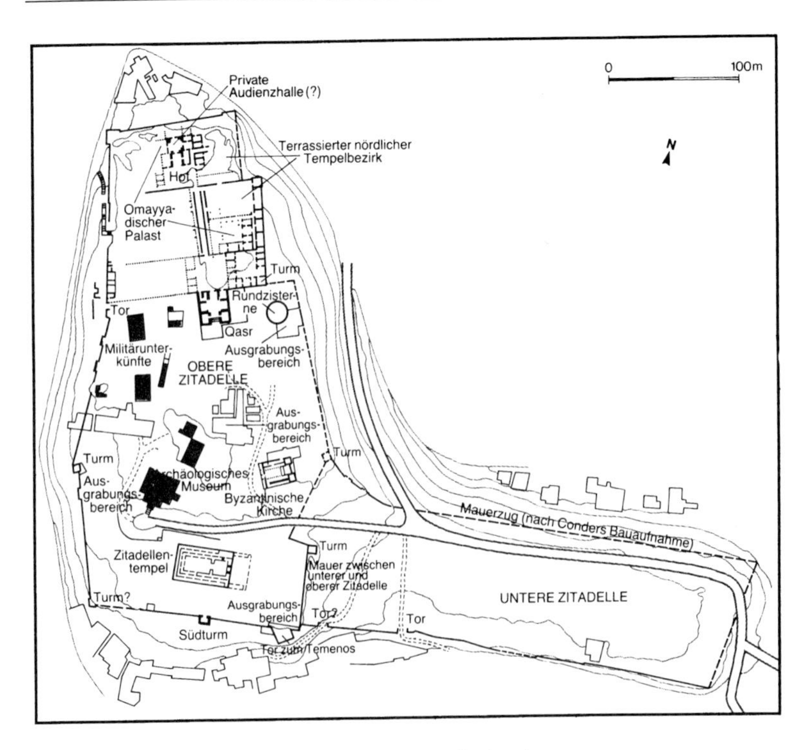

ʿAmman, der Zitadellenhügel

(etwa 9 m hoch) schließen, aber die Darstellung von Gottheiten in einer monumentalen Statue war zu keiner Zeit ein Privileg des Gottes Herkules.

Nur wenige Meter nordöstlich des »*Herkules*«-Tempels wurde 1928 eine **byzantinische Kirche** aus dem 6. oder 7. Jh. freigelegt. Die dreischiffige Basilika (20,3 m lang und 12,3 m breit) hatte drei Eingänge (West-, Nord- und Südseite). Ein Narthex mit sechs Säulen befand sich vor dem Kirchenschiff. Das Mittelschiff war mit Mosaiken ausgestattet, die geometrische und florale

Motive aufwiesen. In der halbrunden Apsis befand sich ein Synthronon für den Klerus. Sowohl die Innenbekleidung der Apsis wie die Chorschranke, die das Presbyterium vom Kirchenschiff trennte, waren mit Marmorplatten versehen. Nach außen war die Apsis mit einer geraden Mauer ummantelt. Die Apsis selbst war aus Quadern zusammengesetzt, die aus dem benachbarten »*Herkules*«-Tempel stammten. Ein Raum südlich der Apsis stellte sich als eine Erweiterung aus omayyadischer Zeit heraus, desgleichen auch die drei Zisternen im Kircheninnern.

Nordwestlich der byzantinischen Kirche erhebt sich das wohl eindrucksvollste Bauwerk auf dem Gelände der Zitadelle, **Qasr** (Burg, Schloß) genannt. Es ist ein Quadratbau mit 25 x 27 m Grundriß und ca. 8,5 m Höhe. Ihm vorgelagert war ein kleiner Hof. Aus Kalksteinblöcken erbaut, steht er auf den Fundamenten zweier Vorgängerbauten aus dem 2/3. und dem 4. Jh. n. Chr. Sie bildeten wahrscheinlich die Propyläen zum großen sog. Nordtempel, der jetzt gänzlich verschwunden ist. Der Qasr hat einen schönen Innenhof, durch 4 Iwane erweitert, von denen die im Süden und Norden geöffnet sind, so daß das ganze Bauwerk wohl als ein Durchgangs-Gebäude, als Torbau zu verstehen ist. Die Fassadenwände zu Seiten der Durchgänge sind mit einer im Flachrelief gehaltenen Folge von steilen Bogenblenden verziert, deren Säulen als dünne Profile auftreten. Eine Wendeltreppe führte ursprünglich vom Nordwestraum des Qasr auf das Dach. In den anderen Ecken sind kleine Zimmer abgeteilt. Ein Spitztonnengewölbe bzw. Halbkuppeln bilden die Decken. Die früher sicher hübsche Innengestaltung ist an den auflockernden Nischen und kunstvollen Blendarkaden noch gut zu erkennen. Der Innenhof selbst war wahrscheinlich nicht – oder nur von einem Holzdach – überdeckt. Der Bau, der aus omayyadischer Zeit stammt, hat wohl die Funktion gehabt, die Besucher des Palastbezirkes abzufangen und sie dort warten zu lassen, bis sie dem Kalifen vorgeführt wurden. Der Qasr zeigt, wie von den Omayyaden aus byzantinischen Zentralbauten (z. B. die Kathedrale in Bosra oder der Zentralbau in Resafa) ein neuer Bautyp entworfen wurde, der ihren spezifischen Bedürfnissen entsprach.

Vom Qasr aus konnte man über Treppen zu einem höher gelegenen zweiten Hof gelangen, der im Temenos-Bereich des früheren römischen Nord-Tempels (78 x 90 m) auf der **Nord-Terrasse** lag. Rechts und links vom zweitem Hof lagen Raumgruppen vom *Beit*-Typus jeweils um einen zentralen Hof. Vom zweiten Hof aus verlief eine fast 10 m breite gepflasterte Kolonnadenstraße in nördlicher Richtung, die wiederum an beiden Seiten von je zwei Raumgruppen um einen Hof flankiert war. Die Straße führte zu einem dritten, quergelagerten Hof, der an drei Seiten von Säulen umgeben war. Nördlich von diesem Hof schloß sich die Fassade einer tonnengewölbten Halle in der Form eines Iwans mit zwei seitlichen Türen an. Durch die nördliche Tür gelangte man in einen Kuppelraum, der den Grundriß eines griechischen Kreuzes aufwies und dessen Boden mit Mosaiken ausgestattet war. In den vier Kreuzarmen waren genau in der Mitte Türen angebracht. In der Süd-west-Ecke des Kuppelraumes war ein kleiner quadratischer Raum mit einem eigenen Tonnengewölbe gedeckt, seine Funktion ist unklar. Der Kuppelraum selbst kann nach der sasanidischen Tradition als Ruheraum (*diwan*) gedeutet werden. Der ganze Komplex ist wohl als omayyadischer Stadtpalast (*Dar al-Imara*) zu verstehen. Er diente als Sitz der Verwaltung und des Provinzgouverneurs. Die Anlage war auf römischen Ruinen und teilweise aus wiederverwendeten römischen Quadern erbaut.

Die ganze Nordterrasse wurde in römischer Zeit künstlich und mit viel Aufwand aufgeschüttet. So muß das Areal schon damals eine wichtige Funktion gehabt haben: man kann nur vermuten, daß auf der Nordterrasse (verschiedene) Tempel gestanden haben. Eine Mauer teilt das Gelände in zwei ungleiche Trapezoide. Östlich vom Qasr und südlich des römischen Temenos fand man eine **Zisterne** mit 16 m Durchmesser, die auch jetzt noch bis zu einer Tiefe von etwa 5 m erhalten ist. Die Zisterne besteht aus zwei konzentrischen Mauerzügen, von denen im Innern Säulenbasen und -schäfte verbaut sind. Zwei gedeckte Wasserleitungen münden vom Westen und vom Norden in das Reservoir. Von der Westseite geht eine steinerne Wendeltreppe zum Boden. Wahrscheinlich stammt die Zisterne aus der omayyadischen Zeit.

Auf dem Gelände der Zitadelle befindet sich das **Archäologische Museum**.

Zu den interessantesten Exponaten gehören modellierte Totenschädel aus **Jericho** (Neolithikum). Weiter ein Kinderskelett im tönernen Bestattungsgefäß, das in **Teleilat Ghassul** unter dem Fußboden eines Hauses gefunden wurde (Chalkolithikum). An der Wand ist eine Wandmalerei aus Ghassul angebracht. Es zeigt eine religiöse Prozession mit maskierten menschlichen Gestalten (Priester?), die sich einem Gebäude (Tempel?) nähern. Verschiedene Keramik-Gefäße, darunter auch ein Trinkgefäß in der Form eines Widders aus der MB-Zeit. Weiter die Rekonstruktion eines Felsgrabes aus Jericho, ebenfalls aus der MB-Zeit. Es enthielt die Skelette von 13 Personen.

Die **Balu'a-Stele** (1200–900 v. Chr.), benannt nach dem Fundort bei Kerak, zeigt einen Moabiterkönig (mit der ägyptischen Doppelkrone) zwischen den Gottheiten Kemosch (moabitischer Nationalgott) und Ashtarte. Der ägyptisierende Einfluß ist unverkennbar.

Statuetten ammonitischer Könige, Notablen (u. a. Yerach-'Azar) oder Gottheiten, die meist aus dem Bereich der Zitadelle von 'Amman stammen, sowie Reiterfigürchen aus Terrakotta (aus Maqlabain, 7 km südlich von

‘Amman): alle datieren aus der Blütezeit des Ammoniter-Reiches im 7. Jh. v. Chr. Eine der Statuen hat zwei Gesichter.

Die Flasche von **Tell Siran** aus dem 7. Jh. v. Chr. wurde auf dem campus der jordanischen Universität von ‘Amman gefunden. Auf dem kleinen Fläschchen werden in ammonitischer Sprache der König Amminadab von Ammon sowie seine Baumaßnahmen erwähnt.

Von der berühmten **Mescha-Stele** steht eine Kopie im Museum. Das Original befindet sich im Louvre-Museum von Paris.

In Schubladen werden die sog. »*Bileam*«-Texte und Keramikfragmente aus **Tell Deir ‘Alla** aufbewahrt. Diese aramäisch geschriebenen Texte waren mit Tinte auf dem Verputz eines kleinen Tempels aus der Eisenzeit (9./8. Jh. v. Chr.?) angebracht und weisen bemerkenswerte Parallelen zu dem biblischen Text über den Seher Bileam im Alten Testament (*Num 22–24*) auf.

Unter den **Qumran**-Rollen ist vor allem die Kupfer-Rolle wertvoll. Erhalten sind die Schreibtische und Sitzbänke der essenischen Gemeinde sowie Schreibgeräte und einige Tonkrüge, die für die Aufbewahrung der Schriftrollen verwendet wurden.

Verschiedene nabatäische Reliefs (u. a. Hadad, Atargatis) stammen aus dem Bergtempel von **Khirbet et-Tannur.** Einige römische Skulpturen und Figurinen (u. a. der Aphrodite), vor allem aus **Gerasa** und **‘Amman,** darunter das Haupt der mit dem Stadt-Emblem geschmückten Tyche von Philadelphia.

Steinmetzarbeiten (teilweise handelt es sich um Kopien) aus dem Omayyadenpalast von **Khirbet el-Mefjir** bei Jericho. Schön bearbeiteter Türsturz aus dem omayyadischen Wüstenschloß **Qasr et-Tuba**. Keramik aus der Ayyubiden- und Mameluckenzeit.

Das Museum ist, außer dienstags, täglich von 9 bis 17 Uhr geöffnet. Am Freitag und an Feiertagen von 10 bis 16 Uhr. Eintrittsgebühren. Photografieren ist außerhalb des Ausstellungsraumes mit den Qumran-Exponaten erlaubt.

Das recht bescheidene Archäologische Museum – es soll in nächster Zeit durch ein repräsentativeren Bau ersetzt werden – wurde 1951 eröffnet.

Bei der römischen Stadtplanung der **Unterstadt** spielte die freie Fläche zwischen dem *Jebel Qala‘a* und dem *Jebel Jaufa*, das vom *Wadi ‘Amman* durchflossen wird, eine entscheidende gestalterische Rolle. Die streng gegliederte römische Stadtplanung mußte Kompromisse eingehen und hatte sich den geographischen Gegebenheiten anzupassen. So entwarf man eine Hauptstraße (*cardo maximus*) in Nord-Süd-Richtung und eine Haupt-Querstraße (*decumanus*) in West-Ost-Richtung. Dabei geriet der geschwungene *decumanus* länger als der *cardo.* Vom *decumanus* zweigten auch die wichtigen Zugänge zur Akropolis und zum Forum ab. Beide Kolonnadenstraßen waren von korin-

‘Amman mit dem Forum und dem römischen Theater ▶

ʿAmman, Abu Darwish-Moschee

thischen Säulen eingerahmt. Umfangreiche Erdbewegungen mußten durchgeführt werden, um die beiden Ufer des *Wadi ʿAmman* auf gleiche Höhe zu bringen, das *Wadi* zu überspannen und damit eine größere, ebene, überflutungssichere Fläche zwischen dem Fuß der Akropolis und dem Theaterberg zu schaffen. Ein unterirdisches Kanalisations- und Dränagesystem aus Tonröhren führte das Wasser zur Nordwestecke des Platzes, wo es in das *Wadi* eingeleitet wurde. Monumentale Stadttore – sie wurden erst 1915 zerstört – schlossen den *decumanus* im Westen und Osten der Stadt an die *via nova Traiana* an. Westlich des Forums und am Fuß der Akropolis unterbrach ein Propyläum die Straße und verschaffte Zugang zu einer heiligen Prozessionsstraße (*via sacra*), die über steile Treppen hinauf zum Tempelbereich der Akropolis führte. Durch diese Maßnahmen konnte ein trapezoidförmiges Forum (130 m auf der Nordseite, 100 m auf der Südseite und je ungefähr 50 m auf der West- und Ostseite) gewonnen werden, das an drei Seiten von Säulenhallen umgeben war. Mit seiner Gesamtfläche von etwa 7600 qm war das Forum von Philadelphia immerhin außergewöhnlich großzügig gestaltet. Die meisten Baumaßnahmen auf dem Forum wurden 188 n. Chr. durchgeführt. Im Jahre 1964 hat die Stadtverwaltung von ʿAmman das Gelände grundlegend umgestaltet und aus dem übriggebliebenen antiken Baubestand eine städtische Parkanlage gemacht. So wurden auf der Südseite, vor der Rückmauer des Bühnengebäudes des Theaters, jetzt einige Säulen mit ihren korinthischen Kapitellen aufgestellt, manche noch miteinander verbunden durch den aufliegenden Architrav, so daß man sich mit Hilfe dieses Abschnittes ein Bild von der einstigen Pracht des Forums und des Straßensystems machen kann.

Am Fuß des *Jebel el-Jaufa* und südlich des römischen Forums wurde um die Mitte des 2. Jhs. n. Chr., unter Antoninus Pius (138–161), das römische **Theater** von Philadelphia erbaut. Mit seiner Hanglage am *Jebel el-Jaufa* wurden griechische Vorstellungen übernommen, das Bauwerk selber aber wurde streng nach römischen Prinzipien erbaut: das Halbrund des Zuschauerraumes (*cavea*, Durchmesser: 102 m) hat zwei Umgänge (*diazomata, praecinctiones*), die damit drei Ränge (*cavea ima, media* und *summa*), die insgesamt 45 Sitzreihen (einmal 13 und zweimal 16 Sitzreihen) im Auditorium schaffen. *Cavea media* und *summa* wurden durch 6 Treppenaufgänge (*scalaria*) eingeteilt, die das Auditorium in je 7 Sitzkeile (*cunei*) unterverteilten. Die acht Treppenaufgänge der *cavea ima* trennen 7 gleichmäßig große Sitzkeile und zwei Randsektoren. Diese Treppen werden im zweiten Rang geradlinig fortgesetzt, während die 7 Aufgänge des dritten Ranges jeweils auf die Mitte der tiefer gelegenen Sitzkeile stoßen. So bietet das Theater Platz für 6000 Zuschauer. Ganz oben, oberhalb des dritten Ranges, ist ein weiterer Umgang aus dem Felsen herausgearbeitet. Die Ausrichtung des Theaters nach Norden verhinderte eine für die Zuschauer störende Sonneneinstrahlung. Imposant war das Bühnengebäude (*scaenae frons*): 95 m breit und 16 m tief, hatte es ursprünglich wohl 2 oder 3 Geschosse. Es wurde damit bis auf die Höhe des Zuschauerraumes hochgezogen. So entstand ein nach allen Seiten gleich hoher Steinbau als architektonische Einheit. Noch heute erreichen die Mauern eine Höhe von etwa 15 m. Der Bühnenboden erhebt sich etwa 1,5 m über die *orchestra* (Durchmesser etwa 13 m). Für eine bessere Sicht auf das Geschehen auf der Bühne sorgte die leicht geneigte Spielfläche; der Bühnenboden war zur Erlangung einer besseren Akustik mit einer hölzernen Auflage ausgestattet. Im Boden der *orchestra* war ein runder Schacht angebracht: aus einem unterirdischen Gang konnten die Spieler völlig überraschend heraussteigen und ins Spielgeschehen eingreifen. Der ideale Schallpunkt ist in der *orchestra* mit einem eingemeißelten Kreuz markiert. Das Theater weist verschiedene religiöse Komponenten auf: ein Altarstein steht zum Zuschauerraum hin versetzt in der *orchestra*. Außerdem war über dem oberen Rang in die 4 m hoch aufragenden Umfassungsmauer und im anstehenden Felsen eine kleine – jetzt schmucklose – Tempelanlage eingebaut. Nur ein Simsband umgibt den tonnengewölbten Raum, die Wände waren früher mit Einlegearbeiten geschmückt. In diesem Tempelchen könnte eine Athena-Statue gestanden haben. Teile einer solchen Statue hat man im Schutt gefunden. Erst 1957 wurde das Theater vom Schutt befreit und bald nach seiner Freilegung restauriert. Es wird auch heute noch für Aufführungen verwendet.

In den Seitenräumen beiderseits des Theaters befinden sich zwei kleine Museen: im rechten Gewölbeflügel das **Folklore Museum** und im linken das **Jordan Museum of Popular Traditions**.

Im ersten hat man Gegenstände des täglichen Bedarfs der einheimischen Bevölkerung, weiter Beduinen- und Volkstrachten, Teppiche, traditionelle Schmuckgegenstände, Musikinstrumente und andere kunsthandwerkliche oder folkloristische Exponate, im zweiten Trachten, kunsthandwerkliche Exponate und Juwelen ausgestellt. Beide Museen umfassen eine schöne Sammlung von Mosaiken aus Madeba, Heschbon und Gerasa. Besonders hervorzuheben sind die Mosaikfragmente der Kirche des Elias, Maria und Soreg aus Gerasa.

Die beiden Museen sind täglich, ausgenommen dienstags, jeweils von 9 bis 17 und an Feiertagen von 10 bis 16 Uhr geöffnet. Eintrittsgebühr.

Das römische Forum wurde östlich von einem **Odeion** abgeschlossen. Durch die unmittelbare Nachbarschaft zum Theater und die architektonische Verbindung mit diesem durch einen kleinen Vorplatz und ein Tor ergänzte dieses Gebäude mit seinen Aufführungsmöglichkeiten für musikalische und poetische Vorträge das Kulturangebot der Stadt. In die Westwand des Gebäudes waren fünf Eingänge angebracht, die den Zugang zum Innenraum ermöglichten. Das Gebäude hatte in seinem muschelförmigen Zuschauerraum 18, die *cavea summa* 7, die *cavea ima* 11 Sitzreihen. Sie konnten mit Zeltbahnen (*velum*) vor Witterungseinflüssen und Sonneneinstrahlung geschützt werden. Das Bühnengebäude war durch Friese und Nischen gegliedert. Das Odeion ist in den Anfang oder in die Mitte des 2. Jhs n. Chr. zu datieren.

Unweit vom Forum und Theater lag das **Nymphäum** als Repräsentations-Bauwerk direkt am Wadi ʿAmman. Der einstige Prachtbau ist jetzt kaum noch als solcher zu erkennen, die stürmische Stadtentwicklung hat gerade diesem Bauwerk stark zugesetzt.

Die moderne **Hussein-Moschee** im Zentrum der Unterstadt wurde 1924 erbaut. Sie ersetzte eine ältere – wahrscheinlich omayyadische – Moschee. Die Architektur ist als ein Versuch zu verstehen, mit dem bis dahin dominierenden osmanischen Einfluß zu brechen. Die beiden Minarette sind verschieden hoch und unterschiedlich gestaltet. Die zweigeschossige Fassade wird von Türen und Fenstern durchbrochen und trägt ein Abschlußband aus Steinmuscheln. Der breitgelagerte Innenraum knüpft an die frühislamische Breitraumtradition und damit wahrscheinlich an die Vorläufermoschee an.

Auf dem *Jebel el-Ashrafiyeh*, im Süden der Stadt, liegt die **Abu-Darwish-Moschee**, die im Stadtbild durch ihre exponierte Lage und ihren Steinfarbwechsel auffällt. Von der Terrasse der Moschee aus hat man einen schönen Ausblick über das Stadtzentrum.

An einem zentralen Verkehrsknotenpunkt liegt die größte und prächtigste moderne Moschee der Stadt, die **ʿAbdulla-Moschee**, direkt gegenüber dem jordanischen Parlament. Sie wurde nach einem Entwurf des deutschen Architekten Jan Cejka erst vor einigen Jahren fertiggestellt. In einem monumentalen Ausstellungsgebäude in der Sports City befindet sich das **Martyr's Memorial**. Es enthält eine chronologische geordnete Ausstellung über die Militärgeschichte seit der arabischen Revolution von 1916 bis in die Gegenwart. Geöffnet von 9 bis 16 Uhr, täglich außer Samstags.

In Muntazah, auf dem *Jebel el-Weibdeh* befindet sich die **Jordan National Gallery**. Sie enthält Malereien, Skulpturen und Keramik-Arbeiten jordanischer und anderer islamischer Künstler. Die Galerie besitzt eine Kollektion von Malereien orientalischer Künstler aus dem 19. Jh. Geöffnet von 10 bis 13.10 und von 15 bis 18 Uhr, ausgenommen dienstags.

Im Westen und Süden der Hauptstadt hat man etwa 20 Rundtürme identifiziert, die man als **ammonitische Verteidigungs- und Wachtürme** gedeutet hat, die die Güter der kleinen Bauern zu schützen hatten. Sie wurden zu verschiedenen Zeiten gebaut, die ältesten wohl am Anfang der Eisenzeit (um 1000 v. Chr.), und blieben bis in römische Zeit in Gebrauch. Sie dienten dann allerdings als befestigte Karawanserei- und Handelsposten, nicht als Verteidigungsbollwerke der Stadt. Auf der Nordseite des *Jebel ʿAmman* – nahe der deutschen Botschaft – stehen noch die Überreste eines dieser Türme, **Rujm el-Malfuf** genannt. Der Turm war ursprünglich wohl mehrgeschossig, zeigt keine verzierenden Bauschmuckelemente und war im Erdgeschoß in verschiedene Räumen eingeteilt, die als Magazine für die landwirtschaftlichen Erträge – besonders im Kriegsfall – gedient haben können. Noch nicht befriedigend geklärt und von daher umstritten bleibt eine Frühdatierung in die Eisenzeit, denn der Keramik-Befund in und um den Turm weist nur römische Gebrauchskeramik auf. Auf dem *Jebel el-Akhdar* steht ein rechteckiger Turm mit Seitenflächen von 16 und 13 m Länge noch bis zu einer Höhe von 3 m an. Die Stärke der Seitenmauern beträgt 2,3 m. Ein niedriger Toreingang von 80 cm Höhe und 70 cm Breite verschafft Zugang. 7 kleine Räume gruppieren sich um einen schmalen Mittelhof.

Wadi es-Sir

Von ʿAmman aus kann man in einem halben Tag einen herrlichen Ausflug in das *Wadi es-Sir* machen, das durch seine üppige Vegetation überrascht und mit einem relativ gut erhaltenen, seltsamen hellenistischen Bauwerk aufwarten kann. Große Reisebusse können allerdings das *Wadi es-Sir* auf dem oft schmalem und sehr kurvigen Weg kaum erreichen.

Von der Stadtautobahn fährt man bis Suweileh und biegt dann links Richtung *Wadi es-Sir* ab. Nach etwa 12 km erreicht man das Tscherkessendorf *Wadi es-Sir*. Von dort führen die Straße und das *Wadi* an *Khirbet es-Sar* vorbei, einem Ruinenfeld, in dem sich u. a. auch ein ammonitischer Wachturm erhebt. Nach weiteren vier Kilometern überquert man das Flüßchen. Bald sieht man auf halber Höhe an der linken Hügelwand ed-Deir (»*das Kloster*«), eine durchfensterte Felsfassade, hinter der sich zwei Kammern mit zahllosen dreieckigen Wandnischen (»*columbarium*«) verbergen. Möglicherweise wurden in diesen Nischen die Urnen mit der Asche Verstorbener aufbewahrt. Nach weiteren sieben Kilometern tauchen rechts der Straße die Höhlen von ʿIraq el-Emir (»*Fürstenhöhlen*«) auf. Einen Kilometer weiter endet die Straße vor der Ruine *Qasr* el-ʿAbd (»*Sklavenburg*«).

Fraglich ist, ob die Familie der Tobiaden, von der in den literarischen Quellen der hellenistischen Zeit die Rede ist, schon in der persischen Zeit hier ansässig war. Die Quellenlage ist ziemlich kompliziert und mehrdeutig. Zunächst erwähnt das Alte Testament (*Neh 2,10.19; 3,33.35* u.ö.) einen Tobias, »*Knecht von Ammon*«, der zur Zeit des persischen Großkönigs Artaxerxes I.

(464–425 v. Chr.) zusammen mit Sanballat, dem Gouverneur von Samaria, und dem Araberhäuptling Geschem versuchte, die Wiederaufbau-Arbeiten der Jerusalemer Stadtmauer zu verhindern. Der Titel »*Knecht*« (hebr.: *'Ebed*) ist dabei die geläufige Bezeichnung für einen Statthalter der persischen Provinzen.

Die zweite literarische Quelle ist das 1915 von ägyptischen Fellachen im nordöstlichen Fayyum gefundene Zenon-Archiv. In den Kontrakten und Rechnungsunterlagen des griechischen Wirtschaftsagenten Zenon mit dem ptolemäischen Finanzminister Dioiketes Apollonios (259 v. Chr.) kommt auch ein Tobia zu Wort. Dieser war der in 'Amman residierende transjordanische Statthalter des Ptolemaios II. Philadelphos (285–246 v. Chr.). Tobias verfügte über eigene Truppen und besaß offensichtlich auch ein großräumiges landwirtschaftliches Gut. Aus seinem privaten Wildgehege bot er dem König eine Reihe von Tieren (neben Pferden, Kamelen und Hunden auch domestizierte Wildesel) zum Geschenk an.

Die dritte Quelle liefert Flavius Josephus in seinem Buch »*Die Jüdischen Altertümer*«. Dort wird ein gewisser Tobia erwähnt, der zur Zeit des Ptolemaios III. Euergetes (236–221 v. Chr.) Steuereintreiber in Phönikien, Südsyrien und Palästina war. Unter Ptolemaios IV. (221–204 v. Chr.) schickte dessen Vater Josef seinen anderen Sohn Hyrkan mit Geschenken zum ptolemäischen König nach Ägypten. So stand die Tobiaden-Familie offensichtlich ganz auf der ptolemäischen Seite. Als in Jerusalem Streitigkeiten zwischen Befürwortern und Gegnern der Ptolemäer ausbrachen, zog sich Hyrkan auf die andere Seite des Jordans zurück »*und errichtete eine starke Festung, die bis zum Dach aus weißem Marmor bestand, in den ringsum riesige Tierfiguren gemeißelt waren. Er umgab das Bauwerk mit einem weiten und tiefen Graben. Am gegenüberliegenden Steilabfall ließ er viele Stadien lang das überhängende Gestein abschlagen und Höhlen anlegen, die zum Teil für Festgelage, zum Teil Wohn- und Schlafzwecken dienten. Er leitete reichlich Wasser zu, das seinen Sitz zugleich angenehm und schön machte...Darüber hinaus legte er Tiergehege an, die wegen ihrer Größe bemerkenswert waren, und verschönerte sie durch ausgedehnte Gärten. Nachdem er den Palast so vollendet hatte, nannte er ihn Tyros. Dieser Ort liegt zwischen Arabien und Judäa jenseits des Jordans, nicht weit von Essebonitis* [= Heschbon]« (Flavius Josephus, **Jüd. Altertümer**, xii, 229–234). Der Name Tyrus für diesen Bau lebt interessanterweise in der heutigen arabischen Bezeichnung (*Wadi es-)sir* weiter. Als der Seleukide Antiochos III. 'Amman eroberte und als Philadelphia wiedererstehen ließ, bahnte sich eine politische Wende an: die Ptolemäer im Ostjordanland wurden unter Antiochos IV. (175–164 v. Chr.) endgültig von den Seleukiden abgelöst. Für die ptolemäerfreundliche Politik des Hyrkan gab es keinen Platz mehr, seine Güter im *Wadi es-Sir* wurden konfisziert, er selbst nahm sich das Leben.

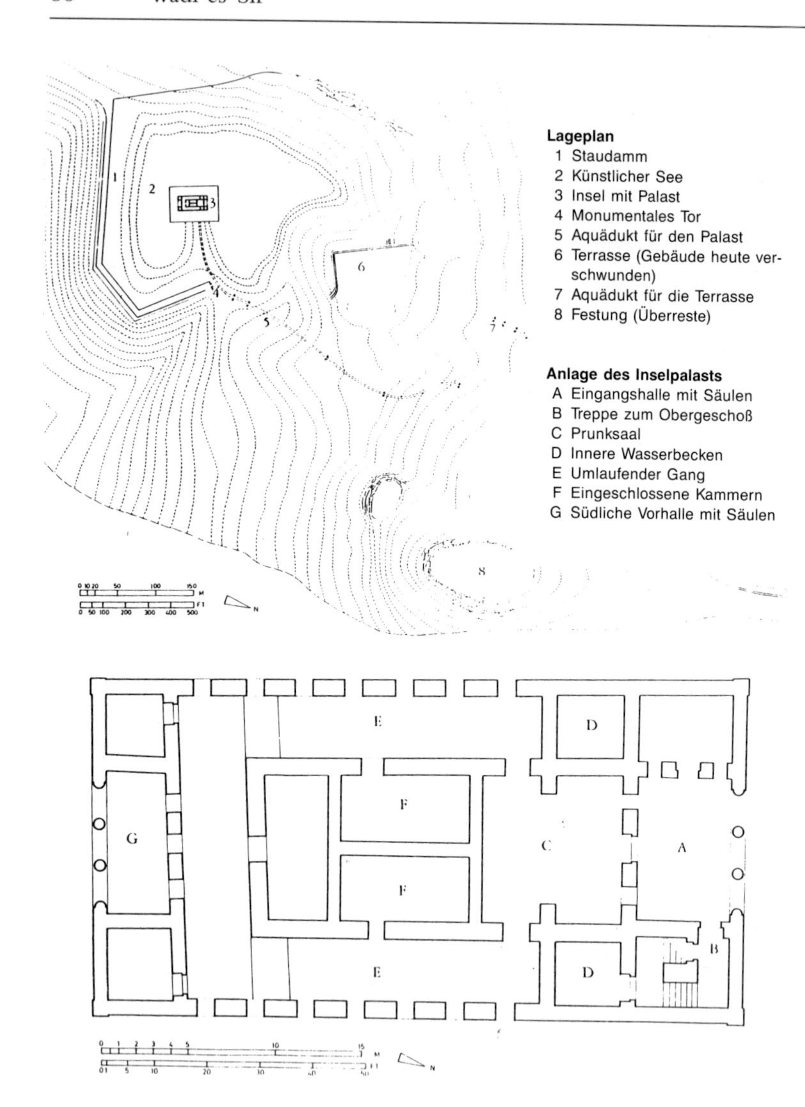

Wadi es-Sir, Lageplan der Monumente

Auf der Nordwestseite des *Wadi* sind oberhalb der Straße zwei Höhlenreihen in die steile Felswand eingetieft, arabisch **ʿIraq el-Emir** genannt. Die Höhlenwände der höhergelegenen Reihe wurden durchbrochen, wodurch eine etwa 300 m lange Galerie entstand. Die meisten dieser sonst schmucklosen Grotten haben unregelmäßige Abbmessungen. In der unteren Reihe ist eine Höhle durch einen profilierten Türrahmen hervorgehoben. Rechts vom Eingang ist mit aramäischen Buchstaben der Name *Tobia* eingraviert. Auch die links benachbarte Höhle zeigt den gleichen Namenszug. Um welchen Tobia es sich dabei handelt und ob dieser Name nur den Besitzer festhalten wollte, bleibt ungeklärt. Die Form der hier verwendeten aramäischen Schrift datiert man allerdings ins 5./4. Jh., also in die persische Zeit! Zumindest zur Zeit des Hyrkan hat das Höhlensystem eher als Schutzraum für ihn, seine Leute und seine Tiere gedient. Da die Höhlen heute als Stallung für die Ziegenherden verwendet werden, sind bei ihrer Besichtigung eine erhebliche Geruchsbelästigung und angehäufter Dreck in Kauf zu nehmen.

Der **Qasr el-ʿAbd** (37,5 x 18,75 m) liegt erhöht auf einer Plattform, mitten in einem künstlich ausgehobenen Teich, der jetzt meist ausgetrocknet ist. Über einen dammartig gestalteten Zugang und ein monumentales Eingangstor (etwa 150 m vom Qasr entfernt) gelangt man vom Westen her zum Eingang des Gebäudes, das selbst nord-südlich orientiert ist. Das ursprünglich zweistöckige Gebäude (etwa 12 m hoch) besaß ein Eingangstor auf der Nordseite mit zwei dahinterliegenden Vorräumen. Die Seitenwände des Gebäudes hatten im Erdgeschoß je sieben Fensteröffnungen. An den Ecken waren jeweils Pilaster mit korinthischen Kapitellen angebracht. Ein Fries aus Löwenfiguren schmückte die vier unteren Ecken. Das Relief einer schreitenden Löwin mit erhobener Pranke aus gesprenkeltem Dolomitstein ist nach ihrer Entdeckung in die Wand der östlichen Mauer eingesetzt worden. Der Kopf ist als Wasserspeier ausgeführt. Auf der Ostseite hat sich ein schreitender Löwe *in situ* erhalten. Die in die Mauer eingesetzten Steinplatten waren bis zu 6 m lang und 3 m hoch (Gewicht 5 bis 25 Tonnen), allerdings mit einer erstaunlich geringen Stärke (weniger als 50 cm). Die Raumaufteilung des Erdgeschosses zeigt längsrechteckige, 2 m breite Korridore, die um eine Zentralgruppe von vier rechteckigen Räumen gruppiert waren. Auf der Eingangsseite im Norden war über eine Treppe das Obergeschoß erreichbar. Da die Lichtverhältnisse im Innern des Erdgeschosses, vor allem in den vier zentral gelegenen Räumen, nicht ausreichend gewesen sein können, wird man sie wohl kaum als Wohngemächer, dafür aber eher als Speicher deuten. Der Wohn- und Repräsentationsbereich wird infolgedessen im ersten Geschoß zu suchen sein. Der Qasr kann – allein schon wegen seiner dünnen Wände und der Fensteröffnungen im Parterre – keine Festung gewesen sein. Als Schutz-

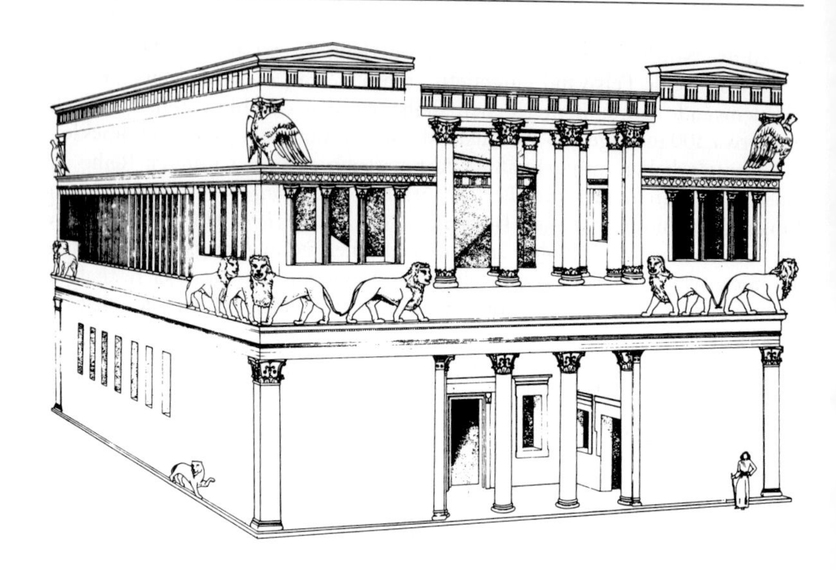

Rekonstruktionsversuch des ʿIraq el-Emir

räume kamen schon eher die nahegelegenen Höhlen in Betracht. Der einmalige hellenistisch-palästinische Mischbau veranlaßte alle möglichen denkbaren Deutungen: Tempel, Schloß, Herrensitz oder Mausoleum. Für die Deutung als Tempel fehlen adäquate Vergleiche aus demselben Kulturraum, die eine ähnliche Raumaufteilung aufweisen. So bleibt nur noch die Deutung als Herrschersitz übrig. Der Bau wurde wohl um 181 v. Chr. angefangen, um 175 jedoch unterbrochen, nachdem der Tobiade Hyrkan gestorben war. Die Anlage blieb bis zum Ende des 2. Jhs. n. Chr. bewohnt, wurde dann aber 363 n. Chr. nach einem schweren Erdbeben zerstört.

es-Salt

29 km nordwestlich von ʿAmman liegt das Verwaltungszentrum des *Belqaʿ*-Distriktes, es-Salt, mit jetzt etwa 45.000 Einwohnern malerisch zwischen zwei Bergabhängen. Von jeher war es-Salt eine besonders hübsche, wasserreiche und klimatisch angenehme Stadt. Unter dem Namen *Gadara/Gadora* erwähnt Flavius Josephus die Stadt als Metropole der *Peräa*. In byzantinischer Zeit hieß die Stadt *Saltos (Hieraticon)* – wahrscheinlich von lat. *saltus*, bewaldetes Tal – und war Bischofssitz. In der Kreuzfahrerzeit entstand auf einem der beiden Hügel über der Stadt eine ayyubidische Festung: ihr Erbauer, Sultan el-Malik el-Muʿazzam hatte dabei die Ruinen einer älteren Festung verwendet. Die Mongolen zerstörten die Anlage 1260, der Mameluckensultan Baibars baute sie aber ein Jahr später wieder auf. Nachdem ägyptische Truppen in Transjordanien einmarschiert waren, ließ ihr Herrscher Ibrahim Pascha 1840 die Burgmauern schleifen. Als die Türken um 1867 das Gebiet wieder fest in der Hand hatten, richteten sie in es-Salt Kasernen ein: es-Salt, die damals wohl wichtigste Stadt Transjordaniens, wurde zum Zentrum der türkischen Verwaltung. Bei der Befreiung 1918 hatte es-Salt entsprechend viel zu leiden, zudem mußte es seine Position als Hauptstadt an das nahegelegene ʿAmman abgeben. Bis in die 50er Jahre des 20. Jhs. war es-Salt – lange vor ʿAmman, Irbid und Kerak – noch das bedeutendste Schulzentrum, mit der einzigen höheren Schule des Landes. Ein kleines lokales **Archäologisches Museum** hat außer am Freitag und an den offiziellen Feiertagen jeden Tag von 8.00 bis 14.00 Uhr geöffnet.

Zwei km von es-Salt entfernt liegt der Hügel von **Jadur**, der mit seinem Namen noch an das antike Gadara erinnert. Beim Brunnen des Dorfes befindet sich nach islamischer Tradition das Grab des Jakobsohnes Gad. Von hier führt die Straße dann in die schöne und wasserreiche Schlucht des *Wadi Shuʿeib* (d. h. *»Schwiegervater«*, gemeint ist Jitro, der Schwiegervater des Mose), des Oberlaufs des *Wadi Nimrin*. Weiter in Richtung des Jordantales erreicht man über einen Pfad auf der linken Seite den Gipfel des *Jebel Yushaʿ* (1096 m), auf dem sich nach moslemischer Tradition die Grabanlage des alttestamentlichen Propheten Hosea befindet.

Hisban

Zwischen ʿAmman und dem *Wadi el-Mujib*, etwa 25 km südwestlich von ʿAmman und unmittelbar an der Straße von Na'ur nach Madeba liegt das kleine arabische Dorf **Hisban** mit seinem antiken, 15 m hohen Siedlungshügel. Nach den Berichten des Alten Testamentes war **Heschbon** die Hauptstadt des Amoriterkönigs Sihon (vgl. *Num 21,26–30*). Die Stadt ging nacheinander in den Besitz des Stammes Ruben (*Num 32,37*) und Gad (vgl. *Jos 21,38f.*) über. Im 9. Jh. fiel Heschbon wohl mit anderen Städten der Umgebung Mescha von Moab zu. Nach einer Siedlungslücke in der späten persischen Zeit wurden die Verteidigunsanlagen der Stadt (am Fuß des Tells und um die Akropolis) in hellenistischer Zeit (ca. 250–63 v. Chr.) weiter ausgebaut. In frührömischer Zeit (ca. 63 v. Chr. – 135 n. Chr.) bekam die Stadt den Namen *Esbus*. In spätrömischer Zeit (ca. 135–324 n. Chr.) wurde sie prächtig ausgebaut. Der römische Kaiser Elagabal (218–222 n. Chr.) verlieh ihr das Münzrecht. Intensiv besiedelt wurde Esbus in byzantinischer Zeit. Die moderne Besiedlung setzte nach einer großen Lücke von etwa 450 Jahren erst nach dem ersten Weltkrieg wieder ein.

Zu sehen ist auf dem Tell recht wenig. Abgesehen von der monumentalen Freitreppe, von der bei den Ausgrabungen ein Abschnitt freigelegt wurde, beeindruckt das riesige Wasserreservoir. Die Mosaiken der Akropolis-Kirche (am Ostrand) wurden entfernt, ebenso die der Nordkirche am Fuße des Tells. In der Altarbasis der Nordkirche fand man ein gut erhaltenes Marmorreliquiar mit den Reliquien eines unbekannten Heiligen. Es wird heute im Museum von Madeba aufbewahrt.

Berg Nebo

Es gibt kaum Orte in Jordanien, die so die Vorstellungskraft anregen wie die Hügelkette mit dem Nebo-Berg: Von dem Gipfel *Ras es-Siyagha* konnte Mose das gelobte Land zwar anschauen, durfte es aber nicht selbst betreten. Wenn man seinen Blick über die ausgebreitete Ebene schweifen läßt, erkennt man Jericho und die dunstige Wasserfläche des Toten Meeres. Weiter reicht der Blick über das ansteigende judäische Gebirge auf der anderen Seite und die zerklüfteten Hügel in südlicher und nördlicher Richtung. Obwohl man meistens die Hügelkette (Ölberg) von Jerusalem nur erahnen kann und vor allem in den späteren Tagesstunden sich alles in einem schimmernden Dunst verliert, ist der Nebo dennoch ein hervorragender Aussichtsberg. Die christliche Tradition hat die Grablegung des Mose an dieser Stelle festgemacht.

Von ʿAmman aus erreicht man nach 48 km. den Berg Nebo (*Siyagha*), nachdem man Madeba durchfahren hat und westlich in eine kleine Asphaltstraße einbiegt.

Im Alten Testament heißt das Gebirge Abarim, der Nebo-Berg *Pisga*. Die Kleinstadt Nebo, die sich in byzantinischer Zeit 2 km südlich in der Nähe entwickelte, liegt auf einem benachbarten Hügel und heißt mit ihrem arabischen Namen *Khirbet el-Mukhayyet* (*»Ruine der kleinen Nadel«*, 790 m hoch). Der Aussichtsberg mit dem Gedächtnisbau (*memoriale*) heißt *Ras es-Siyagha* (*»Gipfel des Klosters«*, 710 m hoch). Eine dritte wichtige Stelle befindet sich weiter nördlich am Fuß des *Siyagha, ʿUyun Musa*, die *»Quellen des Mose«*. Alle drei Stellen haben eine reiche byzantinische Vergangenheit.

Die verstreuten *Dolmen* und *Cromlechs* dokumentieren, daß das Gebiet seit chalkolithischer Zeit intensiv besiedelt war. Nach *Num 33,47* war Nebo ein Lagerplatz auf dem Wüstenzug der Israeliten. Auch die alttestamentlichen Angaben (*Num 32,3.38; 33,47; 1 Chr 5,8; Jes 15,2* und *Jer 48,1.22*) belegen die frühzeitige Besiedlung des Ortes, denn der Nebo wurde angeblich vom Stamm Ruben in Besitz genommen. Von entscheidender Bedeutung wird dann aber der Bericht über die Abschiedsrede und den Tod des Mose (*Dtn 34,1–8*): nachdem er das Land in seiner ganzen Ausdehnung hatte anschauen können, starb er. *»Man begrub ihn im Tal, in Moab, gegenüber Bet-Pegor. Bis heute kennt niemand sein Grab« (Dtn 34,6)*. König Mescha (Mitte des 9. Jhs.) erwähnt auf seiner Stele, daß er Nebo den Israeliten weggenommen hat. Ihre Blütezeit erlebte das Gebiet in byzantinischer Zeit: der Berg Nebo besaß neben dem *memoriale* (Gedächtniskirche für Mose) einen ausgedehnten Klosterkomplex. In *Khirbet el-Mukhayyet* entstand das Dorf Nebo mit mindestens fünf Kirchen; im Tal von ʿUyun Musa wurden ebenfalls zwei kleine Kirchen errichtet.

Die älteste Beschreibung des Berges und des Dorfes Nebo ist im Pilgerbericht der galizischen Nonne Egeria (Etheria) aus dem Jahre 394 n. Chr. nachzulesen. Eusebius von Cäsarea (260–340) erwähnt den Ort in seinem **Onomastikon**. Der nächste berühmte Pilger, Petrus der Iberer, ein monophysitischer Bischof von Gaza, der im späten 5. Jh. den Ort besuchte, berichtet über den wunderbaren Ursprung der Grabstätte des Mose und ihre Verehrung durch die Christen. Vielleicht auch, weil das Mose-Heiligtum auf dem Nebo noch in christlicher Hand war, zeigten die Muslime in **en-Nebi Musa**, auf der anderen Jordanseite, ein eigenes Grab des Mose, das von Sultan Baibars (1269) ausgeschmückt wurde. Noch 1217 kann der Kreuzfahrer, Magister Thethmar, bei seinem Pilgerzug berichten, daß ihm in Nebo von den Mönchen Unterkunft gewährt wurde. Spätestens seit dem Anfang der osmanischen Zeit wurde das Kloster aber aufgegeben. Die Baugeschichte des Mose-Heiligtums auf dem *es-Siyagha* verlief in fünf Phasen.

1. Zunächst befand sich in vorchristlicher Zeit an dieser Stelle ein römisches Mausoleum, das als Dreikonchenbau angelegt war. Unter dem Bau fand man sechs Felsengräber, von denen eines im Mittelpunkt des Bauwerkes lag und dadurch hervorgehoben war.

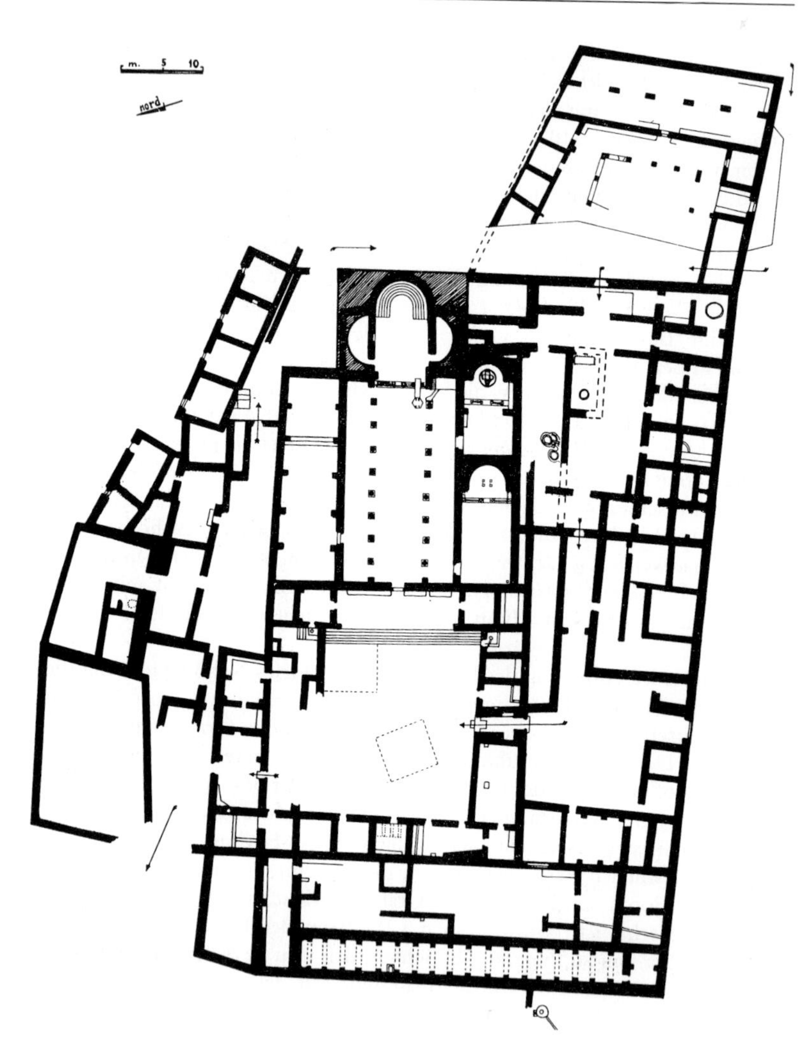

Berg Nebo, Grundriß des Memoriale und der Klosteranlage

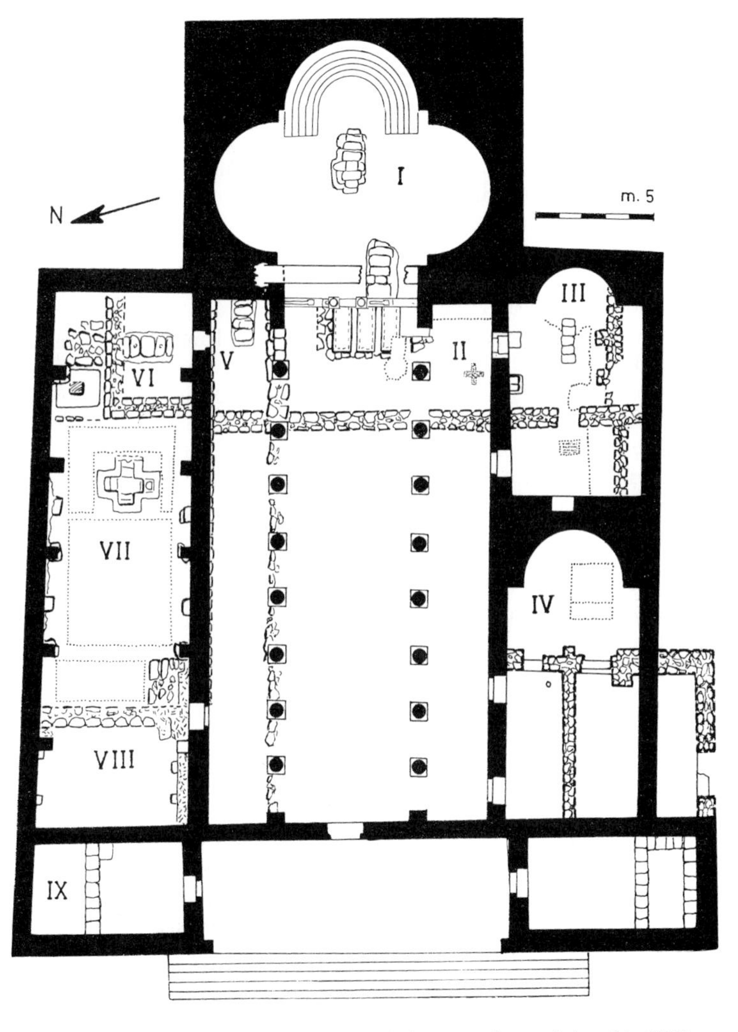

Berg Nebo, Grundriß des Memoriale nach den Ausgrabungsarbeiten (bis 1985)

I: Dreikonchenbau.
II: Memoriale des Mose
III: Totenkapelle (4./5. Jh., Baptisterium (597 n. Chr.)
IV: Klosterzellen (4./5. Jh., Theotokos-Kapelle (6./7. Jh.)
V–VI: Gräber aus dem 4./5. Jh.
VII: Baptisterium (530 n. Chr.); Diakonikon (6./7. Jh.)
VIII: Klosterzellen (4./5. Jh.)
IX: Klosterzellen aus dem 4./5. Jh., Sakristei (6./7. Jh.)

2. Den inzwischen heruntergekommenen Bau wandelten Mönche im 4. Jh. in eine Kirche um, indem sie zwei der drei Apsiden abtrennten und diese als Sakristeien benutzten. Außerdem brachten sie in der Mittelapsis ein Synthronon für den Klerus an und schmückten den Zentralraum mit einem einfachen Mosaikfeld aus. In diesem Zustand hat wohl Egeria das *memoriale* gesehen. Ein vorgelegter Narthex wurde mit einem Boden aus weißen Mosaiksteinchen versehen. Die Fundamente der Fassadenmauer sind auch jetzt noch in der Nähe der heutigen zweiten Säulenreihe der Basilika sichtbar. Außerhalb wurden zwei Totenkapellen links und rechts vom Kirchenbau errichtet, die vom Narthex aus zugänglich waren. Ein offener Platz trennte den Eingangsportikus von den Klosterräumen.

3. In der ersten Hälfte des 6. Jhs. wurde aus der kleinen Kirche eine dreischiffige Basilika. Im Diakonikon an der Nordseite (links von der Hauptapsis) wurde ein Baptisterium eingerichtet. In der 1 m tiefer liegenden Taufkapelle befindet sich ein Taufbrunnen in Form eines Kreuzes: über drei Stufen an drei Kreuzarmen konnte man in das Becken einsteigen, während am Südarm sich anstatt der Stufen eine kleine halbrunde Wanne findet, die wohl der Taufe der Kleinkinder diente. Zwei griechische Inschriften geben die Namen des Bischofs von Madeba, des Klostervorstehers, der amtierenden römischen

ΚΕΙΥΧΕΜΝΗϹΘΗΤΙΤΩΝΕΝΘΑΔΕΚΛΗΡΙΚΩΝΤΕϏΜΟΝΑΧΩΝϏΛΟΙΠΩΝ
ΚΕΜΝΗϹΘΗΤΙϹΟΕΛΟΥϏΚΑΙΟΥΜΟΥϏΗΛΙΟΥΨΗΦΟΘΗΤΩΝϏΠΑΝΤΟϹΤΟΥΟΙΚΟΥΑΥΤΩΝ

Κ(ύρι)ε Ἰ(ησο)ῦ Χ(ριστ)έ μνήσθητι τῶν ἐνθάδε κληρικῶν τε κ(αὶ) μοναχῶν κ(αὶ) λοιπῶν.
Κ(ύρι)ε μνήσθητι Σοέλου κ(αὶ) Καιούμου κ(αὶ) Ἡλίου ψηφοθήτων κ(αὶ) παντὸς τοῦ οἴκου αὐτῶν.

»Herr Jesus Christ, gedenke der Kleriker und Mönche und alle anderen (die hier ruhen). Herr, gedenke des Soelos, Kaiomos und Elias, der Mosaizisten und ihres gesamten Hauses.«

Konsuln, das Datum der Anfertigung (531) sowie die Namen der Mosaikkünstler an. Blickfang des Raumes ist aber das Mittelfeld des Mosaikteppichs, das in vier Register unterteilt ist. Im *ersten Register* sieht man einen Hirten, der im Wald ein an einem Baum gebundenes Zebu vor dem Angriff eines Löwen verteidigt. Ihm zugesellt ist ein Soldat mit phrygischer Kopfbedeckung: mit Lanze und Schild bewaffnet durchbohrt er eine Löwin. Das *zweite Register* zeigt zwei berittene Jäger in Begleitung von Saluki-Hunden: sie jagen einen Bären sowie ein Wildschwein. Im *dritten Register* ist eine Hirtenszene abgebildet. Ein »*guter Hirte*« sitzt auf einem Felsblock im Schatten eines Baumes und hütet seine Herde. Das *vierte, untere Register* schließlich zeigt einen Afrikaner mit einem eingefangenen Strauß; daneben geht ein mit einer phrygischer Mütze und mit Mantel bekleideter Mann, der ein Zebra und ein eigenartig geflecktes Dromedar am Zügel hält. Die zwei Inschriften, über und unter dem Mosaik, nennen die Namen der Mosaikkünstler (Soelos, Kaiomos und Elias), des zuständigen Bischofs von Madeba (Elias) und des Klostervorstehers sowie das Datum der Anfertigung (531). Eine ausgedehnte Klosteranlage entsteht nun um den Gedächtnisbau: neben Zellen für einzelne Mönche gibt es Gemeinschaftsräume wie Küche und Speisesaal sowie Empfangsräume für die immer zahlreicher werdenden Pilger.

4. Nach einem verheerenden Erdbeben wurden um 597 umfangreiche Umbauten und Erweiterungen durchgeführt. Die Eingangsfassade wurde abgerissen und die Fläche der vorhandenen Kirche nun vom neuen Presbyterium eingenommen. Die dreischiffige Basilika wurde über dem ehemaligen Narthex und dem Hof gebaut. Vor die neue Westfront setzte man einen neuen Narthex und ein Atrium, das Zugang zu den Klosterräumen verschaffte. Die neue Mosaikaustattung wurde für die ganze Kirche einheitlich durchgeführt, wobei eine Weinranke als gestalterisches Kompositionsprinzip diente. Von diesem Mosaik ist kaum noch etwas erhalten geblieben außer geometrischen Motiven aus den Nebenschiffen und einigen Fragmenten aus den Interkolumnien und dem Hauptschiff. Im Zuge des Umbaues wurden auch Seitenkapellen eingerichtet, wofür die bereits existierenden Räume an der Nord- und Südseite zugeschüttet und auf ein einheitliches Niveau mit der neuen Basilika gebracht wurden. An der Südwand (rechts) der neuen Basilika legte man 597 ein neues **Baptisterium** an (11 x 7 m) mit einem monolithischen Taufbecken, das mit einem Kreuz und zwei Inschriftenmedaillons versehen war. Obwohl die Bilderstürmerbewegung den Mosaiken beträchtliche Schäden zugefügt hat, kann man im Apsisrund noch Vögel und Trauben erkennen, die das Taufbecken umrahmen. Weitere Vögel umringen zwei Pflanzen, zwischen denen sich zwei Medaillons mit einer Inschrift befinden. In einem rechteckigen Feld weiden Gazellen zwischen Obstbäumchen.

5. In einer letzten Bauphase (im ersten Jahrzehnt des 7. Jhs.) wurden weitere Umbauten durchgeführt. Die Westtür des neuen Baptisteriums wurde zugemauert, drei sich daran anschließende Klosterräume abgetragen, das Bodenniveau um einen Meter angehoben und darauf dann die **Kapelle der Theotokos** (Gottesmutter) gebaut. Die Mosaikdekoration des Presbyteriums dieser neuen Kapelle zeigt ein rechteckiges Feld mit Blumensträußen zwischen Gazellen und einem Altar mit Baldachin zwischen zwei Stieren. Ein Zitat aus Ps 51 (V.21b: »*Dann opfert man Stiere auf deinem Altar*«) verdeutlicht, daß hier

der Tempel Jerusalems abgebildet ist, mit seinem freistehenden Opferaltar, zwei Vorhöfen, dem kleinen, mit einem Baldachin überdeckten Altar im Innern, dem ewigen Licht sowie dem Allerheiligsten.

Die **Klosteranlage** ist an drei Seiten eines großen Innenhofes gebaut. Zwei Zisternen im Hof sicherten die Wasserversorgung des Klosters. Die älteste Anlage befindet sich in der Nordwest-Ecke, wo einige Räume mit Mosaiksteinchen ausgelegt waren. Eine Bank in einem dieser Räume wird wohl als Sitzgelegenheit für die wartenden Pilger gedient haben. Die kleine Zelle nebenan war mit einem Bett ausgestattet. Ein zweiter größerer Raum, ebenfalls mit einem Mosaikboden versehen, wurde als Refektorium mit angrenzender Küche und Vorratskammer gedeutet. Direkt gegenüber vom Eingang der Basilika befindet sich eine Totenkapelle, in der man Ossuarien mit den Gebeinen von ca. 100 Skeletten fand. Eine andere größere Halle diente der Gemeinschaft als Versammlungsort. Der Südtrakt des Klosters ordnete verschiedene Räume um zwei Innenhöfe an. Das Eckzimmer im Südosten war die Bäckerei. Damit zeigt sowohl die Klosteranlage wie auch das *memoriale*, daß an dieser Stelle von der frühchristlichen Zeit bis etwa zum 9. Jh. n. Chr. das Grab des Mose eine große Wallfahrtstätte war.

Das jetzige franziskanische Kloster wurde 1932 von der *Custodia di Terra Santa* als Bleibe für die Mitglieder der archäologischen Mission gebaut. Das Wahrzeichen auf dem Nebo, das von einer Schlange umwickelte Kreuz, will an die eherne Schlange aus *Num 21* erinnern. Es ist eine Arbeit von Giovanni Fantoni (Firenze), der auch die Schmiedearbeiten im *memoriale* angefertigt hat.

Auf der Straße zwischen Madeba und dem Nebo biegt man etwa 2 km vor dem *memoriale* links in Richtung Süden ab und erreicht nach etwa 1,5 km *Khirbet el-Mukhayyet*. 1913 wurde bei Bauarbeiten zufällig das Mosaik der **Lot- und Prokop-Kirche** entdeckt. Von der dreischiffigen Basilika (Innenmaße: ca. 16,5 x 8,5 m) mit geosteter Apsis und zwei Sakristeien sind die sechs Säulensockel und das erhöhte Presbyterium noch erhalten. Eine Tür in der Nordwand der Kirche verband den Sakralraum mit Wohnräumen für den Klerus. Verschiedene Zisternen unter und neben dem Kirchenareal sicherten die Wasserversorgung. In den auffallend schmal gehaltenen Seitenschiffen der Kirche sind Mosaikböden mit Blütenmustern und Diagonalnetzen verlegt. Das erhöhte Presbyterium-Mosaik bringt im Bereich vor dem Altar ein von einem Geflechtmuster gerahmtes Feld mit zwei Schafen, die einen Baum flankieren, dazu noch Vogeldarstellungen. Bei den Treppen zum Presbyterium befindet sich die Weihe-Inschrift in einer *tabula ansata*, die das Werk in die Zeit des Bischofs Johannes von Madeba datiert (wahrscheinlich 6. Jh.).

Das Zentralmosaik im Hauptschiff ist hervorragend erhalten. Ein zweifaches Band farbiger Mosaiksteinchen umschließt die gesamte Darstellung. Das

Umm er-Rsas, die Stadtvignette von Kastron Mefaa ▶

ΚΑϹΤΡΟΝΜΕΦΑΑ

Jerash, Das ovale Forum und der cardo maximus

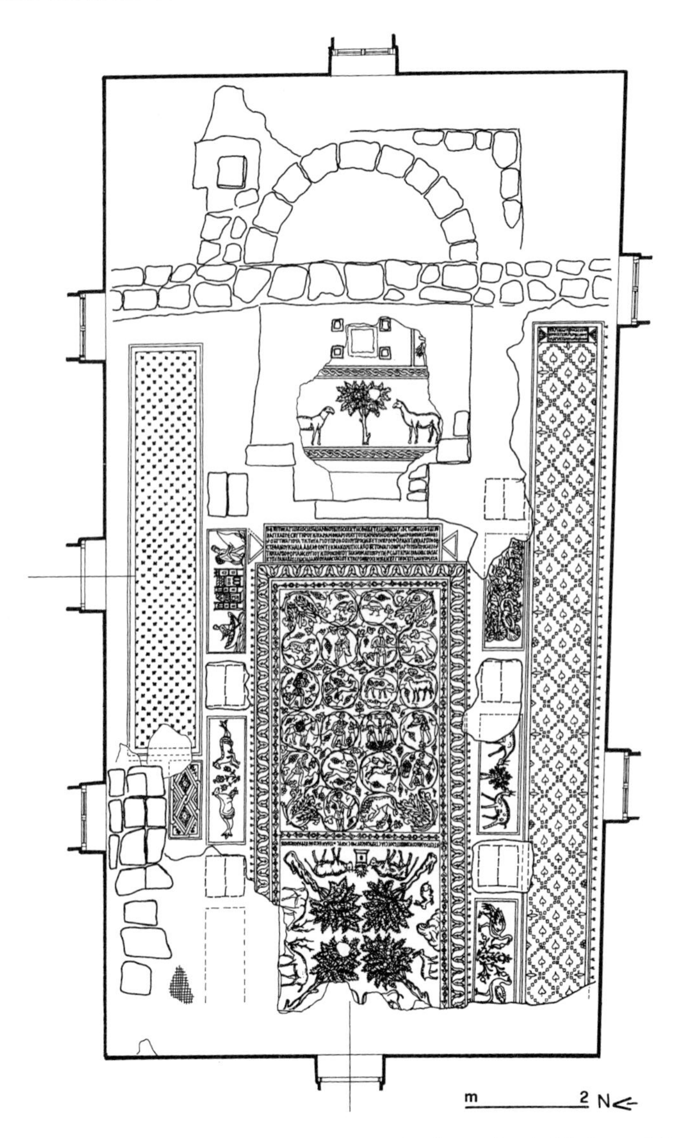

Khirbet el-Mukhayyet, Grundriß und Mosaikboden der Kirche der hll. Lot und Prokop

fast quadratische Mosaikfeld im *Westen* der Kirche, direkt am Eingang gelegen, ist mit vier diagonal angeordneten Granatapfelbäumen geschmückt: Tierpaare, die einander zugewandt sind (zwei Hirsche, die von einer Quelle trinken, zwei Kaninchen, die bei einem Erdhügel sitzen; zwei Gazellen; zwei Stiere, die sich beiderseits eines Brandopferaltares aufhalten) füllen die freien Flächen. Dazu steht eine einzeilige Inschrift mit dem griechischen Zitat aus Ps 51 (V. 21b: »*Dann opfert man Stiere auf deinem Altar*«) und der Erwähnung einer Wohltäterin. Das größere *östliche* Feld enthält in den Ecken vier Akanthusknäuel, aus denen Weinranken hervorsprießen, die in sechs Registern je vier Medaillons bilden. Dargestellt werden im oberen Register zwei Rebhühner. Das zweite Register zeigt einen Jungen, der einen Bären durchbohrt. Neben ihm versucht ein Wolf an Trauben heranzukommen. Das dritte Register zeigt in drei Medaillons einen Schafhirten mit seinem Hund und einer Schafherde; im vierten Medaillon ist ein Mann mit einem Tragkorb voller Trauben abgebildet. Dieses Bild führt über zum Thema des vierten Registers, das sich ganz auf die Weinernte konzentriert: die Trauben werden auf einem Lastesel herangeschafft (2 Medaillons) und gekeltert, während ein Junge dazu auf der Flöte spielt. Während im fünften Register ein Medaillon die Weinernte noch weiter thematisiert, zeigen die drei anderen einen Jäger, dessen Hund Jagd auf einen Hasen macht. Das untere Register schließlich stellt einen weiteren Jäger dar, der mit seinem Bogen einen Löwen getroffen hat. Besondere Aufmerksamkeit verdienen die *Interkolumnien*-Mosaiken. Gleich beim Eingang (Nordseite) sieht man eine Fluß-Szene, bei der ein Angler und ein Bootsmann, der Amphoren transportiert, zu sehen sind. Zwischen beiden erkennt man eine Architektur-Darstellung, wohl eine Kirche, die durch wuchtige Türme gekennzeichnet ist. In dem Feld daneben, in der Nähe des ursprünglichen Kirchen-Eingangs, sind Meeresungeheuer mit verknoteten Schwänzen abgebildet. Zwischen ihnen steht eine Blume, auf der ein Wasservogel Platz genommen hat. Das erste Interkolumnium des Südschiffes zeigt eine Flußszene mit schwimmenden Wasservögeln und bunten Fischen. Auf dem zweiten Interkolumnium sind zwei Hirsche abgebildet, die von den Blättern eines Baumes essen. Das dritte Interkolumnium zeigt zwei Gänse, die an beiden Seiten einer Pflanze stehen. Die drei Mosaikinschriften der Kirche nennen u. a. die beiden Heiligen Lot (Neffe Abrahams) und Prokop (Märtyrer aus Cäsarea), Priester und Stifter.

Ursprünglich zog sich um die Hügelhöhe von *Khirbet el-Mukhayyet* ein ovaler Befestigungswall von 1,4 m Mauerstärke, der schon vor der Gründung der byzantinischen Nebo-Stadt errichtet worden war. Weitere vier Kirchen in der unmittelbaren Umgebung wurden ausgegraben. Die **Georgskirche** (12,10 x 12,5 m) und das dazugehörige kleine Kloster befinden sich auf der

Spitze des Hügels. Unterhalb von der Lot- und Prokop-Kirche sieht man die Ruinen von zwei weiteren Kirchen: rechts (südlich) die **Kirche des Kasiseos und des Amos**, links (nördlich) die einschiffige **Kirche des Priesters Johannes**. Die Kirche des Kasiseos und Amos – das sind die Namen der Stifter dieser Kirche – ist wohl die älteste dieser Gegend und datiert aus dem 5. Jh. Am Nordhang des Ostgipfels, etwa 500 m östlich von *Khirbet el-Mukhayyet*, liegt das Kloster **al-Keniseh**. Der Ruinenkomplex besteht aus einer kleinen Kirche (ca 12 x 9 m) mit Krypta, einer nördlich angebauten Sakristei und Unterkunftsräumen für die Mönche.

Vom Hauptweg, der zum *memoriale* auf dem *Siyagha* führt, kann man kurz vor dem *memoriale* rechts, in nördlicher Richtung, abbiegen und in Serpentinen hinunter zu der **Mose-Quelle** (*'Uyun Musa*) gelangen. Auf dem Weg hinunter sieht man an verschiedenen Stellen Dolmen, Menhire und Cromlechs. Mit der Quelle, die Mose nach *Ex 17,5–7* aus einem Felsen am Horeb schlug, kann die Nebo-Quelle nicht identifiziert werden, weil der biblische Bericht diese im Sinai lokalisiert. Eine kleine Festung aus der Eisenzeit (8./7. Jh.) überwachte die Quellen. Zwei byzantinische Kirchen – die Kaianos-Kirche aus dem 6. Jh. und die Kirche des Diakons Thomas – wurden neuerdings ausgegraben.

Madeba

Als Stadt der Mosaik-Landkarte wurde Madeba schon Ende des 19. Jhs. berühmt. Aber der Ort bietet noch viel mehr aus seiner reichen byzantinischen Vergangenheit, und es ist nur bedauerlich, daß der Reisende oft genug aufgrund des gedrängten Programmes innerhalb kurzer Zeit Madeba und den Berg Nebo abhaken muß, um gleich weiter zu eilen. Die lebhafte Stadt, ungefähr 35 km südwestlich von 'Amman, zählt heute 35.000 Einwohner.

Die lange geschichtliche Vergangenheit Madebas ist auf ihre Lage direkt an der Königsstraße zurückzuführen. Da die moderne Stadt sich aber über den Siedlungshügel ausgebreitet hat, haben nur Zufallsfunde bei Planierungs- und Ausschachtungsarbeiten die Besiedlung in der frühen Eisenzeit (13. Jh.) dokumentieren können. Das Alte Testament (*Num 21,30*) erwähnt den Ort als moabitische Stadt, die bei kriegerischen Auseinandersetzungen dem Reich des Amoriterkönigs Sihon zufiel. Laut *Jos 13,16* ging Madeba nach der Niederlage der Amoriter gegen die aus Ägypten ausgezogenen Israeliten an den Stamm Ruben. Im 9. Jh. wurde die Stadt von dem König des Nordreiches Israel, Omri (882–871), besetzt; der Moabiterkönig Mescha rühmt sich auf seiner Stele, ihm die Stadt abgenommen zu haben. Nach einer langen Zeit des

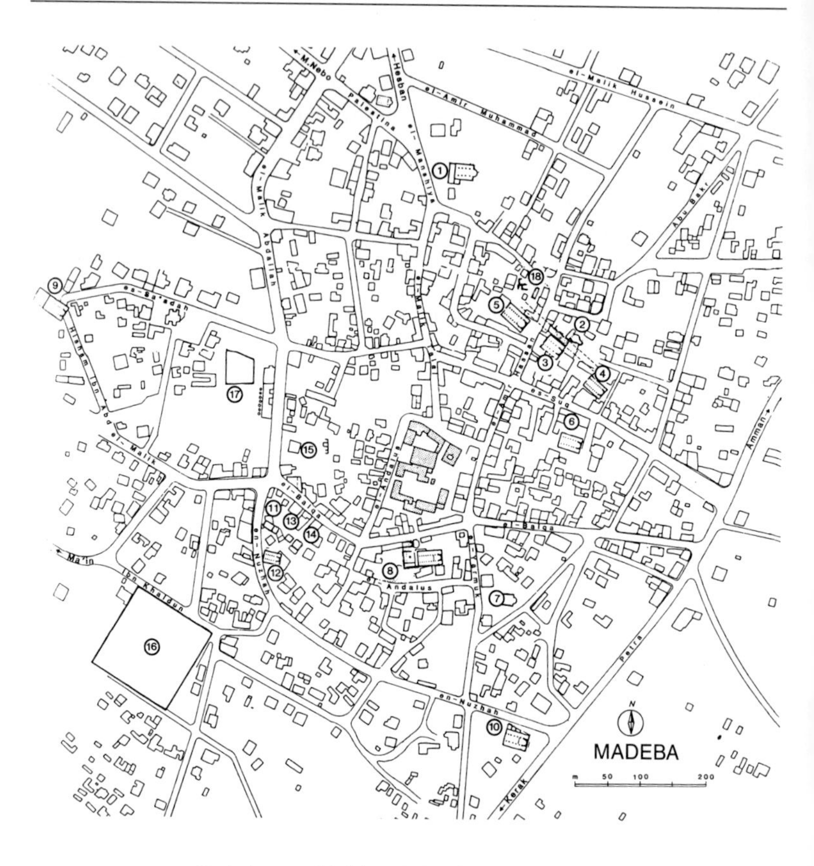

Stadtplan von Madeba mit Fundorten von Mosaiken

1 Kirche der Karte von Madeba
2 Marienkirche
3 Eliaskirche
4 Ehem. Basilika im Südosten
5 Kirche der Khāder oder Ajilāt
6 Kirche der Salāyta
7 ehem. Kirche (verloren)
8 »Kathedrale«
9 Kirche der el-Mishnaqa
10 Apostelkirche
11 Haus der Atwāl
12 Haus der Aqsār
13 Haus des Farīd el-Masri
14 Mosaik mit Zug des Dionysos
15 Mosaiken der Portiken
16–17 Wasserzisternen
18 »Palazzo Bruciato«

Stillschweigens wird Madeba erst wieder im 2. Jh. v. Chr. erwähnt: *1 Makk 9,32–49* erzählt, wie die *»Söhne Jambris aus Madeba«* den Makkabäer Johanan überfielen und töteten. Der Hasmonäerkönig Johannes Hyrkan I. (134–104 v. Chr.) konnte Madeba nach einer langwierigen Belagerung seinem Reich einverleiben. Hyrkan II. (67–40 v. Chr.) wollte den Nabatäern gerne die Stadt – zusammen mit elf anderen Ortschaften – abtreten, in der Hoffnung, damit die nabatäische Unterstützung bei dem Thronstreit gegen seinen Rivalen Aristobul zu bekommen. Herodes der Große (40–4 v. Chr.) besetzte Madeba 30 v. Chr., aber mit Aretas IV. (8 v. – 40 n. Chr.) residierte dort wieder ein nabatäischer Statthalter. Seinen Status als nabatäische Karawanenstation und Militärquartier hat Madeba sicher beibehalten, bis die Römer 106 n. Chr. das südliche Jordanland in die neu geschaffene *Provincia Arabia* integrierten. Madeba wurde zu einem römischen Verwaltungszentrum an der *via nova Traiana*, durfte eigene Münzen prägen und konnte weiterhin als nabatäische Handelsstation florieren. Die Stadt wurde mit Säulenstraßen und Tempeln ausgestattet, eine Stadtmauer sorgte für die Sicherheit. Vor allem im 6. und 7. Jh. n. Chr. aber erlebte die Stadt eine Glanzzeit. Als Bischofssitz war Madeba der Erzdiözese Bostra unterstellt. Besonders die meist mit prächtigen Mosaikteppichen ausgestatteten 14 Kirchen im Ort bezeugen den Reichtum der christlichen Gemeinde. Kaiser Justinian (527–565) ließ außerhalb des Nordtores der Stadt ein mächtiges Wasserreservoir anlegen. Im Jahre 614 überfielen die Sasaniden die Stadt und zerstörten sie. Sie wurde unter dem Bischof Johannes (617–632) teilweise wiederaufgebaut. Vieles deutet darauf hin, daß auch unter den Omayyaden das christliche Leben in der Stadt weitergeführt werden konnte und daß vielleicht von Madeba aus sogar künstlerische Impulse auf den Islam übergingen. Im Jahre 714 jedoch zerstörte ein Erdbeben Madeba endgültig. Unter dem Schutt der weitgehend verlassenen Stadt blieben viele Mosaikböden von ikonoklastischen Zerstörungen (7. bis 9. Jh.) verschont. Der römische Charakter der Stadt wurde gründlich verändert, als 1880 etwa 2000 christliche Familien aus dem 90 km entfernten Kerak wegen der dort herrschenden Anarchie flohen und Einzug in Madeba hielten. Sie errichteten ihre neuen Privatquartiere und Kirchen oft über den Mosaikböden der byzantinischen Stadt.

Am Nordtor, schräg gegenüber vom *Rest House*, befindet sich die griechisch-orthodoxe **Georgskirche** mit der berühmten Mosaik-Landkarte. Die Kirche wurde 1896 über den Grundmauern eines byzantinischen Vorgängerbaus aus dem 6. Jh. errichtet, in dem das Palästina-Mosaik den Boden bildete. In der dreischiffigen Basilika aus dem 6. Jh. bedeckte das Landkarten-Mosaik eine Fläche von 16 x 5,6 m und zeigte wahrscheinlich die palästinische Landschaft von Tyros/Sidon im Norden bis zum ägyptischen Delta im Süden, vom

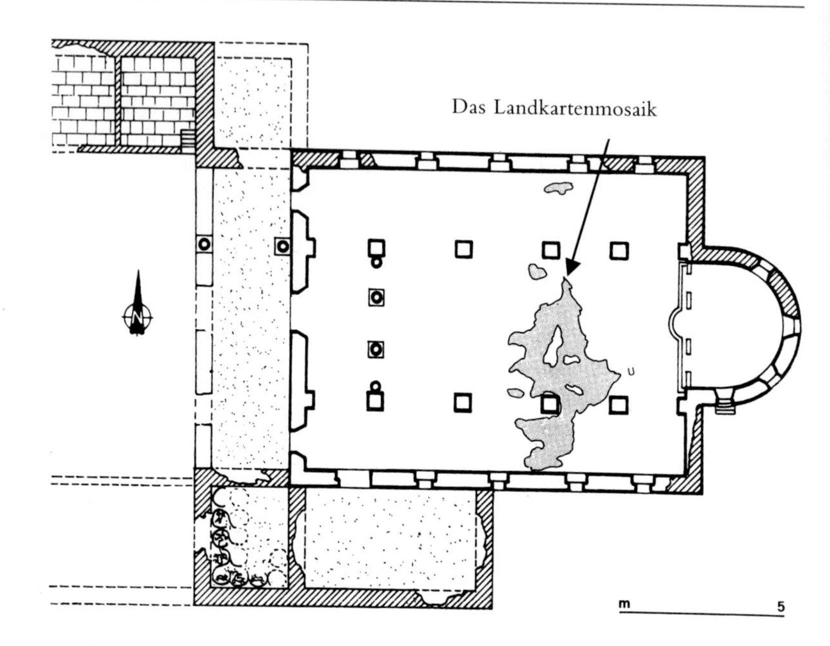

Madeba, die Kirche des hl. Georg mit Anordnung der Mosaikreste der Landkarte

Mittelmeer im Westen bis zur ostjordanischen Wüste im Osten. Frühere Brandeinwirkungen und Bestattungen haben dem Mosaik im Laufe der Zeit sehr zugesetzt. Beim Neubau der Kirche 1896 wurden neue Stützpfeiler in die Mosaikfläche eingesetzt, wodurch weitere Beschädigungen in Kauf genommen wurden. Unsachgemäße Behandlung, insbesondere das wiederholte Befeuchten der Mosaikfläche für die zahlreichen Besucher, hatten das Mosaik zuletzt so schwer beschädigt, daß eine gründliche Restauration und Konservierung unumgänglich wurden. Das gesamte Mosaik wurde 1965 von deutschen Restauratoren abgehoben, in eine frische Bettung eingefügt und neu verlegt.

Das jetzige Hauptfragment des Mosaikbodens zeigt die Landschaft zwischen dem Nildelta und der mittelpalästinischen Stadt Sichem. Von Westen nach Osten ist die geographische Gliederung des Landes wiedergegeben:

nach der Küstenebene kann man das mittelpalästinische Gebirge, den Jordangraben mit dem Toten Meer und die Gebirgslandschaft des Ostjordanlandes unterscheiden. Alles ist in Ost-West-Richtung wiedergegeben, entsprechend wurde auch das Nildelta um 90° verdreht, damit es im Kirchenschiff noch integriert werden konnte. Der Maßstab der abgebildeten Orte und Landschaften ist nicht gleichmäßig: wichtige Städte werden größer wiedergegeben. So ist der Maßstab für Jerusalem 1/1600, für die anderen Orte meistens etwa 1/15.000. Tier- und Pflanzendarstellungen lockern das Ganze auf, vermitteln eine heitere Landschaft. An Menschengestalten kommen nur die zwei Personen im Boot auf dem Toten Meer vor, deren Gesichter – ebenso wie der Kopf des Löwen, der in den moabitischen Bergen eine Gazelle jagt – im Zuge der christlich-ikonoklastischen Bewegung zerstört wurden. Um leere Flecken in der Karte zu vermeiden, schreckte der Künstler auch nicht davor zurück, fiktive Namen im Negev einzutragen. Sonst füllt er die Flächen gerne auf mit Pflanzen, Tieren oder Texten. Die Inschriften stehen für Ortsnamen (Jerusalem, Betlehem, Mamre, die Taufstelle Jesu werden mit roten Steinchen gekennzeichnet, die anderen Ortsangaben sind generell mit schwarzen Steinchen ausgelegt), Erklärungen der Bedeutung oder wichtige Ereignisse, die mit dem Ort zusammenhängen, biblische Zitate (Jakobssegen aus *Gen 49*; Mosesegen aus *Dtn 33; Jer 31,15* bei Rama; Vers aus dem Deboralied in *Ri 5*) und Bezeichnungen für die Stämme (*Klèros Dan, Juda, Efraim*). Blickfang und künstlerischer Mittelpunkt ist die Darstellung der »*Heiligen Stadt Jerusalem*«, eingerahmt von einem ovalen Kreis, der von den Stadtmauern und von 21 Türmen gebildet wird. Sechs Tore verschaffen Eingang in die Stadt. Das Ausfalltor im Norden führte zu der Hauptstadt Cäsarea. Es ist jetzt als Damaskustor bekannt. Innerhalb dieses Torbereichs befand sich ein ovaler Platz mit einer Säule. Die Hauptkolonnadenstraße (*cardo maximus*) verlief vom Damaskustor bis zum Zionstor. Die Säulenreihe wird von der Grabeskirche (*Anastasis*) sowie von der *Nea-Theotokos*-Kirche auf der anderen Straßenseite unterbrochen. Eine zweite Straße oberhalb der Kolonnadenstraße verläuft im Bogen und berührt eine dritte Straße, die jetzt Teil der *via dolorosa* ist und zum Stephanstor (Löwentor) führt. Am Südende der Kolonnadenstraße steht leicht westlich davon die zweitwichtigste Kirche der Stadt, die Zionskirche.

Als Grundlage für die Landkarte haben verschiedene Quellen gedient: an erster Stelle das *Onomastikon* des Bischofs Euseb von Cäsarea (260–340). Daneben hat der Künstler auch rabbinische Quellen und vielleicht zusätzlich noch eine römische Straßenkarte als Vorlage benutzt, denn einige nicht-biblische Orte werden ebenso aufgenommen, während Orte, die für den Reisenden oder Pilger nicht bequem zu erreichen waren, weggelassen wurden. Das *Onomastikon* des Euseb wurde auch dahingehend ergänzt, daß neuere Bauten, wie z.B. die *Nea-Theotokos*-Kirche von Jerusalem, 542 unter Justinian erbaut, noch aufgenommen wurde. Die Abbildung der *Nea* bietet außerdem einen guten Anhaltspunkt für die Datierung der Karte: sie wird in die zweite Hälfte des 6. Jhs. einzuordnen sein. Für das unterägyptische Delta scheint der Mosaizist wiederum ganz andere Quellen verwendet zu haben. Dort fehlen alle denkbaren heilsgeschichtlichen Hinweise, die man in diese Landschaft hätte eintragen können: die Josephsgeschichte, die Ramsesstadt oder Pithom, das *Wadi Tumilat* als Siedlungsgebiet der Israeliten, der Ort des Durchzugs durch das Schilfmeer, überhaupt die wichtige Gestalt des Mose. Ägypten als Aufenthalt des Propheten Jeremia oder der Heiligen Familie bleiben ebenso unerwähnt. Für diesen Teil der Karte könnte Herodot (*Hist.* II, 17, 3–6) als Vorlage gedient haben. Die Mosaik-Landkarte ist die älteste Landkarte Palästinas und Jordaniens und somit von unschätzbarem Wert. Die Karte war für die Pilger auf ihrem Weg zum Berg Nebo und in das Heilige Land gedacht und sollte sie wohl animieren, weitere Orte zu besuchen.

Verschiedene Wohnhäuser mit Bodenmosaiken, einige hundert Meter südlich von der Georgskirche in einer Sackgasse, nahe der Ausfallstraße nach Maʿin, wurden in das **Museum von Madeba** integriert. Geöffnet zwischen 8 und 17 Uhr (Feiertags zwischen 10 und 16 Uhr, Dienstags geschlossen). Eintritt. Die Mosaiken einer Kapelle und zweier Räume (einer Privatwohnung) können *in situ* besichtigt werden. Weiter sind im Hof Mosaiken aus Heschbon, Maʿin, Qastal und Madeba ausgestellt. Eine archäologische und eine ethnographisch-folkloristische Abteilung sind dem Mosaikentrakt angegliedert.

Im Südosten der Stadt, an der Ausfallstraße nach Süden, wurde 1902 die **Kirche der Hl. Aposteln** entdeckt. Die dreischiffige Kirche (ca. 23,5 m lang, 15,3 m breit) wurde 578 erbaut und mit Mosaiken ausgeschmückt. Über den Mosaiken wurde eine moderne Schutzhütte errichtet. Während die Mosaiken der beiden Seitenschiffe mit geometrisch-floralen Motiven verziert sind, enthält der Boden des Hauptschiffes figürliche Motive. In den Ecken befanden sich vier Personifikationen der Jahreszeiten, von denen zwei (Herbst und Frühling) verlorengegangen sind. Das Hauptfeld des Mittelschiffs ist durch Diagonalen in ein Rautenmuster gegliedert. Einander zugewandte Vögel und Früchte füllen die Rauten. Zentrum ist ein großes Medaillon (2,2 m Durchmesser) mit der Darstellung der *Thalassa*, einer Personifikation des Meeres. Die weibliche Gestalt ist umgeben von Fischen und Seeungeheuern. Der rechte Arm erhebt sich zum Segen. Die Inschrift im Kreisband bittet den Schöpfergott um Leben für die Stifter Anastasios, Thomas und Theodora sowie für den Mosaizisten Salamanios.

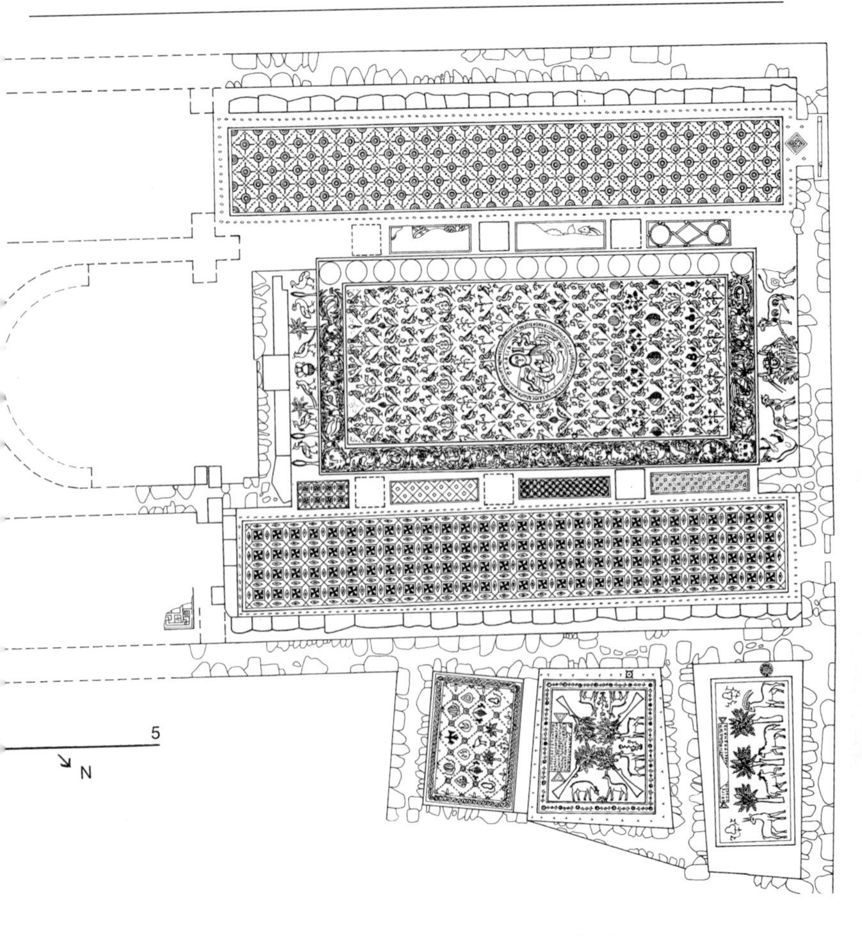

Madeba, Grundriß und Mosaiken der Apostelkirche

Wichtige Funde sind an verschiedenen Stellen der Stadt sowohl in den vergangenen Jahrzehnten wie auch neuerdings gemacht worden. Oft befinden sich die Mosaikböden in Privatwohnungen. Südlich des Tells von Madeba wurde bei verschiedenen Ausgrabungskampagnen der große Komplex (38 m Länge) der sog. **Kathedrale** nach und nach freigelegt. Neben den verschiedenen Mosaiken, die teilweise im Laufe der Geschichte dieses Bauwerkes übereinander verlegt wurden, fand vor allem das Baptisterium (*Photistèrion*) größere Aufmerksamkeit. Die Baugeschichte der »Kathedrale« erstreckt sich vom Anfang des 6. Jhs. bis zum Jahre 603. Weiter zu erwähnen sind die **Eliaskirche** (gegenüber der Marienkirche) mit Mosaiken von 608 und die **Krypta des heiligen Elianos**, mit einem Mosaikboden von 595/6. Der Rundbau der **Marienkirche** mit dem **Saal des Hippolytos** bildet einen höchst ungewöhnlichen Komplex. Die Kirche und ihre Erstausstattung mit Mosaiken läßt sich auf den Anfang des 7. Jhs. datieren. Westlich der Kirche befand sich ein einschiffiger Saal mit einem großen Mosaikteppich: er zeigt Bilder aus dem Mythos von Phaidra und Hippolytos. Das Werk dürfte in die 60er Jahre des 6. Jhs., also in justinianische Zeit, zu datieren sein. Westlich der Elia-Kirche, an der Nordseite des Hügels, wurde die dreischiffige **Basilika des Khader** entdeckt und ausgegraben. sie beherbergt Mosaiken aus dem Ende des 6. Jhs. Ein Patrizierhaus, als »**abgebrannter Palast**« bekannt, hatte einen mit Mosaiken geschmückten Saal im Zentrum seiner Wohnanlage. Eine weitere (rekonstruierte) Kirche befindet sich im Garten neben dem Rest House.

Ma'in

12 km südwestlich von Madeba liegt Ma'in, das vor allem in der byzantinischen Zeit ein wichtiges Zentrum war. In alttestamentlicher Zeit hieß der Ort Ba'al-Meon (vgl. *Num 32, 38*) und galt als Stadt des Stammes Ruben. Weitere Bibelstellen (*Jos 13,17* und *Jer 48,23*) erwähnen die Stadt als *Bet-Ba'al-Meon* oder *Bet-Meon*. Auf seiner Stele rühmt sich der moabitische König Mescha, die Stadt Bet Baalmaon wiederaufgebaut zu haben. Nachdem christliche Familien, die 1886 aus Kerak geflohen waren, Ma'in wieder besiedelt hatten, wurden viele antike Monumente überbaut oder einfach abgetragen. 1972 wurde südlich des Dorfes ein kleiner **Klosterkomplex** (*ed-Deir*) freigelegt. 1977 wurde die **Westkirche** ausgegraben, und 1980 fand man an den Nordhängen des Tells einen **Baderaum**, der mit Mosaiken ausgestattet war.

Hammamet Ma'in

Über einen eindrucksvollen Serpentinenweg erreicht man nach etwa 25 km von Ma'in aus die heißen Quellen von Hammamet Ma'in. In der Antike hieß der Ort Baaras (*Vallis*), er befindet sich am Endpunkt des *Wadi Zerqa Ma'in.* Die ganze Gegend zählt um 60 verschiedene heiße und kalte Quellen, die aus einer Tiefe von 1200 m hochgepreßt werden und u. a. Soda, Kaliumchlorid, Magnesiumbromid und Schwefelwasserstoff enthalten. Dort, wo die Straße im Tal endet, stürzt ein 45 m hoher Wasserfall (*esh-Shallal*) mit 40 ° heißem Wasser über Sinterablagerungen hinab. In neuester Zeit wurde hier ein Vier-Sterne-Hotel (Ashtar) mit 142 Zimmern nebst einer Thermalklinik und einem Feriendorf errichtet. Angeboten werden in der hochmodern ausgestatteten Kurklinik Hydrotherapie, Elektrotherapie, Fangopackungen, Gymnastikübungen, Massagen, Trinkkuren und Inhalationen. Heilanzeige ist bei Rheumatismus, Arthritis, Sinusitis, Verdauungsstörungen, Psoriasis arthropatica und anderen Hautleiden, Kreislauferkrankungen und Erkrankungen der Atemwege angesagt. Die Luft im Tal, das immer noch 150 m unter dem Meeresspiegel liegt, ist extrem sauerstoffreich und mit gelösten Mineralstoffen (Brom) gesättigt. Die intensive Sonnenstrahlung ist wegen des Filtereffekts der tiefen Lage weitgehend ungefährlich, ein Sonnenbrand daher höchst selten. Für die Besichtigung des Tales und der Anlagen wird Eintritt erhoben.

Das antike *Kallirhoe* (jetzt: **ez-Zara**), dessen Bäder Herodes der Große in Anspruch genommen hat, befindet sich einige Kilometer südlicher auf der Höhe der Herodes-Burg Machärus direkt am Toten Meer. Der Ort besaß in römischer Zeit einen Hafen und war über eine Straße mit der Burg verbunden.

Das Tote Meer

Badegelegenheit am Toten Meer gibt es im *Dead Sea Rest House.* Es wird Eintrittsgebühr erhoben, wie auch für den Gebrauch der Umkleidekabinen und der Duschgelegenheit. In der Nähe befindet sich auch das *Salt Land Village* mit dem *Dead Sea Spa Hotel.* Der Anlage angeschlossen ist das *German Medical Center,* das dermatologische Krankheiten behandelt.

Mukawer

Vom Dorf **Libb** aus an der alten Königsstraße, 23 km südlich von *Madeba*, zweigt man nach Westen ab, um über eine Asphaltstraße bis zum Dorf Mukawer zu gelangen. Vom Dorf, das selbst eine byzantinische Kirchenruine und einen römisch-byzantinischen Friedhof aufweist, hat man einen Ausblick über einen kegelförmigen Berg von 700 m Höhe (*Qalaʿat* oder *Qasr el-Mishnaqa*, d.h. *Galgenburg*). Auf der abgeflachten Spitze (von West nach Ost ca. 90 m, von Nord nach Süd ca. 50 m) befinden sich die sehr ruinösen Überbleibsel der Burg **Machairos** (aus dem Griech.: *máchaira, Dolch*). Nur 8 km vom Flußufer des Toten Meeres entfernt, beträgt der Höhenunterschied doch mehr als 1100 m. In neuester Zeit hat man einen bequemeren Zugangsweg über das tiefe, dazwischenliegende Wadi zur Bergspitze gebaut.

Wie viele andere Herodes-Burgen hatte auch diese Festung einen hasmonäischen Vorläuferbau. Unter Alexander Jannai (reg. 103–76 v. Chr.) wurde hier eine Festung als vorgeschobener Militärstützpunkt gegen die Nabatäer geplant. Nur die Grundmauern der drei Turmbasteien am Rand des Hügelplateaus, des Verteidigungswalls zwischen Turm 1 und 2 sowie einiger Verstärkungen am Hang stammen noch aus dieser Zeit. Nach dem Tod des Alexander Jannai blieb die Burg in hasmonäischem Familienbesitz, geriet aber zunehmend in die innerfamiliären Querelen des Königshauses. 57 v. Chr. kamen die Burgen Hyrkania, Alexandreion und Machairos in die Gewalt des aus Rom geflohenen Aristobulsohnes Alexander: er ließ die Befestigungen von Machairous verstärken. Gabinius, Feldherr des Pompeius, konnte jedoch die Burgen zurückerobern und ließ 57 v. Chr. die Burgmauern von Machairous schleifen. Um 30 v. Chr. baute Herodes der Große (37–4 v. Chr.) die Burg wieder auf: er verfolgte damit die gleichen militärischen und strategischen Interessen wie Alexander Jannai, indem er den südöstlichen Rand seines Herrschaftsgebietes Peräa gegen die Nabatäer sichern wollte. Die Hänge des Berges ließ er terrassenartig bebauen. Er umgab das Gebiet mit Mauern und Türmen und gründete im unteren Bereich eine neue Stadt. Das Hügelplateau selbst versah er mit einer Palastanlage. An geeigneten Stellen ließ er Wasserzisternen anlegen, die teilweise über zwei Aquädukte von Osten her gespeist wurden. Als nach dem Tod des Herodes sein Sohn Herodes Antipas (4 v. Chr.–39 n. Chr.) Galiläa und Peräa erbte, bekam er auch die Festung. Unter seiner Regierung wurde in der Burg Johannes der Täufer enthauptet (*Mk 6,17–29* und Parall.). Zu Beginn des ersten jüdischen Aufstandes (66 n. Chr.) wurde die inzwischen in der Festung stationierte römische Besatzung von den Bewohnern der Stadt zur Übergabe der Burg und zum Abzug gezwungen. Als die Römer im Frühjahr 68 ganz Peräa unterwarfen, konnten

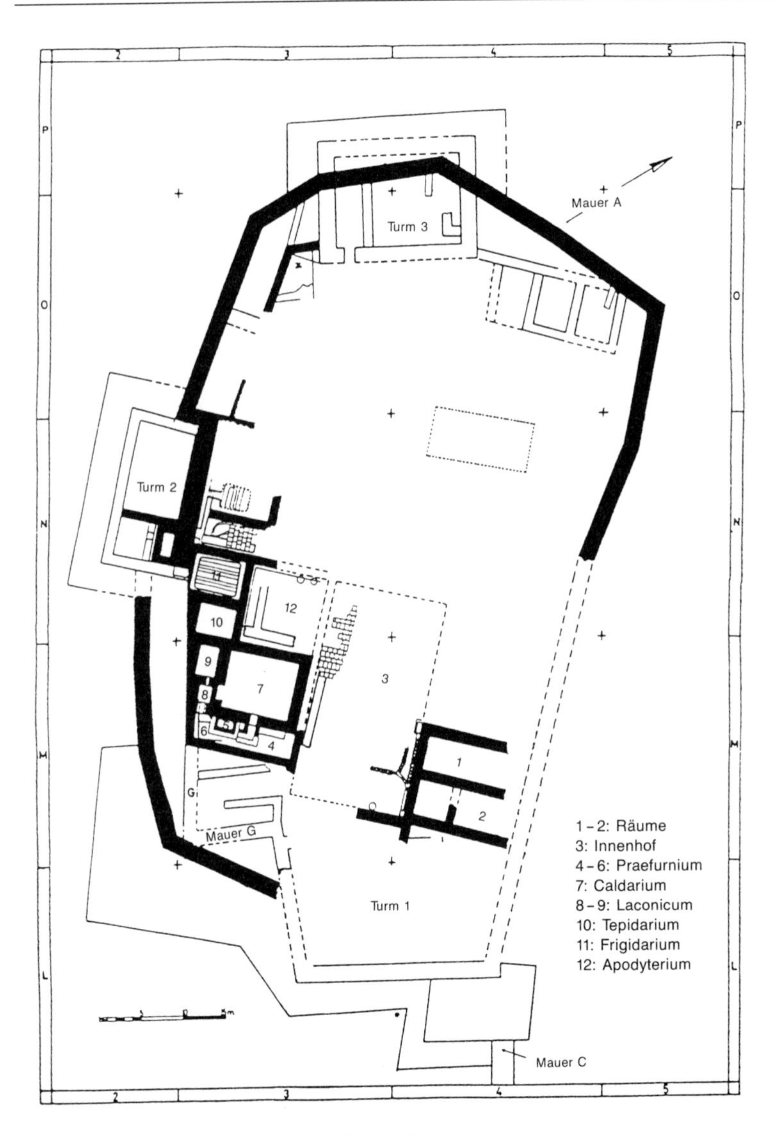

Die Festung Machairos

die Aufständischen in der Burg sich zunächst noch halten. Auch als die Römer Jerusalem erobert hatten, blieb den jüdischen Aufständischen immer noch Masada, das Herodeion und Machairos. Das änderte sich erst, als nach den Siegesfeiern der Römer der römische Legat Lucilius Bassus das Kommando übernahm und im Handstreich das Herodeion eroberte. Mit einer konzentrierten Heeresmacht zog er nach Machairos, wo er den Festungshügel mit einer Angriffsverschanzung *(circumvallatio)* von ca. 1,5 – 2 m Mauerstärke umschloß. Im Osten ließ er einen Damm aufschütten und als Rampe ausbauen, um einen Angriff gegen die Stadt mit seinen Rammwerkzeugen zu ermöglichen. Im Nordwesten, wo der Höhenunterschied der Umgebung zur Festungskrone am geringsten war, ließ er zusätzlich eine Steinrampe errichten. Als einer der jüdischen Aufständischen, Eleazar, von den römischen Legionären gefangengenommen worden war und mit der Kreuzigung bedroht wurde, gaben die Verteidiger auf. Sie erhielten freien Abzug, die Burg wurde aber bis auf die Grundmauern geschleift. Nachdem Trajan (98 – 117 n. Chr.) das Nabatäerreich annektiert hatte, verlor Machairos als Grenzfestung sowieso seine Bedeutung, und die Stätte geriet völlig in Vergessenheit. Eine römische – und später byzantinische – Siedlung wurde an der gegenüberliegenden östlichen *Wadi*-Seite errichtet und hielt in ihrem Namen Mukawer die Erinnerung an die Burg lebendig.

Von den Palastanlagen auf der Festungskrone ist nur wenig erhalten geblieben, die römische Zerstörung war wirklich gründlich. In der Festung wurden Zisternen im Innenhof und beim Nordturm gefunden. Eine ausgedehnte Thermenanlage im Südteil der Festung umfaßte ein *apodyterium* (8,7 x 8,9 m) mit einem schwarz-weißen Mosaikboden, ein *tepidarium* (4,3 x 3,5 m), ebenfalls mit einem Mosaikboden, ein *frigidarium* (4,9 x 4,35 m) und ein *caldarium* (8,1 x 6,35 m). Zwei Kammern südwestlich vom *caldarium* dienten als *laconicum* (Heißluftbad): in ihnen wurde mit noch höheren Temperaturen gebadet als im *caldarium*. Eines dieser Zimmer schloß denn auch unmittelbar an den Ausgang des Heizofens (*praefurnium*) an. Die Thermenanlage war mit abgedeckten Wasserkanälen versehen. An der Ostseite wurde die Thermenanlage von einem großen Hof (etwa 224 x 14 m) begrenzt.

Dhiban

Ca. 20 km südlich von Libb, 64 km südlich von ʿAmman und 6 km nördlich des *Wadi el-Mujib* liegt das arabische Dorf Dhiban an der alten Königstraße. Die antike Stätte liegt auf dem nordwestlichen zweier durch einen Sattel verbundenen Hügel. Berühmt wurde der Ort vor allem 1868, als der Missionar

F-.A. Klein dort die sogenannten **Mescha-Stele** fand. Die Besichtigung des antiken Hügels lohnt sich für den Laien kaum. Die verschiedenen Siedlungsschichten haben ein fast unentwirrbares System von sich überlagernden Mauerzügen hinterlassen.

Umm er-Rsas

30 km südöstlich von Madeba, knapp nördlich vom *Wadi el-Mujib* (Arnon), liegen die Ruinen von Umm er-Rsas, dem antiken *Kastron Mefaa.* Über eine Fläche von etwa 3 ha. breitet sich in einem ummauerten Geviert eine Kraterlandschaft aus, die erst in neuester Zeit teilweise ausgegraben wurde. Das Alte Testament (*Jos 13,18; 23,37* und *Jer 48,21*) erwähnt Mefa'at neben anderen Städten Moabs (Madeba, Nebo, Ma'in und Dhiban). Archäologisch wurden jedoch noch keine Anzeichen für eine Besiedlung in vornabatäischer Zeit gefunden. Wie der Name Kastron Mefaa suggeriert, könnte der Ort in nabatäischer, römischer, byzantinischer und islamischer Zeit einen militärischen Charakter gehabt haben. Aufgrund des semitischen Namenbestandes in den Mosaikinschriften ist zu vermuten, daß Kastron Mefaa ein Lager für die arabischen Hilfstruppen der Römer, Byzantiner oder Omayyaden war.

Das Stadtareal wird von einer hohen, schweren Stadtmauer umschlossen (139 m in NS-, 158 m in OW-Richtung). Innerhalb des Stadtbereichs wurden

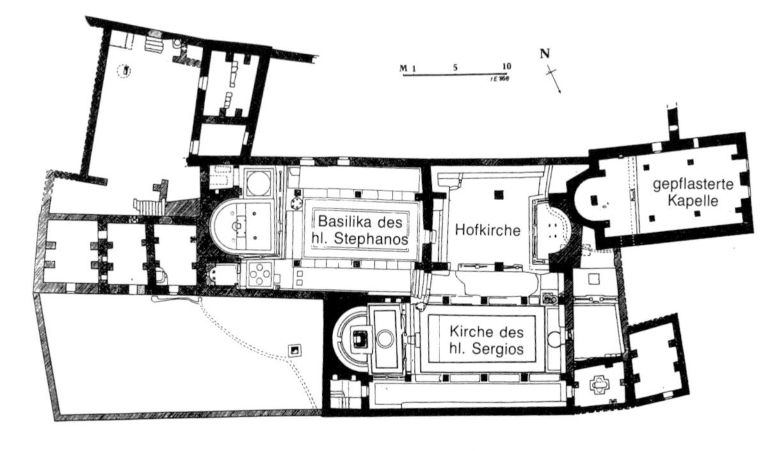

Umm er-Rsas, der Kirchenkomplex

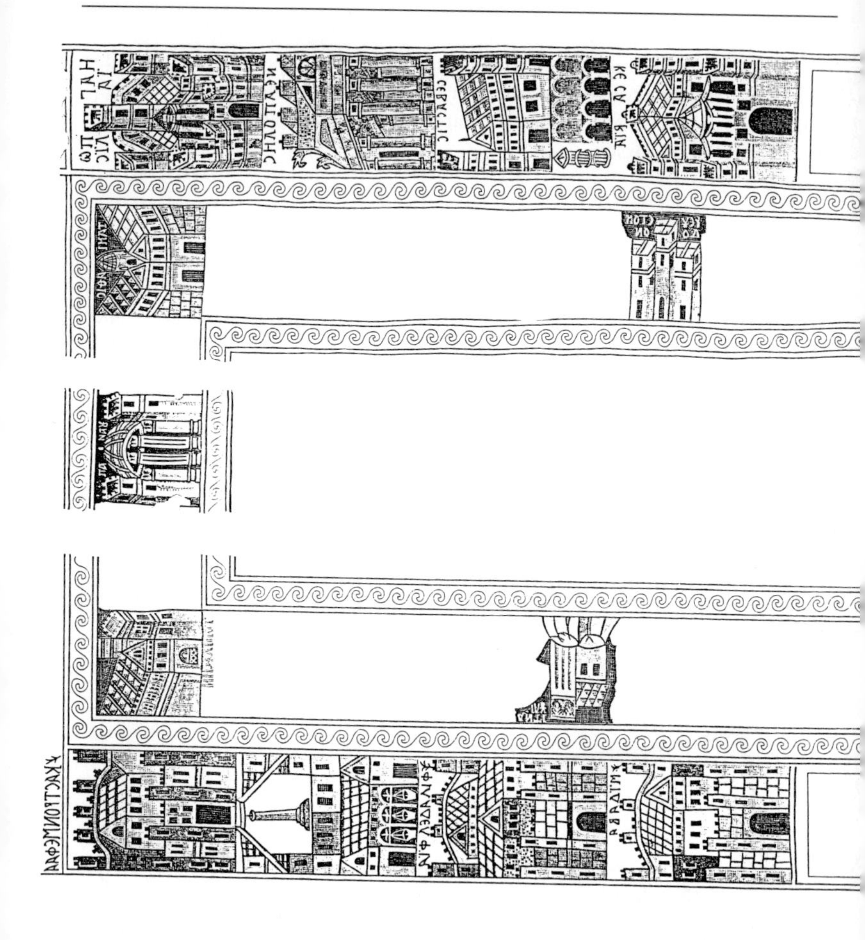

Umm er-Rsas, die Städtevignetten

bis heute fünfzehn Kirchen identifiziert. Sensationell gestaltete sich die Freilegung des Zweikirchen-Komplexes (Kirche des Bischofs Sergios und die Stephanos-Kirche), der zusammen mit einer dritten Kirche (Hofkirche) und einer gepflasterten Kapelle ein liturgisches und klösterliches Ensemble bildet, das seinesgleichen sucht. Die **Kirche des Sergios** befindet sich am Nordrand der Wohnviertel und wurde zur Zeit des Bischofs Sergios von Madeba 587

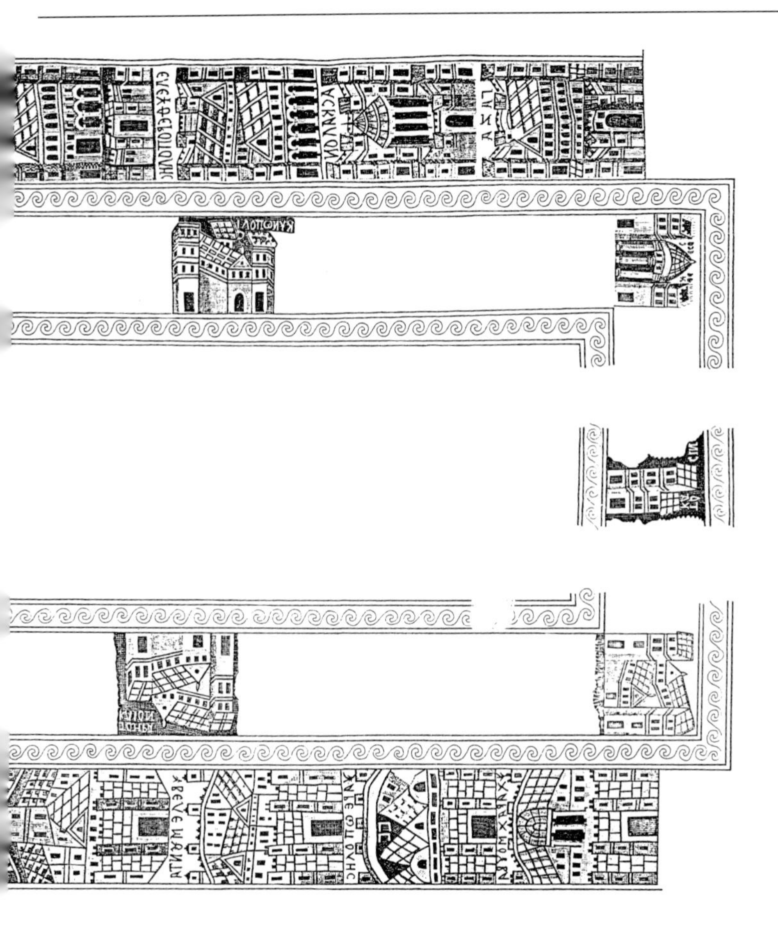

in der Kirche des hl. Stephanos

mit Mosaiken ausgestattet. Versehen mit einer Apsis und einer nördlich davon gelegenen Sakristei trennen zwei Stufen den Bereich des Presbyteriums vom Kirchen-Hauptschiff. Das Mosaikfeld um den Altar zeigt eine geometrische Musterung. Vor dem Altarbereich befindet sich ein Medaillon mit der Weihe-Inschrift, das von zwei Lämmern und einem Obstbaum flankiert wird. Das Hauptschiff ist mit einem prächtigen Mosaik-Teppich ausgestattet, der leider stark unter der ikonoklastischen Bewegung gelitten hat. Jagd-, Angel- und Weinernteszenen sowie Abbildungen der Stifter und ihrer Familien wechseln sich ab, in den Ecken werden die personifizierten Jahreszeiten dargestellt. Das Hauptfeld enthielt zusätzlich noch die symbolische Darstellung des Meeres (*Abyss*) und der Erde (*Ge*). Rechts von der alten Eingangstür sieht man die Öffnung einer Wasserzisterne und ein altes Kapitell, das wohl als Abstellplatz für die Amphoren gedient hat.

Die dreischiffige **Basilika des hl. Stephanos** liegt 1 m höher als die Sergios-Kirche. Zwei Weihe-Inschriften dokumentieren zwei Bauphasen der Kirche: die erste erwähnt den Bischof von Madeba Ijob, den Mosaizisten Staurachios, der aus Heschbon stammte, die Stifter sowie das Entstehungsdatum 756 n. Chr. Eine zweite nennt den Namen des hl. Stephanos, dem die Kirche geweiht war, sowie das Datum 785. Die Kirche wurde somit in der Frühphase der abbasidischen Herrschaft renoviert! Die kirchlichen Strukturen müssen infolgedessen noch in dieser späten Zeit intakt gewesen sein. Das Hauptinteresse gilt aber der doppelten Umrahmung des Mosaikfeldes und den Feldern auf den Interkolumnien mit 27 Städteabbildungen aus Palästina (Die Heilige Stadt [d.h. Jerusalem]; Neapolis [Sichem], Sebastis [Sebastia, Samaria], Kesaria [Cäsarea], Diospolis [Lydda, Lod], Eleutheropolis [Beth Guvrin], Aschkelon und Gaza), dem Ostjordanland (Kastron Mefaa [Umm er-Rsas], Philadelphia [ʿAmman], Midaba, Esbounta [Heschbon], Belemounta [Maʿin], Aeropolis [Rabba], Charachmoba [Kerak], Diblaton [das biblische Diblataim?] und Limbon [Libb?]) und Ägypten (Tamiathis [Damiette], Panaou, To Pilousèn [Tell el-Farama], Anti[n]aou, To Eraklion [Herakleopolis Parva], Alexandria, To Kasin, Thenesos, Kynopolis und Pseudostomon, einige Orte nicht mehr lokalisierbar). Die Darstellung der Städte kann nicht dieselbe Funktion wie in Madeba gehabt haben, wo die Städte ja als Pilgerziele gezeigt werden. Wahrscheinlich wollte die christliche Gemeinde mit diesen Darstellungen den Anspruch erheben, daß das jetzt mehr und mehr islamisch beherrschte Land eigentlich ein christliches Territorium war. Die Abbildungen der Stifter sowie die Jagd- und Hirtenszenen wurden von Ikonoklasten in der abbasidischen Zeit – vielleicht auch unter dem Druck ihrer moslemischen Zeitgenossen – zerstört. Die Texte und sonstigen Darstellungen blieben dabei unversehrt.

Der treppenlose Stadtturm außerhalb des Stadtgebietes hat keine Eingangstür. Er könnte als Plattform gedeutet werden, auf der ein Stylit gelebt haben mag. Die Grundrisse einer kleinen Kirche aus byzantinischer/frühislamischer Zeit am Fuß des Turmes sowie ein dort aufgefundenes Reliquiar könnten diese Deutung bestätigen.

2. Der Norden

Jerash

Knapp 40 km nördlich von ʿAmman gelegen, ist Jerash von dort leicht in 45 Min. zu erreichen. Die Strecke führt durch die stark hügelige Landschaft des biblischen Gilead, entlang einem von Mimosen und Pfefferbäumen gesäumten Weg. Nach der Überquerung des stark verschmutzten Yabboq (*Nahr ez-Zerqa*) entdeckt man bald in der grünen Landschaft die ersten Ruinen vom antiken Gerasa. Östlich der Stadt entspringt die ergiebige *ʿAin Qeruan*-Quelle, das Tal selbst wird durchzogen vom *Wadi el-Jerash*, einem Nebenflüßchen des Yabboq. Abgesehen von den günstigen landwirtschaftlichen Bedingungen konnte das antike Gerasa keine sonstigen herausragenden Merkmale vorweisen: es war kein zentraler Verkehrsknotenpunkt. So konnte Gerasa als Handelszentrum und vor allem als Landwirtschaftszentrum eine nur regionale Bedeutung erlangen. Vor allem in der Blütezeit der *Provincia Arabia* (ab Anfang des 2. Jhs.) wurde die reich gewordene Stadt zu einer römischen Provinzstadt ausgebaut.

Die günstigen Bedingungen waren wohl der Grund dafür, daß schon in neolithischer Zeit (6. Jt. v. Chr.) Siedlungsspuren im Flußtal von Jerash nachgewiesen werden konnten. Bescheidene Spuren einer kontinuierlichen Besiedlung lassen sich auch für die Frühbronzezeit und die Eisenzeit nachweisen. Die Gründung der antiken Stadt erfolgt aber erst in hellenistischer Zeit, ohne daß genau festzustellen ist, wer als Gründer in Frage kommt. Die Stadt heißt *Antiochia am Chrysorhoas*, und das läßt auf einen der Seleukidenkönige mit Namen Antiochos schließen, wahrscheinlich wohl Antiochos IV. (175 – 164 v. Chr.). Der Hasmonäerfürst Alexander Jannai konnte die Stadt in der Niedergangsphase des seleukidischen Reiches erobern. Im 1. Jh. v. Chr. ist zugleich ein starker nabatäischer Einfluß in diesem Handelsposten auf dem Weg nach Bostra und Damaskus erkennbar: verschiedene Inschriften sprechen von der Verehrung eines »*arabischen Gottes*« (Dushara?), und Statuen für die nabatäischen Könige Aretas (IV.?) und Rabel (II.) wurden errichtet. Pompeius integrierte 63 v. Chr. Gerasa in die neu errichtete *Provincia Syria*. Wie in vielen Nachbarstädten führte man seitdem eine neue Zeitrechnung ein. Tatsächlich beginnt damit auch eine neue Ära mit geordneten Verhältnissen und wachsender Prosperität für die Region. In diese Zeit ist wohl auch die Gründung der Dekapolis, des Zehnstädtebundes zu datieren. Eine erste städtebauliche Umkrempelung der Stadt fand in der Mitte des 1. Jhs. n. Chr. statt, als die römische Stadtplanung eine neue Stadtmauer bauen ließ, die sich dem Gelände weitgehend anpaßte und in den Stadtbereich mit dem Achsenkreuz von *cardo* und zwei *decumani* strukturierend eingriff. Der Zeus-Tempel beim Südtor der Stadt scheint das einzige Bauwerk gewesen zu sein, daß sich gegen dieses gestalterische Prinzip behaupten konnte. Großzügige Spenden verschiedener Bürger halfen dabei, entlang den großen Straßenzügen eindrucksvolle öffentliche Gebäude und Tempel zu errichten. Eine zweite grundlegende städtebauliche Veränderung fand im 2. Jh. n. Chr. statt, als nach der Annektion Nabatäas 106 n. Chr. durch Kaiser Trajan eine geänderte Situation im Ostjordanland entstanden war. Seine Provinzeinteilung rechnete Gerasa nun zu der *Provincia Arabia*, der *Limes Arabicus* mit seinen gestaffelten Verteidigungswerken schützte das Gebiet gegen beduinische Überfälle und andere Angreifer, der Bau eines gut überlegten Straßensystems sorgte für eine ideale Infrastruktur, so daß für Gerasa nun ein goldenes Zeitalter anbrach. Im Winter 129/130 besuchte der römische Kaiser Hadrian den Vorderen Orient und machte Station in Gerasa. Unter den antoninischen Kaisern am Ende des 2. Jhs. wurde die Stadt »*monumentalisiert*«, weitere Tempel wurden errichtet und renoviert, zwei Thermenanlagen und das Nymphäum, das Nordtheater sowie das Festtheater bei Birketein gebaut. Die Kolonnadenstraße zwischen dem Ovalem Platz und der nördlichen Straßenkreuzung wurde verbreitert und verschönert. Unter Kaiser Caracalla (211 – 217) erhielt Gerasa den Status einer *colonia* und hieß fortan *Colonia Aurelia Antoniniana*. Mit einiger Verzögerung wirkte sich der nun einsetzende Niedergang des Römischen Reiches aber auch auf den Vorderen Orient aus. Im 3. Jh. wird in der Stadt kaum noch etwas Neues gebaut. Zwar versuchte Kaiser Diokletian, mit seiner Verwaltungs- und Finanzreform das Steuer noch einmal herumzureißen, aber die permanente Gefahr, die von den Sasaniden ausging, band alle vorhandenen Kräfte und lähmte den Orienthandel.

Neue Impulse belebten die Stadt erst wieder bei der Durchsetzung des Christentums. Der christliche Glaube hatte in Gerasa schon früh Fuß gefaßt: auf der Synode von Seleukia im Jahre 359 war Gerasa durch seinen Bischof Exerkesios vertreten. Eine Notiz in der Streitschrift »*Panarion*« des Epiphanios von Salamis (315 – 403) berichtet, daß es neben Kibyra in Karien auch in »*Gerasa in der Provincia Arabia*« eine Quelle im Martyrion gab, deren Wasser in Erinnerung an die neutestamentliche Lesung über die Hochzeit in Kana (*Joh 2*) durch Wein ersetzt wurde. Beim Konzil von Chalkedon (451) ist der Bischof Plakkos von Gerasa vertreten. Vom Ende des 4. Jhs. bis zur Mitte des 6. Jhs. setzte dann allmählich ein neues Bauprogramm ein, das sich hauptsächlich auf Kirchenbauten (Kirche des Elias, der Maria und Soreg 442; Kirche der Propheten, Apostel und Märtyrer zwischen 494 und 496; die Theodor-Kirche zwischen 494 und 496 und die Prokop-Kirche 526/7), aber auch auf die Instandsetzung der Stadtmauern erstreckte. Vor allem in der justinianischen Zeit (1. Hälfte des 6. Jhs.) brach ein wahrer Baumboom in der Stadt aus: so ließ der Gerasener Bischof Paulus 539 z.B. auch ein Untersuchungsgefängnis für die Angeklagten errichten, so daß Verhaftete und Beschuldigte nun räumlich von einander getrennt waren. Gebaut wurden aber vor allem Kirchen: die Georgs-Kirche (529), die Johannes-Kirche (531), die Kirche des Kosman und Damian (533), die Synagogen-Kirche (530/1), die Peter- und Paul-Kirche (um 540), die Propyläen-Kirche (um 565) und die Kirche des Bischofs Genesius (611) stammen alle aus dieser Zeit. Damit waren in Gerasa am Anfang des 7. Jhs. mindestens 15 Kirchen vorhanden. Auch wenn für dieses Bauprogramm häufig der antike Baubestand herangezogen wurde, war man für neue architektonische Ideen aufgeschlossen, wie z.B. der Dreikirchenkomplex zeigt.

Die Herrschaft der Sasaniden (ab 614) scheint in Gerasa kaum Spuren hinterlassen zu haben, abgesehen von einem Umbau im Hippodrom. Der Kirchenbestand blieb auch bei der islamischen Eroberung der Stadt (636) erhalten. Ein großzügiger omayyadischer Wohnkomplex wurde am südwestlichen *decumanus* freigelegt, die Geschäfte entlang des *cardo* und der *decumani* blieben erhalten oder wurden umgebaut. Die Häufung der Brennöfen verschiedener Töpfereien im Stadtgebiet (u.a. beim Nordtheater und dem Artemis-Tempel) dokumentiert, daß Gerasa in omayyadischer (und auch noch in abbasidischer) Zeit ein wichtiges Zentrum der Keramik-Industrie gewesen sein muß, das über den eigenen Bedarf hinaus sicher auch seine Waren in die Umgebung exportiert hat. Mit der Verschiebung des politischen Zentrums von Damaskus nach Bagdad in abbasidischer Zeit wurde der Niedergang der Stadt eingeleitet. Vielleicht hat das schwere Erdbeben von 747, das die Besiedlung von Pella und Umm el-Jemal beendete, Gerasa ebenso schwer zugesetzt. Das Mittelalter kennt Gerasa nur noch als einen verwüsteten Ort. So harrte die Stadt auf ihre Neuentdeckung durch die modernen Forschungsreisenden. Der Friese Ulrich Jasper Seetzen (1767–1811) hielt sich 1806 in Jerash auf und identifizierte die Ruinen richtig als das antike Gerasa. 1812 erreichte Johann Ludwig Burckhardt als Scheich Ibrahim ibn Abdallah von Aleppo aus Gerasa und fertigte erste Grundrisse an. 1878 siedelte ʿAbd el-Hamid II. Tscherkessen aus dem Zarenreich in Jerash. 1902 konnte Gottlieb Schumacher feststellen, daß die neue Bevölkerung für ihren Häuserbau das Ruinenfeld plünderte, wobei glücklicherweise vorwiegend die Ruinen aus dem Ostteil der alten Stadt wiederverwendet wurden.

Wenn man von ʿAmman kommt, ist das erste Monument, noch 460 m vom eigentlichen Stadttor der antiken Stadt entfernt, der **Hadriansbogen**. Bei einer Gesamtbreite von 37 m erhob sich das dreiteilige Tor ursprünglich gut

21 m hoch. Mit einem Hauptdurchgang und zwei seitlichen Toren zeigt es die klassische Form eines Triumphbogens aus dem 2. Jh. n. Chr. Vier Halbsäulen mit korinthischem Kapitell rahmen die drei Durchgänge, die mit Holztoren verschlossen werden konnten. Darüber erhob sich eine Attika mit einer *tabula ansata*, die auf der Südseite unbeschriftet war, auf der Nordseite aber eine Widmung an Kaiser Hadrian enthielt. Der Magistrat Gerasas hatte sich wohl allzu kühne Hoffnungen gemacht, als er den Triumphbogen als das neue Stadttor einer vergrößerten Stadt plante.

Direkt nach dem Hadriansbogen und parallel zu der Straße, die den Hadriansbogen mit dem Südtor der Stadt verband, liegt das **Hippodrom**. Die römischen Architekten, die dieses Bauwerk wohl zur selben Zeit wie den Hadriansbogen (129/130 n. Chr.) errichteten, hatten vor allem auf der Westseite des langgestreckten Hippodroms (die äußere Länge beträgt 261 m; Breite: 76 m) Schwierigkeiten zu bewältigen, denn das Hippodrom mußte über abfallendem Gelände gebaut werden, die Sitzreihen mußten entsprechend über Substruktionen angeordnet, die Bodendepression aufgefüllt werden. Im 4. oder 5. Jh. n. Chr. fiel diese Schwachseite des Gebäudes zusammen, so daß die Konturen der westliche Arenaflanke heute kaum noch zu erkennen sind. Die überwölbten zehn Startstände (*carceres*) für die Pferdewagen befanden sich in der Südkurve, die von zwei Ecktürmen markiert war. Verschiedene beschriftete Votivaltäre krönten diese Stände. Mit 16/17 Sitzreihen bot das Hippodrom Platz für etwa 15.000 Zuschauer. Betreten konnte man das Theater über sieben Eingänge, je drei davon befanden sich auf den Längsseiten, der Hauptzugang lag zwischen den 2 x 5 Startständen im südlichen Halbrund.

Etwa 50 m nördlich des Hadrianbogens und 10 m östlich des Hippodroms entdeckte man 1982/83 die kleine byzantinische **Kirche des Bischofs Marianos** (13,5 x 8,1 m), die 570 erbaut wurde. Rings um die Kirche liegen byzantinische Gräber, weshalb das Heiligtum wohl besonders dem liturgischen Dienst für die Verstorbenen diente. Das Kirchenschiff hatte eine erhöhte Apsis mit Synthronon. In der Nordwest-Ecke befand sich das Diakonikon. Die Kirche blieb bis ins 8. Jh. in Gebrauch.

Vor dem **Südtor** der Stadt hat man jetzt ein *Visitors' Centre* mit Restaurant gebaut. Das Südtor zeigt – allerdings in kleineren Ausmaßen – dieselben stilistischen Merkmale wie der Hadriansbogen und stammt deshalb in dieser Form wohl auch aus dem Jahre 129/130 n. Chr. Das jetzige Tor hat drei Eingänge, die von untersockelten korinthischen Halbsäulen flankiert werden. Über beiden Seitentoren wurden Nischen angebracht, links und rechts des Tores schlossen sich Pavillons an, Treppenaufgänge führten zur Stadtmauerkrone. In byzantinischer Zeit war das Tor von zwei wuchtigen Türmen flankiert. In einem unterirdischen Raum in der Südwest-Ecke der Innenseite sind

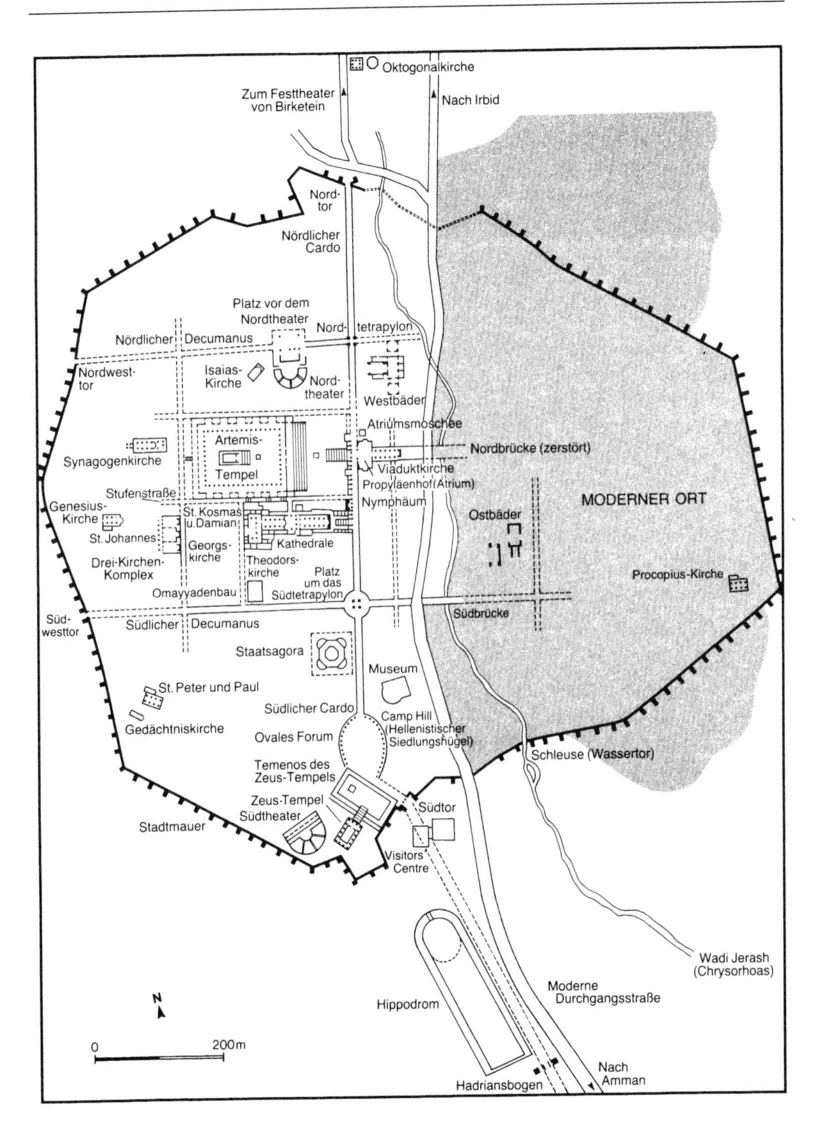

Jerash, Gesamtplan

die Überbleibsel einer Öl-Presse aus dem 3. Jh. zu sehen, die teilweise aus Spolien (Kapitelle und Säulenbasen) zusammengesetzt wurde.

Die **Stadtmauer** von Gerasa besaß vier größere Straßentore, von denen das Süd- und Nordtor eine wichtige verkehrstechnische und städtebauliche Funktion hatten, zwei weitere Tore befanden sich in der Westmauer. Die Stadtmauer entstand um 50–75 n. Chr., die Mauerpartie beim Südtor, die man jetzt noch sehen kann, allerdings im 4. Jh. Insgesamt hatte die Mauer eine Länge von 3456 m; sie wies im Durchschnitt eine Stärke von 2,5 m auf und war im Läufer-Binder-Verfahren angefertigt. Etwa alle 20 m verstärkten quadratische Türme die Mauer. Auch wenn sie einer systematischen Belagerung wohl kaum standhalten konnte, war sie dennoch gut geeignet, um die räuberischen Überfälle der Beduinenstämme abzuwehren.

Auf der linken (westlichen) Seite sind die Reste des monumentalen **Zeus-Tempels** zu sehen. Es ist offenkundig, daß der Tempel, auch in seiner letzten Gestalt, nicht dem römischen Raster von *cardo* und *decumani* untergeordnet war. Im 1. Jh. v. Chr. bildete eine untere, künstlich geschaffene, nord-südlich orientierte, gepflasterte Terrasse (80 x 36 m) das Heiligtum. Auf der Nordseite befand sich ein kleiner Schrein (Naos). Um 69/70 n. Chr. wurde die Terrasse mit einem 5 m breiten überwölbten Gang umgeben. Drei Eingänge (Süd- und Nordseite; die Ostseite mit einer Treppenanlage und Propyläen) verschafften Zugang von der neu geplanten Stadt zum Heiligtum. Das tiefe *Wadi*, das das Heiligtum zunächst von der Stadt trennte, wurde später aufgefüllt und in den Ovalen Platz integriert. Weitere umfangreiche Baumaßnahmen erfolgten 163 n. Chr. Ein ost-west-orientiertes Peripteros-Heiligtum wurde über der schon bestehenden unteren Terrasse errichtet und mit ihr über eine große Verbindungstreppe (28 m breit) verbunden. Der Tempel selbst stand ebenfalls auf einem großen Podium (41 x 28 m) und war an allen vier Seiten von korinthischen Säulen (15 m hoch) umgeben. In die starke Fassadenmauer war eine Treppenanlage integriert, die aufs Dach des Tempels führte. Der Haupteingang führte zu einer einfachen *cella*, in der sich das Kultbild auf einer erhöhten Plattform befunden haben muß. Besonders eindrucksvoll sind die mächtigen 89 m langen Substruktionen, die die Treppenaufgänge und den Temenos des Tempels trugen.

Das **Südtheater** befindet sich noch weiter westlich vom Zeus-Tempel. Es nützte den vorhandenen Hang aus, mußte aber dennoch mit einer hohen Umfassungsmauer und mit Hilfe gestaffelter Tonnengewölbe das Gebäude entsprechend abstützen. Die Halbkreisform und die Orientierung nach Norden entsprachen römischen Normen. Die 32 Sitzreihen, deren Sitze teilweise numeriert waren – auf den unteren Sitzen der Westseite noch gut zu erkennen –, boten 4000–5000 Zuschauern Platz. Ein *diazoma* (Gürtelring) teilte die

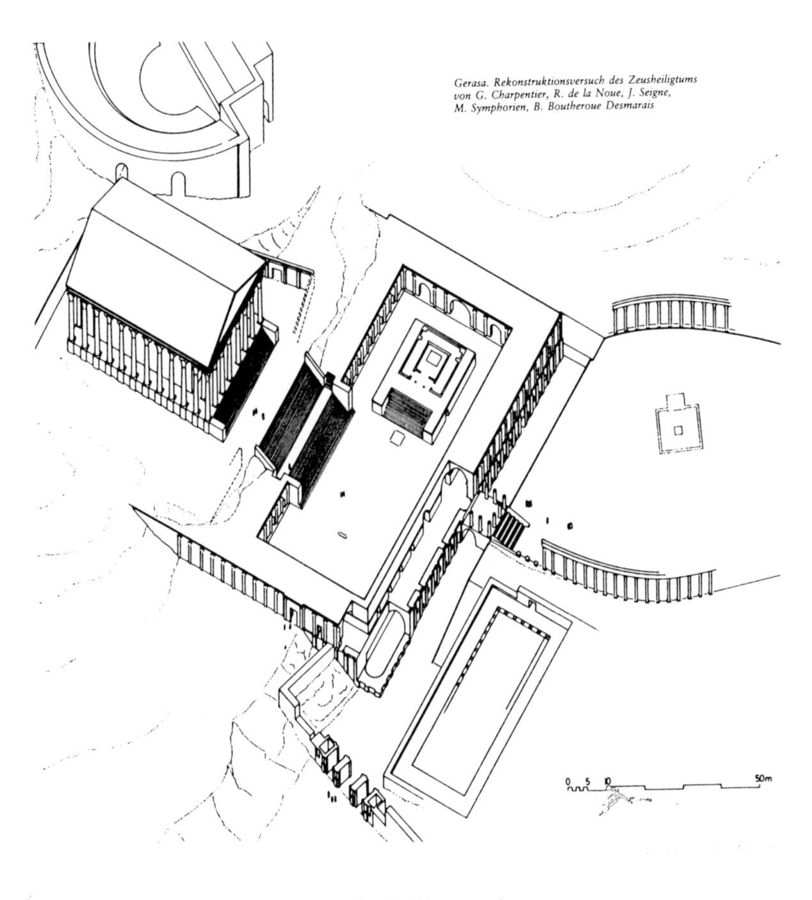

Jerash, der Zeustempel

cavea (Zuschauerring) in zwei Ränge ein, die selbst nochmals durch Treppenaufgänge in vier (bzw. 8) Sitzkeile unterteilt waren. Über die tonnengewölbten *parodoi* (Seiteneingänge zur *orchestra*) bzw. über die vier *vomitoria* (Gewölbegänge) konnten die Zuschauer ihre Plätze erreichen. Der Zuschauerraum war von der *orchestra* durch eine skulptierte Absperrung mit kreisförmigen Vertiefungen getrennt. Der etwa 1 m hohe Bühnensockel war mit Bogennischen verziert. Die zweigeschossige *scaena frons* (Bühnenwand) war durch

Vor- und Rücksprünge gegliedert und mit gegiebelten Portalen und korinthischen Säulen verziert. In den Nischen zwischen den vier Säulengruppen standen Statuen. Drei Türen, durch welche die Akteure die Spielbühne betreten konnten, durchbrachen die Bühnenwand. Zwei Tore mit Rundbögen erlaubten den Zugang von der Seite her. Eine lange griechische Inschrift auf der Mauer unterhalb der unteren westlichen Sitzreihe berichtet über eine *Nike* (Siegesstatue), von einem Unteroffizier gestiftet , der im Jüdischen Krieg 70 n. Chr. gedient und die ihm 3000 Drachmen gekostet hatte. Weitere Inschriften legen eine Bauzeit in den Jahren 90 – 92 n. Chr. nahe. Wahrscheinlich hat das schwere Erdbeben von 747 n. Chr. das Theater zerstört, es muß aber schon vorher aufgegeben worden sein. Von der oberen Sitzreihe hat man einen ausgezeichneten Überblick über das ganze Stadtgelände und vor allem über den Zeus-Tempel nebenan. Das Theater wird auch jetzt noch für die Aufführungen des *Jerash Festival for Culture and Arts* verwendet.

Der **Ovale Platz** (90 x 80 m) war eine geschickte Lösung, um die anders orientierten Achsen des Zeus-Heiligtums und des südlichen Stadtzuganges mit dem neuen Stadtkreuz von *cardo* und *decumani* zu verbinden. Man gab sich bei der Anlage des Platzes sehr viel Mühe, denn der Ovale Platz ruht auf einem 6 bis 8 m tiefen Unterbau, der die vorhandene Geländesenke auszugleichen versucht. 56 ionische Säulen umgaben den ovalen Freiraum. Der äußere Ring des Platzes ist mit Quadern aus hartem Kalkstein in unregelmäßiger Setzung ausgelegt, während die Mitte des Platzes mit weicherem Stein ausgekleidet ist, der genau der Ellipsen-Form des Platzes folgt. Im Boden sind noch die Verankerungen für die Stangen erkennbar, an denen man Sonnensegel befestigte, die Schatten spenden konnten. In der Mitte des Platzes stand eine einzelne Säule. Die ionischen Säulen legen nahe, daß der Gesamtplan des Platzes im 1. Jh. n. Chr. entworfen und durchgeführt wurde. Nach seinem Verfall wurde er im 7. Jh. überbaut. In seiner Mitte stand dann ein Brunnen, dessen Wände wohl mit steinernen Sitzbänken ausgerüstet waren. Im 8. Jh. wurde der Platz aufgegeben und mit Schutt aufgefüllt.

Der **römische Stadtplan** vom frühen 2. Jh. n. Chr. sah ein Geflecht von einem 12 m breiten *cardo* (800 m lange Hauptstraße in Nord-Süd-Richtung) und zwei 8/9 m breiten *decumani* (Ost-West-Achsen) vor. Kleinere Straßen teilten die Stadt in *insulae* (Wohn- und Geschäftsinseln) ein, die etwa 120 x 50 m groß waren. Dabei wurde das natürliche Gelände so gut wie möglich ausgenutzt, denn der *cardo* verläuft exakt auf einer Trasse entlang des *Wadi Jerash*, die zwei *decumani* folgen den beiden Bodendepressionen, die in West-Ost-Richtung verlaufen. Die beiden markantesten Punkte der Stadt, der Zeus- und der Artemis-Tempel, wurden auf zwei natürlichen Hügeln errichtet. Die wichtigsten Straßen und Bauten befanden sich im Westteil der Stadt.

Der Ostteil, auf der anderen Seite des *Wadi Jerash*, war wohl für die Wohnviertel gedacht.

Der **cardo** war bei der ersten römischen Stadtplanung in der 2. Hälfte des 1. Jhs. n. Chr. wohl die einzige Achse der Stadt. Im frühen 2. Jh. n. Chr. wurde sie dann mit ionischen Kolonnaden verschönert. Später im 2. Jh. erweiterte man den *cardo* auf die heutige Breite und ersetzte die ionischen Kapitelle durch korinthische. Die ausgemusterten ionischen Kapitelle des Haupttraktes des *cardo* wurden für die Säulenstellungen der beiden *decumani* wiederverwendet. Ein durchlaufender Architrav lag auf den Kapitellen. Er ist besonders gut erhalten auf der Westseite im ersten Abschnitt des *cardo*. An beiden Seiten der Straße befand sich ein Bürgersteig, Treppen führten zu den überdachten Portiken, die in die Kolonnaden integriert waren. Die Straße selbst ist mit diagonal angeordneten Kalksteinblöcken gepflastert. Die Kanalisation unterhalb der Straße konnte durch runde Verschlußsteine, die man in regelmäßigen Abständen auf dem *cardo* sehen kann, kontrolliert werden. Die Metallräder der Wagengespanne haben in der Pflasterung der Straße an einigen Stellen tiefe Spuren hinterlassen.

Im südlichen Abschnitt des *cardo*, zwischen dem Ovalen Platz und dem Süd-Tetrapylon, markieren vier mächtige korinthische Säulen den Eingang eines besonderen Gebäudes. Sechs weitere Säulen an beiden Seiten dieser vier gehören noch zu dem Kolonnadenabschnitt dieses Gebäudes, das als **macellum** gedeutet wird: ein Lebensmittelmarkt, besonders für den Verkauf von Fleisch, Fisch oder Delikatessen. Die Händler boten ihre Ware in *tabernae* (Geschäftsräumen) feil. Das *macellum* war architektonisch meist als ein von Säulenhallen umgebener Marktplatz mit zentral gelegenem Rund- oder Oktogonalbau konzipiert und ist erstmals in Rom dokumentiert. An dem Nord- und Südende des Gebäudes befand sich je ein Brunnen mit Löwenkopf. Nach der vierfachen Säulenstellung betritt man einen Portikus mit zwei freistehenden Säulen, die vor einem monumentalen Tor mit drei Eingängen aufgestellt sind. Über einen weiteren Portikus an der Nord- und Südseite gelangt man in eine Reihe von vier zweistöckigen *tabernae* an beiden Seiten des Haupteingangs. Einige dieser *tabernae* waren mit Mosaikböden ausgeschmückt. Im Innenbereich öffnete sich ein Oktogon mit vier angrenzenden Exedren, die zwei freistehende Säulen zwischen viereckigen Eckpfeilern aufwiesen. Innerhalb des Oktogons war ein inneres Oktogon als Peristyl mit 24 freistehenden Säulen eingezeichnet. Die Wände des Gebäudes waren vollständig mit Marmorplatten ausgelegt. In der Mitte muß sich ein monumentaler Brunnen befunden haben – im römischen *macellum* wird er oft als Fischbecken benutzt. In der Mitte der Exedren standen Verkaufstheken, deren Auflageplatten auf massiven Tierleibern ruhten. Entstanden ist das Gebäude

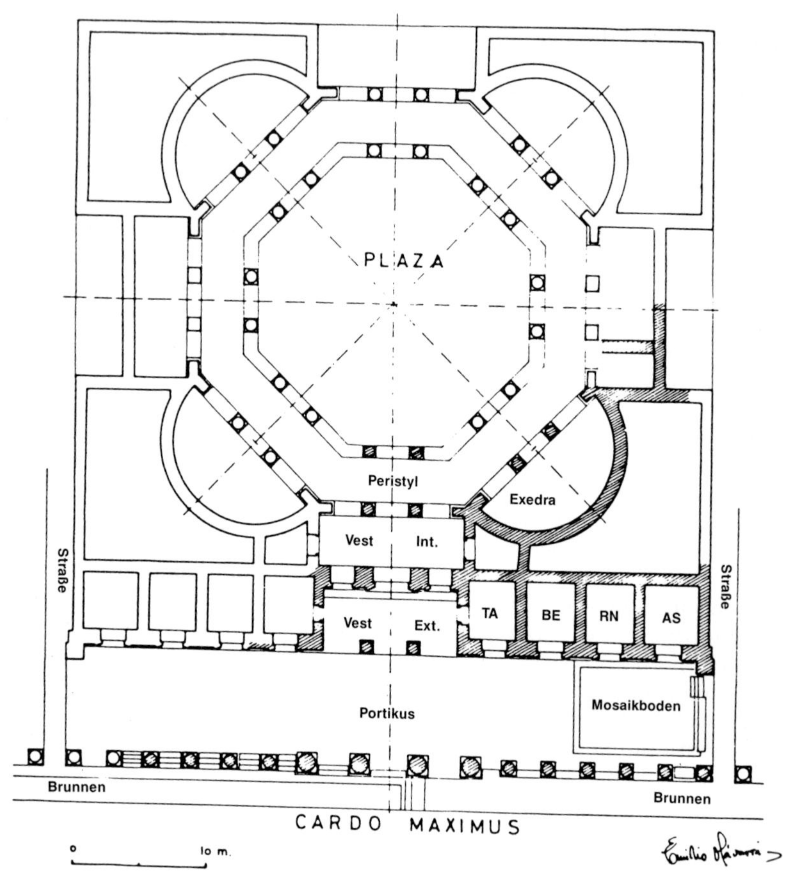

Jerash, Grundriß des macellum (Agora)

in der 2. Hälfte des 2. Jhs. n. Chr. Viele der *tabernae* sind in byzantinischer und omayyadischer Zeit weiter benutzt worden, manche davon sogar als Stallungen, wie die eingebauten Futtertröge beweisen.

Die Kreuzung des *cardo* mit dem Süd-*decumanus* wurde seit der Mitte des 2. Jhs. n. Chr. von einem **Tetrapylon** markiert: ursprünglich trug jede der vier Einheiten auf dem viereckigen Sockel vier korinthische Säulen aus Granit, Muschel-Nischen auf jeder Seite lockerten die vier Podien auf. Dieser wichtigste Verkehrsknotenpunkt der Stadt wurde im 3./4. Jh. völlig umgestaltet, indem um die vier Einheiten ein runder Platz von 43 m Durchmesser angelegt wurde. Der Platz blieb noch bis ins 7. Jh. ein Mittelpunkt für den Handel der Stadt, erst im 8. Jh. wurden auf dem Platz und in der unmittelbaren Umgebung kleine arabische Wohneinheiten errichtet, die dem Platz die monumentale Form und seine Bedeutung raubten.

Der **südliche decumanus**, schon im 1. Jh. angelegt, wurde um 170 n. Chr. mit Kolonnaden ausgestattet und neu gepflastert. Die Straße kreuzte den *Chrysorhoas*-Fluß über die Südbrücke, die damals 73 m lang war. Drei Bogenkonstruktionen dieser Brücke sind heute noch erhalten.

Direkt am Hang des südwestlichen decumanus wurde ein **omayyadischer Wohnkomplex** freigelegt, der auf die Ruinen älterer römischer und byzantinischer Bauten aufgesetzt worden war. Der Komplex (13 x 21 m, 200 m^2 Wohnfläche) hatte mindestens zehn Räume, die westlich und östlich um einen Zentralhof angeordnet waren. Einige der Wohnräume waren mit einem Mosaikboden ausgestattet. Wasserbecken und Brunnen sicherten die Wasserversorgung. Im 8. Jh. wurde der große Komplex in mehrere Wohneinheiten aufgeteilt, im frühen 9. Jh. dann der ganze Bereich aufgegeben.

Im Südwesten der Stadt, unterhalb der Stadtmauern, liegt die **Kirche des hl. Petrus und Paulus**. Die Säulenbasilika (32 m lang) aus der 2. Hälfte des 6. Jhs. besaß einen von Säulen umgebenen Narthex und im Nordwesten eine Seitenkapelle. 15 m südwestlich von dieser Kirche, direkt bei der Stadtmauer, liegt die **Gedächtniskirche** aus der 2. Hälfte des 6. Jhs. Eine Inschrift erwähnt den Stifter, der diese Kirche zum Andenken an seine verstorbenen Eltern errichten ließ. Nur in ihren Grundmauern erhalten ist die **Genesius-Kirche**, die etwa 250 m nördlich von St. Peter und Paul, 50 m westlich des Dreikirchenkomplexes, nahe der Stadtmauer, zu finden ist. Eine Mosaikinschrift datiert sie in das Jahr 611 n. Chr., wodurch die Genesius-Kirche wohl die zuletzt erbaute in Gerasa war.

Beeindruckender in seiner Komposition und durch seinen Erhaltungszustand ist der sog. **Dreikirchenkomplex**. Die drei Kirchen (St. Johannes, St. Kosmas und Damian sowie St. Georg) hatten ein gemeinsames Atrium mit einer Kolonnade von 14 korinthischen Säulen. Der Komplex wurde zwischen 529 und 533 n. Chr. vom Gerasener Bischof Paulus errichtet. Die Georgskirche im Süden des Komplexes ist eine Basilika mit auffallend schmalen Seitenschiffen. Die Apsis war gerade ummantelt und von einem Diakonikon bzw. einem Martyrion umrahmt. In der Mitte des Komplexes befindet sich die Johanneskirche (29 x 23 m), die architektonisch durch ihren Rundbau mit vier Konchen auffällt. Über ein Baptisterium war diese Kirche mit der

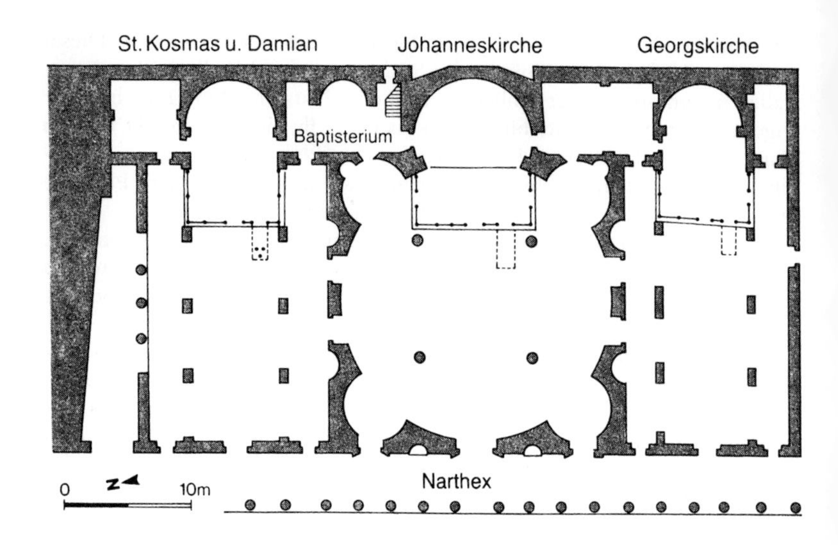

Jerash, der Dreikirchenkomplex

nördlichen, der Kirche des Kosmas und Damian, verbunden. Um diese dritte Kirche dem Komplex anzufügen, mußte der nördlich angrenzende Hügel teilweise abgetragen werden. Die Kirche war dreischiffig, das Dach ruhte aber nicht wie gewöhnlich auf Säulen, sondern auf Pfeilern, deren Ansätze auch heute noch zu sehen sind. Gestiftet wurde die Kirche 533 von dem Ehepaar Theodoros und Georgia, das in der Nähe der Stufe zum Presbyterium als Oranten zwischen zwei Bäumen im Mosaikfeld abgebildet ist. Bei der Abbildung der Georgia sind Vertiefungen im Boden zu sehen. Sie enthielten drei kleine Säulen, die das Vorlesepult trugen. Verschiedene Tierdarstellungen (Schafe, Hasen, Gazellen, Pfaue) lockern das große Feld des Mosaikteppichs auf. Die Mosaiken dieser zuletzt gebauten Kirche sind deshalb noch erhalten, weil sie als erste aufgegeben wurde und der Schutt über den Mosaiken ihre Zerstörung wohl verhindert hat.

Vom *cardo* aus fällt auf der westlichen Seite ein durch Säulen und ein Tor hervorgehobener Eingang auf: er führt in den Bereich der sog. **Kathedrale**, des **Brunnenhofes** und der **Theodoroskirche**. Zum Komplex gehören außerdem noch zwei weitere Kapellen, die Wohnräume des Klerus, die Bäder des Plakkos und das Baptisterium. Die Ausgrabungen lieferten vorchristliche Inschriften, die sich auf einen nabatäischen »*Pakeidas und seine Gefährtin Hera*«

sowie auf einen »*arabischen Gott*« bezogen. Wahrscheinlich wurde der Bereich der jetzigen Kathedrale auf den Ruinen eines älteren heidnischen Heiligtums errichtet, das dem nabatäischen Gott Dushara geweiht war. Noch interessanter wäre der Hinweis des zyprischen Bischofs Epiphanios auf eine Feier des Weinwunders von Kana in Gerasa, denn das könnte mit dem zentralen Brunnenhof zwischen Kathedrale und Theodoroskirche in Verbindung gebracht werden. Der Hinweis auf das »*Weinwunder*« in Gerasa könnte als christliches Weiterleben dionysischer Bräuche verstanden werden. Eine Identifizierung von Dushara mit Dionysos ist allerdings nicht erwiesen. Sowohl das Tor wie die Eingangspropyläen stammen noch aus dem Tempelbau der 2. Hälfte des 1. Jhs. n. Chr. Die Treppen selbst sowie der obere Baubestand sind dagegen aus dem späten 4. Jh. n. Chr. Die »*Kathedrale*« – der Name hat sich eingebürgert, obwohl man nicht weiß, ob der Bau diesen Namen verdient –, ist eine dreischiffige Basilika, die offensichtlich gewaltsam in den antiken Baubestand eingefügt wurde. Wie bei jeder Kirche ist ihre Apsis geostet; da sich der Besucher gerade von Osten her nähert, ist er nun gezwungen, an der gerade ummantelten Apsis und dem Kirchenschiff seitlich vorbeizugehen. Um die gerade, abweisende Ostwand der Kathedrale etwas aufzulockern, hat man eine kleine Nische zu Ehren der Maria und der Erzengel Gabriel und Michael eingebaut. Ihre Namen sind rot gemalt auf dem Rand direkt unter dem muschelförmigen Krongesims angebracht. In der Apsis der Kathedrale befand sich ein Synthronon, zwei Diensträume flankierten das Halbrund. An der West- und Ostseite war jeweils ein Narthex angebracht, südlich schloß sich seit der Mitte des 6. Jhs. außerdem noch die Westkapelle an. Die Kirche wurde in späterer Zeit verkleinert, indem man nach der 5. Säule eine Trennmauer hochzog. Der auf einer Seite mit Mustern verzierte Brunnen befindet sich in der Mitte des gepflasterten Atriums der Kathedrale und wurde mit Wasser von Birketein gespeist. Dafür hatte man eine lange Wasserleitung angelegt, die die östliche Terrasse des Artemis-Tempels durchlief; eine Abzweigung dieser Leitung versah auch das Nymphäum mit Wasser. Ursprünglich war dieser Vorhof auf drei Seiten von ionischen – nach der Kathedrale hin von sechs korinthischen – Säulen umgeben. Beim Bau der Theodoros-Kirche wurden die westlichen Säulen, beim Bau der West-Kapelle die Säulen der Südostecke entfernt. Zwei Treppenfluchten verschafften Zugang zu der 5 m höher gelegenen Theodoros-Kirche. Im Westen ist der Kirche ein großes unregelmäßiges Atrium (30 x 10 m) vorgelagert. Zwischen Atrium und Kirche fügte man noch einen Korridor ein, von dem aus man über sechs Eingänge die Kirche, die Südwestkapelle, das Baptisterium und die Nordwestkapelle betreten konnte. Das viereckige Baptisterium an der Südwesteite war mit einer Apsis und einem in den Boden eingetieften, mit Stufen ausgestatteten, ovalen Taufbecken versehen.

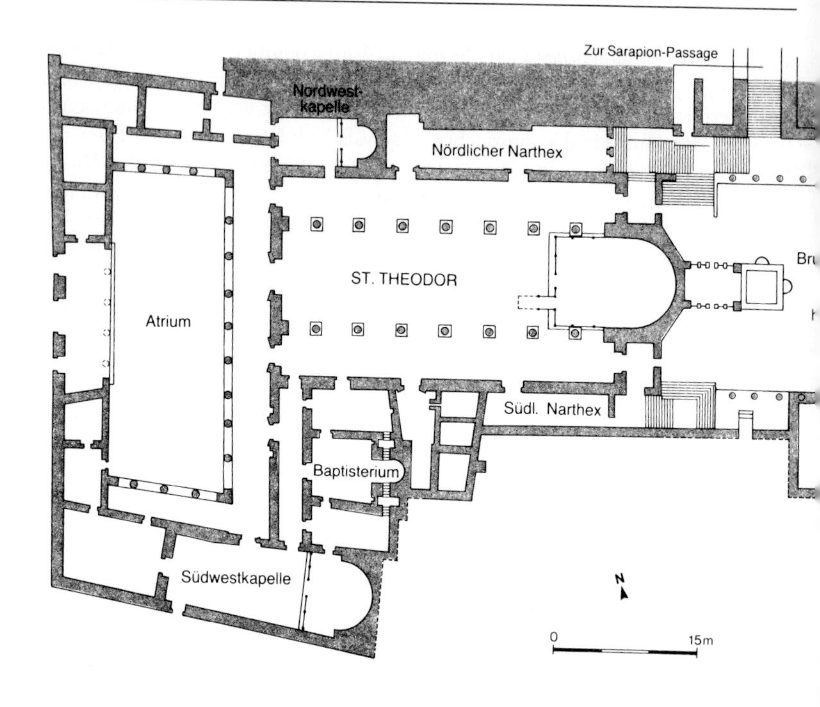

Jerash, Lageplan des Komplexes der

Unmittelbar nördlich der Kathedrale und des Brunnenhofes liegt der sog. **Glashof**. Man fand dort über 120 verschiedene Glasformen, so daß der Komplex aufgrund dieses Fundes seinen Namen bekam. Links vom Glashof, auf der Höhe des Brunnens, führt eine Treppe zu einem dreifachen Tordurchgang, die sog. **Sarapions-Passage**. Eine Inschrift aus dem Jahre 67 n. Chr. nennt einen gewissen Sarapion, der die Finanzierung eines Teiles des Artemis-Tempels übernommen hatte. Noch weiter links von der Sarapions-Passage schließt sich der Komplex der **Plakkos-Bäder** an. Diese öffentlichen Bäder ließ Bischof Plakkos in der Nähe der Kathedrale 454/5 bauen. Sie waren von der Stufenstraße über einen offenen Portikus erreichbar.

Wenn man auf dem *cardo* am Eingangstor der Kathedrale vorübergegangen ist, schließt sich auf der Westseite gleich eine der monumentalsten und präch-

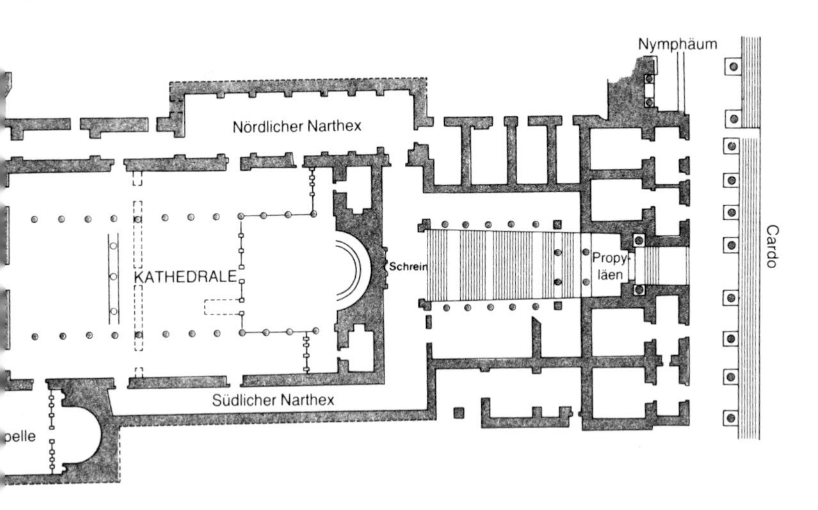

Der Brunnenhof-Komplex: Die ins dritte Viertel des 4 Jh. datierte Kathedrale dürfte einen Dhushara/Dionysos-Tempel abgelöst haben. Zu seinem Baubestand gehört das Portal, das den sakralen Bereich vom cardo her erschließt. Der Brunnenhof, Ort des »Weinwunders«, ist in seiner erhaltenen Form eine Anlage des 4. und 5. Jh., die Theodorskirche mitsamt ihrer Annexbauten entstand Ende des 5. Jh. (Grundriß: G. Rebensburg nach J. W. Crowfoot und I. Browning)

Kathedrale und der Kirche des hl. Theodor

tigsten Bauwerke Gerasas an, das 191 n. Chr. erbaute **Nymphäum**. Das Nymphäum hatte innerhalb der römischen Stadtplanung in der Kaiserzeit seinen Bezug auf heilige Quellen und Grotten der Nymphen längst verloren und bezeichnete nun einen Monumentalbrunnen, der mancherorts, wie hier in Gerasa, mit einer mehrstöckigen Schaufassade vom Typus der Bühnenfront eines römischen Theaters ausgestattet war. Das Nymphäum wurde damit zu einem Repräsentationsbau, der den Reichtum, die Wasserkapazität und den hohen Standard der hygienischen Verhältnisse in einer kaiserzeitlichen Stadt des 2./3. Jhs. dokumentiert. Zwei Paare korinthischer Säulen, die die anderen Säulen der Kolonnadenstraße überragten, markierten das wichtige Bauwerk. Das Nymphäum wurde gegen die Hügelwand angebaut und stützte mit der Wucht seiner hochgezogenen Fassade die höheren westlichen Terrassen. Die etwa 22 m breite zweigeschossige Schaufassade hatte einen zurückspringenden Zentralteil, der sich über einem großen Wasserbecken erhob. Die Fassade war durch Nischen gegliedert, die von einem verkröpften Ziergebälk bekrönt waren. In ihnen befanden sich Statuen, die Krüge in der Hand hielten, aus denen dann über Leitungen das Wasser in das Sammelbecken heruntersprudelte. Über sieben Speier (modelliert als Löwenköpfe) gelangte das überschüssige Wasser des Sammelbeckens in niedrige, kreisrunde Becken unterhalb der Mauer. Von dort floß es unter der Pflasterung des *cardo* in den Hauptabwasserkanal der Stadt. Das runde Steinbecken aus Rosengranit vor dem Brunnenbecken wurde erst in byzantinischer Zeit aufgestellt.

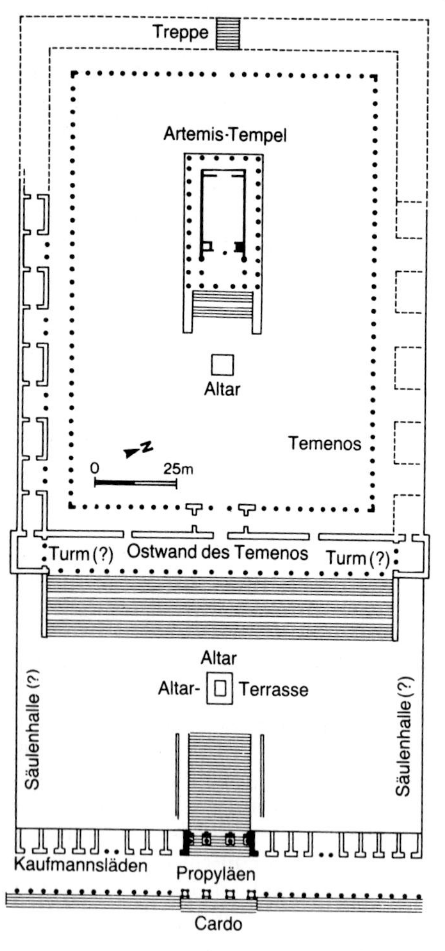

Jerash, Grundriß des Artemistempels

Vier gewaltige korinthische Säulen markieren den Eingangsbereich des **Artemis-Tempels**. Man kann sich die Ausmaße dieses Heiligtums nicht groß genug vorstellen, denn weit auf der östlichen Seite der Straße fängt der Komplex mit dem Prozessionsweg (*via sacra*) und den Propyläen an, um dann nach der Kreuzung des *cardo* über weitere Propyläen, verschiedene Treppenfluchte und Terrassen zum eigentlichen Temenos und zu der *cella* zu gelangen. Das Heiligtum selbst lag oben auf einem natürlichen Hügel und war wohl von überall in der Stadt zu sehen. Auf der Ostseite der Straße lag der Propyläenhof, ein Sammlungsplatz für die Tempelbesucher. Der *cardo* durchschnitt nun freilich diese heilige Prozessionsstraße, und so versuchte man mit architektonischen Mittel die Konzentration des Pilgers auf das religiöse Ziel zu lenken, indem der Ausgang des östlichen Propyläenhofes durch zwei Säulenstellungen eingeengt und den gegenüberliegenden Propyläen auf der Westseite des *cardo* angeglichen wurde. Die westlichen Propyläen zogen freilich durch die reich dekorierte, 15 m tiefe und 20 m breite Giebelhalle unweigerlich die Aufmerksamkeit auf sich und ließen wohl das Gedränge und den Lärm der städtischen Hauptstraße vergessen. Die seltsame trapezoide Form des Propyläenhofes (11 m breit im Osten, 19 m im Westen) wurde durch den Einbau von einer Exedra in der Nord- und Südwand, in der jeweils Wasserbecken angebracht waren, noch gesteigert. Der Pilger konnte sich hier ein letztes Mal rituell waschen, bevor er sich weiter aufmachte, um über den *cardo* sich den westlichen Propyläen des Artemis-Tempels zu nähern. Spätestens in der Mitte des 6. Jhs. überbauten die byzantinischen Christen den sakralen Platz des östlichen Propyläenhofes und errichteten an dieser Stelle die sog. **Propyläenkirche** (18 m Länge), indem das Dreibogentor entfernt und durch eine halbrunde Apsis ersetzt wurde. Die beiden Exedren des Hofes wurden zu Rundbauten umgebaut, mit einem Mosaikboden versehen und dienten nun als Diakonikon. Das Kirchenschiff wurde durch zwei korinthische Säulenreihen in drei Schiffe unterverteilt. Die Vorhalle der westlichen Propyläen war 120 m lang und mit vier mächtigen, 16 m hohen Säulen ausgestattet, die selbst nochmals von 13 kleineren Säulen umrahmt waren. In einem Tympanon über dem Mittelportal erwähnte eine Weihe-Inschrift das Baudatum 150 n. Chr., obwohl sicher schon vor dieser Zeit ein Vorgängerbau des Artemis-Tempels existiert hat. Die wunderbar fein ausgeführten Steinmetz-Arbeiten sind auf den am *cardo* abgelagerten Bauteilen gut zu beobachten. Eine Treppenflucht von 10 Treppen, unterbrochen von einem kleinen Treppenabsatz, führte vom Portikus, durch vier kleinere korinthische Säulen hindurch, zu dem monumentalen Dreibogentor des Propyläums. Der versetzte Tordurchgang hatte ein 15 m breites Haupttor. Sieben Treppenfluchten zu jeweils sieben Stufen mit einer Breite von 19 m überbrückten den Höhenunterschied (14 m) des Geländes und führten den Besucher zu einer von Säulen umgebenen Terrasse, auf der ein Altar aufgestellt war, dessen Fundamente noch zu erkennen sind. Es schlossen sich nochmals drei Treppenfluchten mit jeweils 9 Stufen an, die von der Altarebene zum 7 m höher gelegenen *Temenos* führten. Durch ein Portal konnte der Pilger den beeindruckenden Temenos-Platz (161 x 121 m) betreten. Auf allen Seiten war er mit Säulenstellungen (im Norden und Süden mit je 36, im Osten und Westen mit je 26) umgeben. Um diesen gewaltigen Platz zu schaffen, wurden im Nord- und Südteil Substruktionen angebracht. Etwa 20 m direkt vor dem Tempel sieht man teilweise ausgegrabene Mauern und gut erhaltene Bogenkonstruktionen. Es sind die Überreste eines spätbyzantinisch-omayyadischen Töpfereikomplexes. Unmittelbar daneben befinden sich die Überreste der Grundmauern des urspünglichen Altares aus dem 2. Jh. Links und rechts vor dem Tempel sieht man die Grundmauern omayyadischer Räume, die mit der Töpferei-Werkstatt in Zusammenhang standen, während man unter diesen Räumen noch die Fundamente der ursprünglichen Treppenanlage sehen kann, die zum Tempel führte. Der Artemis-Tempel selbst war ebenfalls über einer Gewölbe-Konstruktion (mit einer Tiefe von 2,4 bis 7 m!) errichtet, die ein Podium von 22,6 x 40 m bildete. In den Fundamentmauern waren verschiedene überwölbte, untereinander verbundene Räume angebracht, die man über Türen vom Süden und Nordosten betreten konnte. Ein neuerdings angebrachtes Loch im inneren Tempelbereich ermöglicht jetzt einen Einblick in diese Fundamentierung. Die unterirdischen Räume wurden als Speicher benutzt. Der Tempel war als Peripteros mit einer Vorhalle angelegt, die durch sechs Säulen markiert war. Elf der ursprünglich 32 umgebenden, 13 m hohen korinthischen Säulen sind noch erhalten und bilden das wohl beliebteste Fotomotiv Gerasas. In die *cella* des Artemis-Tempels gelangte man durch das 5 m breite und 9 m hohe Tor, das von zwei Nischen in der 3,3 m starken Mauer flankiert wurde. Links und rechts des Portals konnten die Priester über Treppen sowohl das Dach des Tempels wie die Gewölbe-Konstruktionen unterhalb des Tempels erreichen. Die *cella* war 24 m lang und 13,5 m breit. Auf der Nord-, Süd- und Westseite waren die Außenmauern mit Eckpilastern verziert. Die Innenwände zeigten flache rechteckige Nischen. Wie die Dübellöcher zeigen, war die Innenmauer mit Marmorplatten ausgelegt. In der Mitte der *cella* führten zwei Stufen ursprünglich zu einem 50 cm erhöhten Teil, von dort gelangte man über eine Treppe zu einer großen Nische, die in der Westmauer angebracht war. Unter einem flachen und einem zweiten sich darüberspannenden Bogen und flankiert von zwei Türen stand das Kultbild der Artemis.

Als im 5. Jh. der Kult der Artemis aufhörte, bauten die Christen südlich der großen Treppe, die den Temenos mit der Altar-Terrasse verband, eine Kirche. Das kostbare Baumaterial des Tempels (Marmorverkleidung, Kapitelle, Säulen, Bausteine) wurde entfernt und für das neue Bauprogramm des christlichen Gerasa herangezogen. Anderes gelangte respektlos in die Kalkbrennöfen unmittelbar vor dem Tempel. Nur noch in der Kreuzfahrerzeit (1121) wurde der Tempelbereich vom Atabeg Tughtegin von Damaskus benutzt, der hier Soldaten stationierte. Sie zogen zwischen den Säulen der *cella* eine neue Mauer hoch. Baldwin II., der lateinischer König von Jerusalem, vertrieb sie jedoch noch im selben Jahr.

Artemis (Tochter des Zeus und der Leto, Schwester des Apollo), die wohl populärste Göttin der Griechen, war eine Göttin mit ungeheurer Symbolkraft und Wirkung. Sie war Jagd-, Todes- und Fruchtbarkeitsgöttin zugleich, jungfräuliche Geburtshelferin sowie Herrin der Tiere und der Natur. Im kleinasiatisch-syrischen Raum war sie die Große Mutter, in Gerasa die Schutzgöttin der Stadt. Die Ausrichtung des Tempels nach Westen folgte offensichtlich einer Tradition, die man bei ihren Tempeln im Vorderen Orient durchweg feststellen kann.

Westlich des Artemis-Tempels liegt die **Synagogenkirche**, ein Gebäude mit einer komplizierten Baugeschichte. Ein mit einem Atrium ausgestattetes Bauwerk aus dem 3./4. Jh. wurde am Ende des 5. Jhs. in eine Synagoge umgewandelt und war damit der einzige bis heute bekannte Kultraum der jüdischen Bevölkerung Gerasas. 530 wurde die Synagoge zu einer Kirche umgebaut.

Wenn man am *cardo* weiter in nördliche Richtung geht, erreicht man 25 m nach den Propyläen des Artemistempels auf der Ostseite der Kolonnadenstraße die omayyadische **Moschee** der Stadt. Vier Säulen markieren die Stelle, und über die Treppen erreicht man nach etwa 10 m einen sorgfältig gepflasterten Raum mit einigen Säulenstümpfen.

Etwa 30 m vor dem Nordtetrapylon sieht man rechts vom *cardo* unten auf einer Terrasse und ca. 10 m über dem Flußbett des *Wadi Jerash* die stark zerstörten Ruinen der **Westbäder** liegen. Der einst gewaltige Bau (75 m lang, 50 m breit!) ist bis heute noch nicht systematisch ausgegraben worden. Zwei Eingänge links und rechts von den vorspringenden dreifachen *apodyteria* geben den Weg frei für eine große dreigeteilte Halle, das *frigidarium* (35 m Länge), in dem ein großes Becken für die Badegäste zur Verfügung stand. Drei Bogenkonstruktionen trugen wahrscheinlich jeweils ein Tonnengewölbe als Bedachung. Links und rechts flankieren zwei quadratische Gebäude das *frigidarium*, im nördlichen ist das Kuppeldach sehr schön erhalten; über Treppen konnte man von hier auf das Dach der Anlage steigen. Über einen Hauptdurchgang erreicht man vom *frigidarium* das überkuppelte *caldarium* (15 qm) mit zwei Nischen im Osten und Westen. Heizröhren zeigen deutlich die Funktion dieses Traktes an. Das *caldarium* wird ebenfalls von je zwei kleinen Annexbauten flankiert. Ein großer Peristylhof umschloß an drei Seiten den Komplex.

Nach einigen Metern erreicht man das **Nordtetrapylon**, die Kreuzung des *cardo* mit dem nördlichen *decumanus*. Diese Struktur wurde erst notwendig nach den großen Baumaßnahmen, die zwischen 150 und 180 n. Chr. in Angriff genommen worden waren, als der *cardo* von seinen ionischen Säulen befreit und korinthische an ihre Stelle gekommen waren. Das Tetrapylon markiert die Stelle der Renovierungsarbeiten, denn nördlich vom Tetrapylon behielten die Säulen des nördlichen *cardo* ihre ionischen Kapitelle und die Straße ihre ursprüngliche Breite. Im Ganzen war das nördliche Tetrapylon bescheidener gestaltet als das südliche, das städtebaulich eine weit wichtigere Rolle spielte.

Biegt man vom Tetrapylon links in den nördlichen *decumanus* ein, trifft man nach etwa 70 m auf der linken Seite auf das Nordtheater, das als **Odeion** (überdachter Vortragsraum) diente. Eingeweiht wurde das Theater im Jahre 164/5, es wurde aber verschiedene Male umgebaut, im ersten Viertel des 3.Jhs. beträchtlich erweitert, neu eingeweiht zwischen 222–235 und schließlich im 5./6. Jh. aufgegeben. Das Theater aus dem 2. Jh. hatte 14 Sitzreihen in der unteren *cavea*, zwei *parodoi*, fünf *vomitoria*. Der Zuschauerraum war durch fünf Treppenaufgänge in vier Sektionen unterteilt. Auf einigen Sitzen der unteren *cavea* sind die Namen der Sippen vermerkt, die in der Ratsversammlung vertreten waren. Von daher hat man auch angenommen, daß dieses Odeion als Ratsversammlung der Stadt, gedient hat. Im ersten Viertel des 3. Jhs. wurden acht Sitzreihen hinzugefügt, sie bilden jetzt die obere *cavea*. Die Sitzkapazität wurde damit auf 1600 erweitert. Auf den oberen Sitzrängen befanden sich sechs Paar große Aussparungen, in denen man die Segeltücher (*velum*) verankern konnte, mit denen der Zuschauerraum vor der Sonne geschützt wurde. Unmittelbar über den *parodoi* der *orchestra* befanden sich die *tribunalia*, die konfortableren Sitzplätze für die Würdenträger der Stadt. Schon im 5. Jh. hatte das Theater seine Bedeutung verloren. Ein Erdbeben im 6. Jh. ließ einige Teile zusammenstürzen. Im 7. und 8. Jh. wurde das Areal schließlich in einen Töpferei-Komplex umgewandelt.

Der 9,2 m breite **nördliche decumanus** war sorgfältig mit regelmäßig gelegten Kalksteinplatten gepflastert. Unter dem nördlichen Bürgersteig fand man ein Leitungssystem, das die löwenköpfigen Brunnen des nördlichen Tetrapylons mit Wasser speiste. Längere Bodenplatten in der leicht gewölbten Straße verdeckten das Kanalisationssystem. In regelmäßigen Abständen (alle 14 m) waren in der Pflasterung große Deckel eingesetzt, die man hochheben konnte, um so das Kanalisationssystem zu inspizieren. Nur auf der nördlichen Straßenseite wird die ionische Säulenstellung von zwei korinthischen Säulen und einem dazugehörigen 3,2 m breiten Tor unterbrochen: sie markieren den Eingang eines bis heute noch nicht ausgegrabenen größeren öffentlichen Gebäudes. Die Planung der Straße selbst stammt wahrscheinlich aus dem späten 1. Jh. Nach 165, als dieses Viertel durch die Errichtung des Nordtheaters und Nord-Tetrapylons *»monumentalisiert«* wurde, versah man die Straße mit den alten ionischen Säulen des *cardo*.

Auf einer Terrasse unmittelbar westlich des Nordtheaters befindet sich die **Isaias-Kirche**. Die kleine dreischiffige Basilika mit einer gerade ummantelten dreifachen Apsis wurde 559 vom Bischof Isaias von Gerasa erbaut. In der Mitte des 8. Jhs. fand sie nach einem Erdbeben keine sakrale Verwendung mehr.

Nach dem Nord-Tetrapylon verlief die **nördliche Kolonnadenstraße** noch bis zum Nordtor. Dieser Teil der Kolonnadenstraße wurde im Zuge der Umbauten im 2. Jh. nicht verändert, so daß das ursprüngliche Gesicht der Städtebauplanung aus dem 1. Jh. hier noch erhalten geblieben ist. Die Straße ist enger als im südlichen Abschnitt des *cardo*, und ionische, nicht korinthische Säulen säumen die Straße. Nach der 16. linken Säule unterbrechen vier korinthische Säulen diese Ordnung und markieren damit den Eingang eines größeren Gebäudes, wahrscheinlich des gleichen Gebäudes, dessen Eingang am Nord-*decumanus* ebenfalls durch zwei korinthische Säulen angezeigt wird.

Das **Nordtor** hatte etwa 5 m weiter südlich einen Vorgängerbau. Eine Neukonzeption war erforderlich geworden, nachdem das römische Wegenetz am Anfang des 2. Jhs. stark ausgebaut worden war und von Gerasa nun auch Straßen nach Pella und den nördlichen Dekapolis-Städten führten. Das Tor wurde mit massiven Fundamentierungen (7,7 m tief), die ein kompliziertes Abwassersystem enthielten, um 115 n. Chr. errichtet. Die nördliche, aus der Achse verdrehte Ausfallstraße mußte über das Tor mit dem nördlichen *cardo* verbunden werden. Dazu gestaltete der Architekt unterschiedlich breite Torflanken.

Auf der Ostseite des Flusses lagen die Residenzviertel und einfachere Behausungen. Weil die moderne Stadt den Ostteil inzwischen völlig überbaut hat, ist mit großen neuen Entdeckungen dort kaum noch zu rechnen. Verständlicherweise befand sich, eingepaßt in den Stadtplan, in diesem Teil der Stadt auch eine größere Badeanlage. Von den sog. **Ostbädern**, die sich nun mitten in der verkehrsreichen Neustadt befinden, ist nur so viel übriggeblieben, daß man sich vorstellen kann, daß diese Bäder noch größere Ausmaße als die westlichen Bäder hatten und vielleicht das Hauptbad der antiken Stadt waren. Im Südosten der Stadt, östlich der Straßenachse vom Süd-Tetrapylon und von der Südbrücke, befand sich die **Prokopius-Kirche**, von der fast nichts mehr erhalten ist. Die hier gefundene Mosaikinschrift datiert den vom Bischof Paulus in Auftrag gegebenen, dreischiffigen basilikalen Bau in die Jahre 526/7. Weitere Kirchen wurden gründlich zerstört, ihre Mosaiken aber teilweise im Folklore-Museum von ʿAmman aufbewahrt: so die schönen Mosaikfragmente aus der **Kirche des Elias, der Maria und des Soreg**. 150 m südöstlich des Nordtores befand sich die **Kirche der Apostel, Propheten und Märtyrer**, die 464/5 gebaut wurde. Ebenfalls im Ostbezirk der Altstadt entdeckte man 1907 durch Zufall in einem Haus den schönen **Mosaikboden**

der Musen und Poeten. Das Berliner Pergamon-Museum konnte den aufgefundenen Teil erwerben. Erst vor kurzem hat man erkannt, daß in einem vom *Stark Museum of Art* in Orange (Texas) verwahrten Mosaik die dazugehörige zweite Hälfte des Mosaiks vorliegt. Das Mosaik behandelt das Thema des Triumphzuges des Dionysos, zeigt die Personifikationen der Jahreszeiten und eine Abfolge von Musen, Poeten und Schriftstellern der griechischen Antike. Das Mosaik kann zu einem »*Saal der Bruderschaft der dionysischen Künstler*« gehört haben und stammt dann vielleicht aus dem 2./3. Jh. n. Chr.

Geht man vom Nordtor der Stadt weiter nördlich, erreicht man nach etwa 200 m auf der rechten Seite die Ruinen einer 1983 freigelegten **byzantinischen Kirche** mit einer achteckigen Apsis. Die Kirche hat ionische Säulen auf der Nord- und Südseite, monumentale korinthische Säulen auf der West- und Ostseite, Säulen aus Granit in der Apsis.

Ca. 1,5 km nördlich, mitten in einem herrlichen Baumbestand und mit der Stadt durch einen Prozessionsweg verbunden, liegt der Vorort Gerasas, **Birketein** (»*Doppelbecken*«). Das rechteckige, durch eine fast 3 m starke Mauer zweigeteilte Wasserbecken (88 x 43 m, 3 m tief) hat bei der Wasserversorgung des antiken Gerasa (u. a. Westbäder, Brunnenhof, Nymphäum) eine große Rolle gespielt und wird bis heute benutzt. Eine Schleuse reguliert das Wasserniveau des südlichen Teiches. Eine Kolonnadenreihe verlief entlang der Westseite des Beckens. Aber wichtiger noch scheint die kultische Bedeutung dieses Ortes gewesen zu sein, denn eine Prozessionsstraße zog sich entlang Grabbauten und Tempel bis hierher. Hier wurde jährlich das traditionelle Fest des Maiumas gefeiert: Das sehr volkstümliche und freizügige Fest wurde mit Wasserspielen und Symposia begangen und war im Vorderen Orient allgemein verbreitet. Einen Höhepunkt scheint die Verehrung in der ersten Hälfte des 1. Jts. n. Chr. erreicht zu haben. Die Riten und Bräuche hielten sich noch lange nach der Christianisierung von Gerasa und wurden von den byzantinischen Kirchenfürsten und weltlichen Herrschern (Kaiser Theodosius) streng verurteilt. In den westlich anschließenen Hang wurde ein kleines **Theater** mit 14 Sitzreihen eingebaut, eingeteilt in vier *cunei*, für nicht mehr als 1000 Zuschauer. Zwei *parodoi* verschafften Zugang von der *orchestra* zu den Zuschauerrängen. Von der *scaena frons* sind nur die Fundamente erhalten. Falls die Bühnenwand tatsächlich hochgezogen war, hat das Theater wohl eine von den Maiumas-Feierlichkeiten am Doppelbecken unabhängige Funktion – etwa als Festtheater – gehabt. Datiert wird der Bau in das 3. Jh. n. Chr.

Noch 200 m weiter nördlich von Birketein erheben sich drei Säulen mit aufliegendem Gebälk, das **Grab des** römischen Zenturionen **Germanos** aus der Mitte des 2. Jhs. n. Chr. Das Grab hatte einen Portikus mit vier Säulen, der in eine viereckige *cella* führte. Mitten unter den Sturzblöcken liegt der geöffnete Sarkophag.

Qala'at er-Rabad (Qala'at 'Ajlun)

Qala'at ar-Rabad (d. h. »*die Burg der Vororte*«) ist die einzige arabische Burg der Kreuzfahrerzeit in Jordanien. Sie liegt im nordwestlichen Hügelland von 'Ajlun, etwa 45 km nordwestlich von 'Amman, 4 km von der Stadt 'Ajlun entfernt. Obwohl auf einer 1000 m hohen Felskuppe gelegen, ist sie doch strategisch ungünstig gelegen, denn die sanften Hänge bieten keinen natürlichen Schutz. Um die Verteidigung dennoch zu gewährleisten, ließ man in den Fels einen breiten Trockengraben schlagen.

Die Burg wurde vom Emir 'Izz ed-Din **Usâma**, einem Verwandten von Salah ed-Din, 1184/5 über den Ruinen eines christlichen Klosters gebaut. Er wollte damit die Südwestfront des Gebietes um Damaskus und vor allem den Pilgerweg nach Mekka gegen Überfälle der Kreuzritter sichern. Mit seiner Burg schaffte er außerdem ein Gegengewicht zu der kurz zuvor durch Fulco von Anjou errichteten Burg Belvoir auf der anderen Seite des Jordantales. Nach dem Niedergang des Kreuzritterheeres in der Schlacht von Hittin (1187) büßte die Burg ihre strategische Bedeutung ein und wurde zum Verwaltungsstützpunkt. 1212 übernahm Aybag, der Statthalter des Sultansohnes el-Mu'azzam die Burg. Als Bauherr von Azraq bekannt geworden, baute er 1214/15 die Burg um, indem er die Südfront und die Tore verstärkte sowie die bisher offenen Höfe überbaute. 1260 wurde die Burg von dem Mongolen Kitbogha erobert und geplündert, ohne daß man aber die Festungsmauern niederriß. Baibars führte noch einige Restaurierungsarbeiten durch. Die größten Schäden entstanden der Burg beim schweren Erdbeben von 1837.

Umm Qeis (Gadara)

110 km von 'Amman und 30 km nordwestlich von Irbid liegt die antike Stadt Gadara auf einem schroffen Felssturz. Bei *el-Hamme* fließt der Yarmuk 121 m u.M., die alte Oberstadt von Gadara befindet sich aber 378 m ü.M. So bekommt man einen höchst eindrucksvollen Ausblick über den See Gennesareth. Die Wasserversorgung der antiken Stadt wurde durch die 2 km südlich gelegene '*Ain Gadara*-Quelle und über einen Aquädukt auch durch die 12 km weiter östlich liegende '*Ain et-Trab* garantiert. Zum antiken Stadtgebiet gehör-

ten auch die Bäder von Hammat Gader am Yarmuk. Sie liegen jetzt aber im von den Israelis besetzten Gebiet. Die Ausdehnung Gadaras beträgt von Ost nach West 1600, von Nord nach Süd 450 m.

Eine eisenzeitliche Besiedlung (7. Jh. v. Chr.) des Areals nördlich des Westmausoleums konnte nachgewiesen werden. Das genaue Datum der hellenistischen Gründung der Stadt ist nicht bekannt. Schon 218 v. Chr. hält der Historiker Polybios Gadara für den mächtigsten Ort der Region, den Antiochos III. auf seinem Palästina-Feldzug den Ptolemäern entreißen konnte. Die neuen Besitzverhältnisse wurden bei der Schlacht von Panias (das neutestamentliche Cäsarea Philippi) 198 besiegelt: Gadara hieß jetzt *Gadara Seleukia* oder *Antiocheia* und war Hauptstadt eines Gebietes, das man *Gadaritis* nannte. Gadara hat in der hellenistisch-römischen Zeit auffallend viele berühmte Persönlichkeiten hervorgebracht, die eine erstaunliche Wirkung auf die klassische Literatur ausgeübt haben. Die meisten blieben nicht in ihrem Heimatort, sondern wirkten im gesamten klassischen Kulturraum (u. a. die Satiriker Menippos und Meleagros, der epikureische Philosoph und Epigrammatiker Philodemos aus Gadara). Flavius Josephus berichtet, daß Gadara 98 v. Chr. von dem Hasmonäer Alexander Jannai erobert und zerstört wurde. So werden die Einwohner es wohl als eine Befreiung empfunden haben, als Pompeius 63 v. Chr. die Stadt von der judäischen Herrschaft befreite. Gadara führte nach seinem Übergang in die römische Herrschaft eine neue Zeitrechnung ein. Viele der römischen Kriegsveteranen siedelten sich in der Stadt an. Über drei Jahrhunderte (64 v. Chr. – Mitte des 2. Jhs.) kann die Stadtgeschichte nun u. a. aus der Numismatik verfolgt werden, denn so lange hatte Gadara ein eigenes Münzrecht. Plinius der Ältere führt Gadara als eine Stadt der Dekapolis auf. Kaiser Augustus schenkt Gadara 30 v. Chr. seinem Freund Herodes dem Großen. 28 und 20 v. Chr. versuchen die Gadarener wiederholt dagegen zu protestieren. Als ihr Anliegen aussichtslos scheint, nehmen sich, nach einer Auskunft von Flavius Josephus, viele Einwohner Gadaras verzweifelt das Leben. Erst 4. v. Chr., nach dem Tode des Herodes, wird Gadara wieder in die *Provincia Syria* eingegliedert. In neutestamentlicher Zeit wird die Wunder-Erzählung aus *Mk 5,1–20 (Lk 8)* mit dem Ort Gerasa (*»am Ufer des Sees«*!), nach *Mt 8,28* mit Gadara verknüpft: als Jesus einen (nach Mt und Lk sind es zwei) von vielen Teufeln Besessenen heilt, schickt er diese in eine Schweineherde, die sich anschließend vom Steilfelsen herunterstürzt. Daß die Besessenen in Grabhöhlen wohnten, läßt sich gut mit den verschiedenen Hypogäen und Mausoleen in Einklang bringen, die man in Gadara gefunden hat. Sowohl die unsichere Texttradition wie auch die ungenügenden Lokalangaben in den Evangelien lassen keine Entscheidung über den genauen Ort dieser Wunderhandlung zu. Der jüdische Aufstand gegen die römische Besatzung 66–70 n. Chr. zog erbitterte Reaktionen der nicht-jüdischen Bevölkerung nach sich: die Juden von Gadara wurden umgebracht oder ins Gefängnis geworfen. Im 2. Jh. n. Chr. ist der Anteil der nichtsemitischen Fremden in der Stadt offensichtlich noch beträchtlich, wie Grabinschriften von römischen Einwohnern dokumentieren. In Gadara werden zu dieser Zeit Kunst und Literatur hochgehalten. Als *colonia Valentina Gadara* wird der Stadt im 3. Jh. der Ehrentitel einer *colonia* zugeteilt. Das Christentum, das sich inzwischen in Gadara ausgebreitet hatte, fand zur Zeit des Kaisers Diokletian (303) im Märtyrertod des Diakon Zacharias und Alpheios Blutzeugen. Vom 4. bis zum 7. Jh. war Gadara Bischofssitz. Die berühmten Schlachten von Tabaqat Fahl (635) und am Yarmuk (636) besiegelten aber das Schicksal des byzantinischen Reiches. Die Omayyaden bemühten sich um den Wiederaufbau und die Instandsetzung der Bäder von Hammath Gader. Schwere Erdbeben (vor allem 747 n. Chr.) setzen letztlich der Geschichte der Stadt ein Ende. Eine dürftige Notiz des arabischen Geographen Yaqut, der von *Jadar* als von einem »*kleinen Dorf*« spricht, dokumentiert den totalen Niedergang der Stadt. Erst wieder in der mameluckischen (1250–1516) und osmanischen Zeit (19., frühes 20. Jh.) wurde das alte Stadtgebiet teilweise neu besiedelt.

Bevor man das antike Stadtgelände von Irbid aus erreicht, findet man auf der Westseite zwei Hypogäen: das **Grab der Germani** (1) hat eine Fassade aus Basalt-Gestein. Ein kleiner quadratischer Hof mit zwei Türen führt in die Grabkammer. Einige Meter weiter westlich liegt das **Grab des Lucius Sentius Modestus** (2) aus dem 1. Jh. n. Chr. Das **Grab des Chaireas** (3) befindet sich etwa 80 m westlich der beiden vorherigen, mitten in einem Olivenhain.

Von den **Stadtmauern** (24/25), die durch Türme verstärkt waren, sind nur auf der Nord- und Südseite Spuren übriggeblieben. Im Ostteil der antiken Stadt steht in der Nähe der osmanischen Dorfmoschee (6) das **Haus der Familie Rusan** (4) aus der osmanischen Zeit. Es dient zur Zeit als archäologisches Museum des Ortes und als *visitors' centre*. Hier wird inzwischen auch die Statue aufbewahrt, die sekundär zwischen den Ehrenlogen auf der unteren Sitzreihe des West-Theaters stand. Die geköpfte Statue der Göttin *Tyche* ist aus weißem Marmor. Sie ist hier als Göttin des Schauspiels mit dem Füllhorn abgebildet und nicht als Stadtgöttin. Die Göttin trägt ein feines, langes Gewand, das unter ihrer Brust zusammengeschnürt und auf ihrer Schultern zugeknöpft ist. Das **Haus des Melkawi** (5), das größte und best erhaltene Haus der osmanischen Siedlung, dient den Ausgräbern als Verbleib. In ihm sind verschiedene Fundobjekte der Ausgrabungen magaziniert.

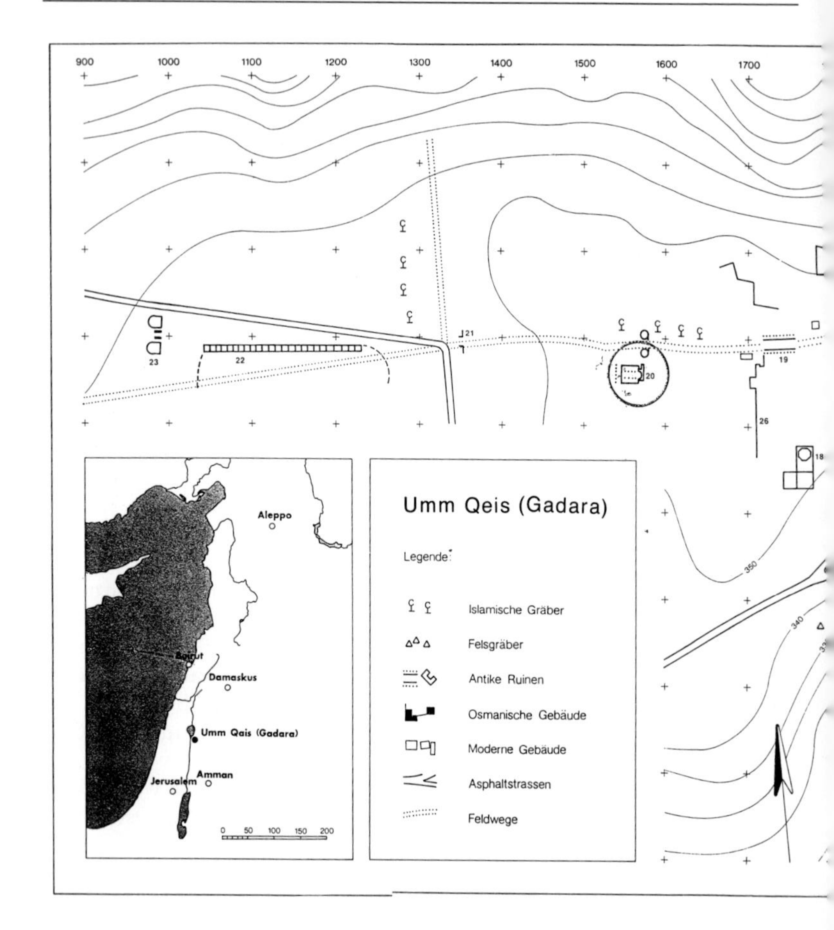

Umm Qeis, topographische

1 Grab der Germani
2 Grab des Modestus
3 Grab des Chaireas
4 Beit Rusan (Museum)
5 Beit Melkawi (Arch. Grabungshaus)
6 Dorfmoschee aus osmanischer Zeit
7 Beit Hasban
8 Hof mit Kolonnaden
9 Mädchenschule
10 Nordtheater
11 Westtheater
12 Basilika
13 Ladenstraße
14 Spätantike Thermen

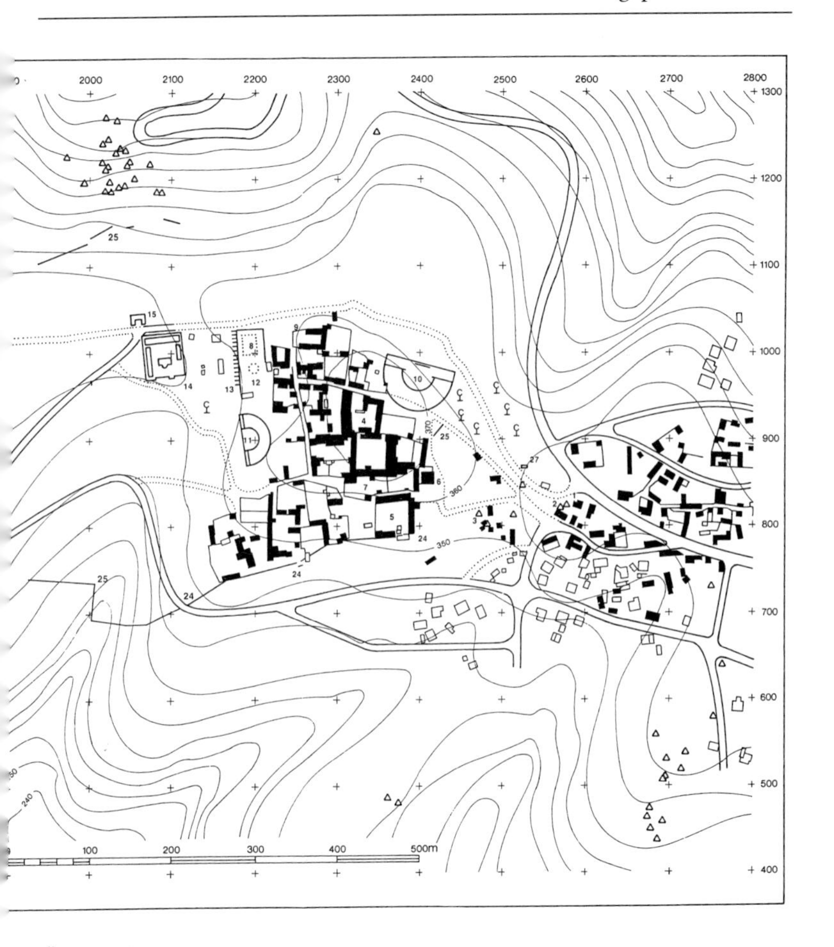

Übersicht der Ruinen

15 »Nymphäum«
16 Nord-Mausoleum
17 Bad des Herakleides
18 Thermen (el Qasr)
19 *decumanus maximus* (Kolonnadenstraße)
20 Tiberias-Tor und West-Hypogäum
21 West-Stadttor
22 Stadion
23 Monumentales Tor
24 Türme der Stadtmauer
25 Wahrscheinlicher Verlauf der Stadtmauer
26 Süd-Mausoleum (zerstört)

Etwa 30 m nordwestlich der Hypogäen der Germani und des Modestus sind die muschelförmige Umrisse des **Nordtheaters** (10) aus dem Ende des 1./Anfang des 2. Jhs. zu sehen. Sitzbänke und Stützmauern wurden als Steinbruch für die osmanische Siedlung ausgeschlachtet. Dennoch war es damals mit seinem 77 m äußerem Durchmesser (*orchestra*: 45 m) das größte Theater Gadaras.

Die ost-westlich verlaufende **Achsenstraße**, der *decumanus* der Stadt, ist nur teilweise freigelegt. Nebenstraßen teilten die Stadt in Wohnviertel (*insulae*) ein. Wo das Gelände einen geraden und ebenen Streckenverlauf nicht erlaubte, wurde die Straße aus dem Felsen herausgeschlagen. Soweit der *decumanus* heute freigelegt wurde, entdeckte man überall die Verwendung von Spolien im Straßenpflaster: wahrscheinlich wurde die Straße in byzantinischer Zeit erneuert.

Auf einem bereits vorgegebenen terrassierten Untergrund (95 x 32 m) erhob sich auf der Südseite der Kolonnadenstraße eine **byzantinische Kirche** (12), die als oktogonaler Zentralbau aus dem frühen 6. Jh. stammt und in ihrer Form mit dem Zentralbau in Gerasa (Johannes-Kirche), der Georgskirche in Ezraa und der Kathedrale in Bosra vergleichbar ist. Die Terrassierung im östlichen Bereich konnte nur durch Abschlagen des Felsens, im Westen durch die Errichtung von Substruktionen gewonnen werden. Ursprünglich erschlossen drei Portale ein Atrium, das selbst Zugang zum eigentlichen Zentralbau gab. Um den achteckigen Altarraum schloß sich ein ebenfalls achteckiger Raum für die Gemeinde an, die Außenmauern bildeten aber ein Quadrat. Die oktogonale Form wird dadurch erreicht, daß in den vier Ecken des Quadrats Apsiden gebildet wurden. Die Säulen des inneren Achtecks waren aus Basalt, während im Atrium Kalksteinsäulen eingesetzt wurden. Das schwere Erdbeben von 747 zerstörte den Bau. An der westlichen Seite des Kirchenkomplexes liegen vierzehn aneinandergereihte Räume (5 m lang; 3,6 m breit; 4 m tief) mit gewölbter Decke und jetzt weggebrochener Fassade. Es handelt sich um die *tabernae* des **Geschäftsviertel**, die die Nebenstraße am Kirchenkomplex säumten.

Das kleinere **Westtheater** (Durchmesser 53 m, Nr. 11) liegt knapp 50 m südlich des Kirchenkomplexes. Man kann es über einen Gewölbegang (*parodos*) betreten, der Zugang zu der *cavea* des Theaters ist. Das Theater ist in einem besseren Erhaltungszustand als das Nordtheater, nur die *scaena frons* ist total zusammengestürzt. Es bietet Platz für 3000 Zuschauer.

Ca. 50 m westlich der Kirche befinden sich südlich der Kolonnadenstraße die spätantiken Ruinen der ausgedehnten öffentlichen **Thermen** (14). Das Hauptgebäude (50 x 30 m) war an einem steilen Hang errichtet, so daß man den nördlichsten Raum aus dem Felsen heraushauen mußte, während zwei große 14 m hohe Substruktionen den südlichen Teil trugen. Die einzelnen Baderäume werden von danebenliegenden Heizräumen aus erhitzt: die heiße Luft wurde über ein Hypokausten-System in die angrenzenden Räume geleitet. Die Thermen wurden in der ersten Hälfte des 4. Jhs. gebaut und bis etwa 400 n. Chr. benutzt; nach einer Zerstörung wurden sie verkleinert und funktionierten so weiter bis in die erste Hälfte des 7. Jhs.

Wenn man die Achsenstraße noch weiter westlich beschreitet, an den freigelegten Kolonnaden vorbei, begegnet man etwa 20 m südlich der Straße dem römischen **Westmausoleum** (20). Von der Nordseite führen 17 Stufen in die ca 4 m unter dem heutigen Niveau liegende Vorhalle (9 x 11 m) der Grabanlage. Vier Säulen trugen die Decke der früher überdachten Anlage. Vor dem Eingang zum Grabkomplex stand eine weitere Halle, die diesmal von schmalen, horizontal aneinandergereihten Steinplatten überdacht war. Drei Bogenkonstruktionen gliedern die Fassade. Links vom Eingang entdeckte man ein weiteres Grab. Durch eine Basaltsteintür gelangt man über drei Steinstufen in den Vorraum der Anlage. Eine weitere Steintür führt schließlich ins Innere (3,8 qm). 18 Steinsarkophage waren auf drei Seiten übereinander in Schiebestollen angeordnet. Das ursprünglich römische Grab wurde in byzantinischer Zeit erweitert und als dreischiffige Kryptenkirche wiederverwendet. Rätsel gab die runde Struktur (11 m Durchmesser) aus Basalt auf, die unmittelbar nördlich des Mausoleums vorgefunden wurde. Eine funktionale oder baugeschichtliche Verbindung mit dem Mausoleum gibt es nicht, nur wurden viele der schön gehauenen Basaltblöcke sekundär im angrenzenden Mausoleum wiederverwendet. An der Nordseite mündet ein Kanal ein: wahrscheinlich hat man in mameluckischer Zeit das Gebäude bis auf die jetzige Höhe abgetragen und nachträglich daraus ein Wasserbassin gemacht. Weil inzwischen eine ähnliche runde Struktur auf der anderen, nördlichen Straßenseite nachgewiesen wurde, denkt man an den Unterbau eines Stadttores aus der Zeit des Tiberius. Noch weiter westlich sind die Spuren des **westlichen Stadttores** (21) zu sehen. Nach einigen Metern erreicht man dann Gebäudereste, die als das **Hippodrom** (22) von Gadara identifiziert werden konnten. Dem Hippodrom 45 m westlich vorgesetzt ist ein monumentaler **Triumphbogen** (23).

Qweilbeh (Abila)

Das antike Abila, eine der Dekapolisstädte, kann man über Irbid über die Straße nach Umm Qeis erreichen. Es liegt 13 km von Irbid entfernt. Das gesamte Stadtgebiet umfaßte zwei Hügel (den nördlichen *Tell Abila* und das südlich gelegene *Khirbet Umm el-ʿAmad*) sowie die dazwischenliegende Depression. Das Ruinengelände erstreckt sich über eine Fläche von 1,5 km Länge und 500 m Breite. Münzen bezeugen, daß Abila eine Zeitlang den Beinamen *Seleukia* trug. Von daher ist eine Gründung in der seleukidischen Zeit anzunehmen. Abila erlebte einen Aufschwung, als es 63 v. Chr. von Pompeius in den Bund der Dekapolis-Städte aufgenommen wurde. Nachdem das Christentum in Abila Eingang gefunden hatte, wurde es Bischofssitz. Der Niedergang der Stadt erfolgte 636, als in der Schlacht am Yarmuk das byzantinische Heer vernichtend geschlagen wurde.

Die **Nekropole** von Abila erstreckt sich am Osthang des *Wadi el-Qweilbeh*. Dort befinden sich über hundert – teilweise freskengeschmückte – Gräber, von denen man einige besichtigen kann, wenn man im Archäologischen Museum von Irbid vorgesprochen hat. Die meisten Gräber sowie ihre Ausmalung stammen aus dem 2. Jh. n. Chr. Die antike **Stadt** auf den Hügeln *Tell Abil* und *Tell Umm el-ʿAmad* westlich des *Wadis* wird neuerdings ausgegraben. Auf der Nordecke des südlichen Tells *Khirbet Umm el-ʿAmad* wurde ein römisches Theater freigelegt. Unmittelbar östlich davon ist eine kleine byzantinische Basilika mit geosteter Apsis ausgegraben. Reste einer weiteren byzantinischen Basilika befinden sich auf dem Gipfel von *Khirbet Umm el-ʿAmad*, etwa 110 m südwestlich des Theaters.

Beit Ras (Capitolias)

Das heutige Dorf Beit Ras (etwa 5000 Einwohner) liegt 5 km nördlich von Irbid, westlich der Straße nach Umm Qeis. Die höchste Erhebung des Dorfes ist 600 m ü. M. Der Ort hieß in der Antike nach dem römischen Gott Jupiter Capitolinus *Capitolias*. Wegen seiner exponierten Lage könnte Beit Ras schon früh ein strategischer Ausssichtsposten gewesen sein. Die Stadtgründung selbst erfolgte unter Kaiser Nerva (96–98 n. Chr.) oder Trajan (98–117). Beide Kaiser hatten sich um die Urbanisierung der Dekapolis-Region verdient gemacht. Seine Blütezeit erlebte Capitolias zwischen 150 und 250 n. Chr. Capitolias wurde bei der Ausbreitung des Christentums zwischen 300 und 525 Bischofsstadt. So muß die Stadt auch mehrere Kirchen gehabt haben. Bei der Eroberung durch die islamischen Truppen – vielleicht knapp vor der Schlacht am Yarmuk in 636 – kamen Capitolias die engen Verknüpfungen der arabischen Bevölkerung mit der arabischen Halbinsel zugute, so daß das Leben ungestört weitergehen konnte. Einige Texte aus der Omayyaden- und Abbasidenzeit besingen immer wieder die hohe Qualität des Weines aus Beit Ras. 715 wurde der verheiratete Priester Petrus aus Capitolias

Jerash, Ruinengelände

Jerash, Birketein

◀ *Jerash, die* cella *des Artemistempels*

Umm el-Jemal, Die sog. Kaserne

aufgrund seiner polemischen Predigten gegen den Islam in Anwesenheit aller Christen der Städte Capitolias, Abila und Gadara von Omar, einem Sohn des Walid I. (705–715), hingerichtet. In der osmanischen Zeit verlor Beit Ras stark an Bedeutung, als das nahe Irbid zum Verwaltungssitz der Region aufstieg. Vor etwa 150 Jahren wurde das Dorf von einigen Familien neubesiedelt, die meisten Häuser stammen von 1900.

Auf der West- und Südseite des Siedlungshügels wurde bei den Ausgrabungen von 1983 und 1985 eine Reihe von neun mächtigen Gewölben freigelegt, die man inzwischen als den byzantinischen Suq von Beit Ras identifiziert hat. Ein spätrömisches Grab befindet sich unter dem Hof der modernen Schule des Ortes. Zu besichtigen ist das Grab nur nach Vorsprache im Archäologischen Museum von Irbid.

Irbid

Mit seinen über 150.000 Einwohnern ist Irbid eine der größen Städte des Landes. Auf 529 m Höhe ü.M. gelegen, 88 km von ʿAmman und 40 km von Jerash entfernt, ist die moderne Stadt über einem antiken Siedlungshügel gebaut. Im Alten Testament war die Stätte als *Bet-Arbel* bekannt. Nach dem Propheten Hosea (*10,14*) wurde sie vom moabitischen König Salamanu zur Zeit des Tiglat-Pileser III. (745–727) zerstört. In römischer Zeit war *Arbela* Mitglied des Dekapolis-Verbandes und ein wohlhabendes Zentrum bis in byzantinische Zeit. Seit 1977 ist Irbid Sitz der *Yarmuk-Universität*. Die Stadt bzw. Universität hat zwei kleinere **Museen**. Das *Irbid Archaeological Museum* ist jeden Tag außer am Freitag und an den offiziellen Feiertagen von 8.00 bis 14.00 Uhr geöffnet. Das *Museum of Archaeology and Anthropology* der Yarmuk-Universität ist außer am Donnerstag und Freitag jeden Tag von 8 bis 17 Uhr geöffnet.

Jawa

Mit Jawa, das etwa 100 km nordöstlich von ʿAmman in der nörlichen Basaltwüste knapp an der syrischen Staatsgrenze liegt, ist uns eine gut erhaltene, geschlossene Siedlung aus der chalkolithischen Zeit (zwischen 3750 und 3350) erhalten.

Die Geschichte Jawas spielt sich in zwei Perioden ab: die älteste Besiedlung des Ortes in der chalkolithischen Zeit, die jüngste in der Mittel-Bronzezeit (um 2000 v. Chr.). Zwischen 3750 und 3350 entstand die Siedlung mit einer Ober- und Unterstadt. Um beide Teile wurde zwischen 3350 und 3050 eine

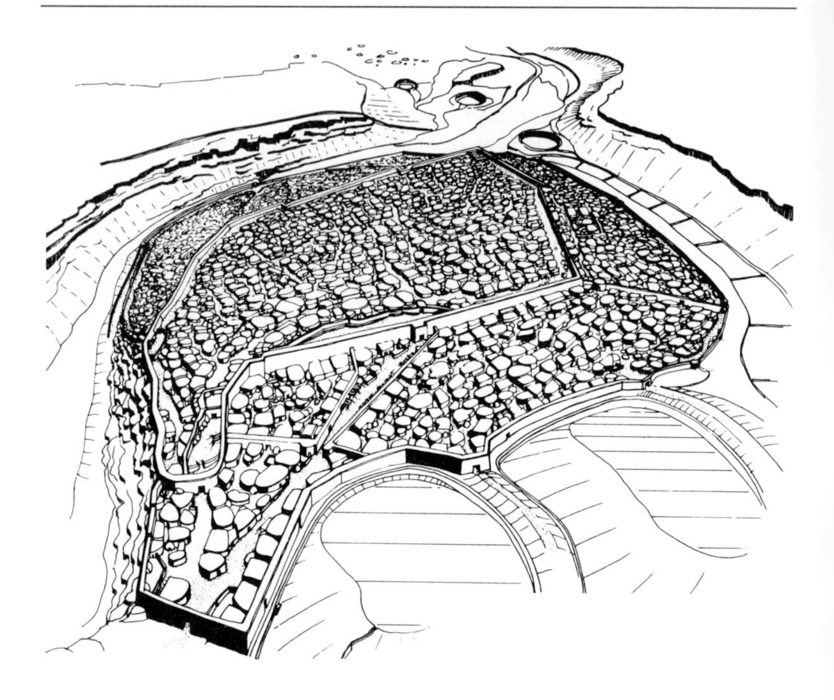

Jawa, perspektivische Rekonstruktion der Stadtanlage

Schutzmauer gebaut, die in regelmäßigen Abständen von einem Tor durchbrochen war. Die damals etwa 3000 Einwohner standen offenbar unter dem Druck von Wanderstämmen, die ihre seßhafte und mühsam der unwirtlichen Natur abgetrotzte Kultur bedrängten. Tatsächlich war das Leben in Jawa nicht einfach. Die ökologischen Nachteile der Basaltwüste – der Niederschlag beträgt nur 100 mm im Durchschnitt, manche Jahre regnet es überhaupt nicht – waren erheblich und nur mit Hilfe einer ausgeklügelten Wassertechnologie zu bewältigen. Der winterliche Niederschlag wurde deshalb am Oberlauf des *Wadi Rajil* und im Bereich der Nebenwadis durch Dämme aufgehalten: offene Teiche und große Reservoire speicherten zusätzlich Wasser. Das *Wadi Rajil* dräniert ein Gebiet von ca. 300 km^2, das bis an die Hänge des *Jebel ed-Druz* in Syrien reicht. Man schätzt, daß die Einwohner von Jawa 50.000 m^3 Wasser speicherten, genug, um Bevölkerung und Vieh durchzubringen und die Felder zu bewässern. Wahrscheinlich hat eine innere Dynamik die lokale Bevölkerung zu diesen Maßnahmen gedrängt: mit den Unbilden des Wüstenmilieus vertraut, konnte sie ihre entsprechenden Erfahrungen mit den wenig ergiebigen und ungleichmäßigen Niederschlagsmengen sammeln und in eine geeignete Technologie umsetzen. Ähnliche Siedlungen und Entwicklungen wie in Jawa hat man inzwischen auch auf der syrischen Seite des *Jebel ed-Druz* feststellen können. Um 3000 v. Chr. wurde Jawa aufgegeben, ohne daß man nachweisen konnte, wohin die Bevölkerung ausgewandert wäre. Erst um 2000 v. Chr. wurde das Stadtareal nochmals besiedelt und in der Oberstadt eine Karawanenstation errichtet.

In der Umgebung sind sehr viele **safaitische Graffiti** gefunden. Der nordarabische Dialekt verwendete eine Schriftform, die – wie die thamudische Schrift – dem südarabischen Alphabet entlehnt war. Die Graffiti wurden vom 1. Jh. bis zur arabischen Eroberung des Gebietes im 7. Jh. n. Chr. von nomadisierenden Kamel- und Ziegenhirten auf Einzelsteinen und hervorspringende Felsformationen angebracht. Sie geben Aufschluß über die Namen der Schreiber und ihrer Familie, manchmal enthalten sie auch kurze religiöse Gebete oder – nicht anders als die Graffiti unserer Tage – einfache Notizen und Wünsche.

Umm el-Jemal

Über die Autobahn, die von Zarqa bis nach Mafraq führt, biegt man in die Bagdad-Straße ein. Nach etwa 16 km kommt man an einen Kontrollpunkt der Wüstenpolizei. Über eine nördlich abzweigende schmale Asphaltstraße erreicht man nach 4 km die Ruinenstätte von Umm el-Jemal. Sie liegt 40 km östlich von Irbid. Der relativ gute Erhaltungszustand der Bauten aus römisch-byzantinischer und omayyadischer Zeit vermittelt ein treffendes Bild dieser spätantiken Stadt. In der Architektur von Umm el-Jemal wird nur Basaltstein als Baumaterial verwendet, so daß die Ruinen bei dem Besucher einen eher unheimlichen und düsteren Eindruck hinterlassen.

Umm el-Jemal ist eine römische Gründung. Der antike Name war wahrscheinlich *Thantia* oder *Thainatha*. Was man heute in Umm el-Jemal sehen kann, ist nicht älter als das 2. Jh. n. Chr. In diesem 2. Jh. war das römische Reich bemüht, die Ostgrenze gegen eindringende Beduinen zu verstärken. Eine Reihe von Verteidigungsforts am Nordausgang des *Wadi Sirhan* (Qasr el-Azraq, Qasr el-Useikhin und Qasr el-ʿUweinid) und im Bereich südlich vom Hauran (Qasr el-Hallabat, Deir el-Kahf, Qasr el-Burqu) bildete ein gestaffeltes Verteidigungswerk, das als *limes Arabicus* bekannt wurde. Unter Kaiser Commodus (161 – 192 n. Chr.), der zusammen mit Marc Aurel römischer

Kaiser war, wurde die Stadtmauer errichtet. Wenn in Umm el-Jemal dennoch nabatäische Inschriften und Gräber gefunden wurden, dann deshalb, weil die Bewohner dieser Stadt arabischen Ursprungs und die Nabatäer im 2. Jh. durchaus noch in dieser Region als Händler aktiv waren. So konnte Umm el-Jemal zu einem Provinzzentrum mit etwa 5000 Einwohnern werden, in dem die arabische Bevölkerung der umliegenden Region ihre Waren eintauschen konnte, während die Stadt selbst nur eine untergeordnete Rolle beim Transithandel von der arabischen Halbinsel nach Damaskus spielte: die römische Verbindungsroute zum *Wadi Sirhan* lief über Umm el-Quttayn und nicht über Umm el-Jemal. In byzantinischer Zeit erlebte Umm el-Jemal einen Höhepunkt: die 15 bisher identifizierten Kirchenbauten dokumentieren ein reges kirchliches Leben, das sicher Aufgaben für die umliegenden Dörfer übernommen hatte. Im 6. Jh. zog der Stamm der *Banu 'Amr*, die von den Ghassaniden abstammten, in die Stadt ein. Beim Einmarsch der islamischen Truppen änderte sich zunächst nicht viel, Umm el-Jemal konnte in der omayyadischen Zeit seine Bedeutung beibehalten. Erst als – wahrscheinlich im Jahre 747 – ein schweres Erdbeben die meisten Bauten zerstörte, wurde die Stadt aufgegeben. Am Anfang des 20. Jhs. siedelten sich Drusen in den Ruinen an, eine neue Siedlung hat sich inzwischen im Westen und Norden des Ruinengeländes ausgebreitet. Die Ruinen erstrecken sich auf einer Fläche von ca. 80 ha. Imposanter noch als die Bauruinen sind die bestaunenswerten Ingenieurleistungen für die Wasserversorgung. Umm el-Jemal verfügte über keine Quelle, so daß man auf die Speicherung des winterlichen Regenwassers aus der Umgebung angewiesen war. Ein kilometerlanges Leitungssystem von Kanälen, die ihr Wasser von einem nördlich gelegenen *Wadi* holten, speiste das Hauptreservoir im Zentrum. In allen Teilen des Stadtgebietes befanden sich weitere Zisternen, manche davon abgedeckt mit Kragsteinen und Basaltplatten über Stützbögen. Viele größere Einzelhäuser verfügten außerdem noch über private Wasserspeicher.

Die **Stadtmauer** war von sechs Toren durchbrochen, je zwei auf der Ost-, Süd- und Westseite. An der Nordostseite befand sich das Wasser-Tor (7): es leitete das aus dem Wadi gesammelte Wasser in die riesige Hauptzisterne (9) ab. In Umm el-Jemal wurden fünfzehn Kirchen entdeckt. Eine davon ist die **Julianos-Kirche** (20), die sich zwischen dem Commodus-Tor (3) und der Nordwestecke der Stadt befindet. Sie blieb bis ins 8. oder 9. Jh. in Gebrauch. Die einschiffige und langgezogene Hallenkirche hatte einen doppelten Triumphbogen vor der Apsis. Zehn Querjoche trugen das Dach. Die basilikale **West-Kirche** (18), unmittelbar südlich vom Commodus-Tor außerhalb der Stadtgebietes, ist mit ihren eindrucksvollen Bogenkonstruktionen am besten erhalten. Die gerade ummantelte Apsis wird von zwei Seitenräumen flankiert. Im Westen der Stadt und doch in zentraler Lage steht die sog. **Kathedrale** (14), die in das Jahr 557 datiert werden konnte. Sie hat eine Basilika-Form, ihr vorgelagert ist ein Narthex, der mit Bogen und Pfeiler konstruiert wurde. Die **Numerianos-Kirche** (13), nach dem Stifter genannt, befindet sich nördlich der Kaserne in einem offenem Areal. Die **Klaudianos-Kirche** (19) ist etwas nördlich des Commodus-Tores gelegen und wurde ebenfalls nach ihrem Stifter genannt. Eine **Doppel-Kirche** (15) verbindet die Form einer Basilika mit der einer Hallenkirche. Die **Kirche des Masechos** (16) am Ost-Tor (6) ist eine langgezogene Hallenkirche. Die basilikale **Kasernen-Kirche** (12) hat ein gerade ummanteltes Presbyterium und lehnt sich an der Ostmauer der »*Kaserne*« an. Weitere Kirchenbauten sind die **Südwest-Kirche** (11), die **Südost-Kirche** (17), die **Nord-Kirche** (21), die **Nordost-Kirche** (22), die **Ost-Kirche** (23) mit rechteckigem Presbyterium und die **Kirche extra muros** (24), die wohl als Friedhofskirche fungiert hat. Im Westen der Stadt liegt das **Prätorium** (2). Es besteht aus zwei Gebäuden: das rechteckige nördlichere und das westliche sind beide um einen offenen Platz gebaut. Nachgewiesen werden konnte die Verwendung des Komplexes in byzantinischer und omayyadischer Zeit. Die sog. **Kaserne** (1) (auch *ed-Deir*, das »*Kloster*« genannt) liegt etwa in der Mitte der Südmauer. Der zweigeschossige Bau (34 x 55 m) erhebt sich um einen rechteckigen Zentralhof. Der Bau ist als byzantinischer Militärstützpunkt zu deuten. Ein hoher Turm mit sechs Stockwerken an der Südostecke wurde im 6./7. Jh. hinzugefügt. Der Turm hatte balkonartige Vorbauten vor vier Maueröffnungen, auf denen ursprünglich die Namen der vier Erzengel Michael, Gabriel, Rafael und Uriel mit Kreuzsymbolen eingraviert waren.

Beim Bau ihrer **Wohnhäuser** haben die Einwohner auf die Verwendung von Holz verzichtet und eigene Techniken für die Dachkonstruktionen erfunden. Man fügte bis zu 3 m lange, flach abgeschlagene Platten aus Basalt in das Mauerwerk ein, so daß diese als vorspringende Konsolen für die Abdeckplatten benutzt werden konnten. Mußte man größere Spannbreiten überbrücken, dann legte man zwei Lagen solcher Kragsteine aufeinander, die untere tief in das Mauerwerk verankert, die obere Platte gestaffelt weiter vorspringend. Noch größere Flächen wurden mit Bogenkonstruktionen versehen, die dann als Träger für die Auflagesteine dienten. Ähnlich verfuhr man mit den Treppen, die in das Obergeschoß führten. In derselben Kragsteintechnik wurden abgeflachte Platten als Träger-Konsolen für die meist an der Außenwand angebrachten Stiegen eingesetzt. Der Raum im Erdgeschoß wurde damit vergrößert: vielfach dienten diese Räume als Stallungen. Die Wohnhäuserkomplexe waren unregelmäßig im Stadtgebiet gruppiert. Die auffallend vielen freien Plätze in der Stadt waren für das Entladen und für die

Umm el-Jemal, Gesamtplan der Stadt

1 Kaserne
2 Prätorium
3 Commodus-Tor
4 West-Tor
5 Südwest-Tor
6 Ost-Tor
7 Nordost-Tor
8 »Nabatäischer Tempel«
9 Hauptzisterne
10 Hauptwasserleitung
11 Südwest-Kirche
12 Kasernen-Kirche
13 Numerianos-Kirche
14 Kathedrale
15 Doppel-Kirche
16 Kirche des Masechos
17 Südost-Kirche
18 West-Kirche
19 Klaudianos-Kirche
20 Julianos-Kirche
21 Nord-Kirche
22 Nordost-Kirche
23 Ost-Kirche
24 Kirche extra muros
25 - 132 Hauskomplexe

i – xx Häuser, die schon von H. C. Butler 1909 aufgenommen wurden

Rast der Karawanen gedacht. Außerhalb der Stadtmauer fand man zahlreiche Familiengräber, darunter unterirdische Kammergräber mit Grabstelen, die nabatäische Inschriften trugen.

Khirbet es-Samra

Das Dorf Khirbet es-Samra (»*Die düsteren Ruinen*«) liegen im Tal des *Wadi ez-Zulel*, etwa 50 km nordöstlich von ʿAmman, 15 km nordöstlich von Zarqa, 23 km südöstlich von Rihab. In der Antike hieß Khirbet es Samra *Haditha*. Samra ist sowohl geographisch wie geschichtlich eng mit dem Schicksal der entlangführenden Straße verbunden gewesen: solange diese intakt war, hatte es Verbindungen mit dem südlichen Syrien (Hauran), insbesondere mit Bosra. Es erstreckt sich auf einem Basalt-Bergkamm, der einen der südlichsten Ausläufer des Hauran bildet, verfügt selbst über keine eigene Wasservorkommen und liegt schon am Rande des Steppengebietes.

Die hier gefundenen safaitischen Inschriften bezeugen, daß hier arabische Stämme vorbeikamen; die Nabatäer hielten in Samra einen Wachposten, um den Handelsverkehr zwischen Petra und Bostra zu kontrollieren. Die Römer übernahmen den Posten und bauten, als die *via nova Traiana* seit 106 n. Chr. zum Hauptverkehrsweg geworden war, wahrscheinlich im 3. Jh. n. Chr. eine Festung. Es kann sich in dem Fall nur um einen strategischen Posten an der Verteidigungslinie des unter römischer Herrschaft stehenden Kulturlandes gehandelt haben. In spätrömischer Zeit wurde in Samra dann eine große quadratische Festung von 70 m Seitenlänge, an den Ecken mit Türmen bewehrt, gebaut. Samra bekam den Auftrag, den Handelsverkehr an der *via nova Traiana* zu schützen. Obwohl von der Natur nicht sonderlich bevorzugt, wurde der militärische Standort bald von einer zivilen Siedlung umgeben. Eine polygonale Umfassungsmauer mit Türmen umgab die Häuser-Ansammlung. In justinianischer Zeit wuchs die Bedeutung des kleinen Ortes, wie die vielen freigelegten Kirchen dokumentieren. Nach dem Wegfall der militärischen Verwaltung kontrollierte die Kirche die landwirtschaftliche Erzeugung und erhielt allmählich das wirtschaftliche Monopol in der Region, vor allem nachdem die wirtschaftliche Bedeutung des Handelsweges von Damaskus nach Süden an Bedeutung verloren hatte. Das Desinteresse der Abbasiden an der Region brachte eine Abwertung des Verkehrsweges mit sich, und Khirbet es-Samra verlor damit seine Lebensgrundlage. Erst Anfang des 20. Jhs. zogen wieder Familien auf den alten Siedlungshügel.

Der Ort hatte bescheidene Ausmaße (200 x 250 m). Der **Südkomplex** umfaßt zwei Kirchen, die Teile einer Klosteranlage waren. Der eine rechteckige

Bau hat eine Ausdehnung von 14 x 10 m und umfaßt ein Hauptschiff und zwei Seitenschiffe. Die südlich gelegene Kirche besteht dagegen nur aus einem Hauptraum (13 x 8 m). Entlang der Innenmauern waren Steinbänke angebracht. Der Mosaikboden wurde wohl in der 1. Hälfte des 7. Jhs. angefertigt. Die **Johanneskirche** hat einen Grundriß von 19 x 15 m. Unter dem Mosaik ist noch ein gepflasterter Boden zu sehen, der aus der römischen Festung genommen wurde. Die kreisrunde (3 m Durchmesser) zweizeilige Inschrift im Oberteil des Kirchenschiffes erwähnt, daß die Kirche zur Zeit des Erzbischofs Theodoros von Bosra (634) mit Mosaiken ausgeschmückt wurde. Die rechteckige **Georgskirche** (16 x 7 m) ist einschiffig und weist wiederum mit Gips überzogene Steinbänke an den Wänden auf.

3. Die omayyadischen Wüstenschlösser

el-Qastal

Die Ortschaft el-Qastal hat ihren Namen vom lat. *castellum* (Festung, aber auch Wasserreservoir) bekommen. Sie liegt in unmittelbarer Nähe des *International Queen Alia Airport*, etwa 25 km südlich von ʿAmman, 100 m westlich der Wüstenstraße in Richtung ʿAqaba.

Zu sehen sind verschiedene Gebäudereste, unter denen vor allem der **omayyadische Palast** und die dazugehörige **Moschee** – trotz des desolaten Erhaltungszustandes – kunsthistorisch wichtig sind. Bauherr war wahrscheinlich ʿAbd el-Malik (687–705), womit Moschee und Palast zum bisher ältesten Beispiel omayyadischer Palastarchitektur avancieren würden! Der Palast weist alle typischen Merkmale eines omayyadischen Bauwerkes auf: u.a. die Umwallung mit Rundtürmen, ein Zentralhof, die Betonung des Eingangsportals durch einen Portikus, der eingebunden ist in Halbrundtürme, ein zweites Stockwerk, die Einteilung in *Beit*-Einheiten (mehrere Nebenräume gruppieren sich um eine Mittelhalle oder einen Mittelhof), ein Empfangsraum sowie die Gründung auf vorher unbenutztem Boden. Der ursprünglich zweigeschossige Palast hat eine quadratische Form (67 x 67 m). Runde Ecktürme wechseln sich mit halbrunden Zwischentürmen ab. Die meisten Räume hatten Mosaikböden, manche von höchster künstlerischer Qualität. Sie wurden inzwischen abgenommen und im Museum von Madeba zwischengelagert. Es gilt als wahrscheinlich, daß es Künstler aus Madeba gewesen sind, die diese wertvolle Arbeit ausgeführt haben.

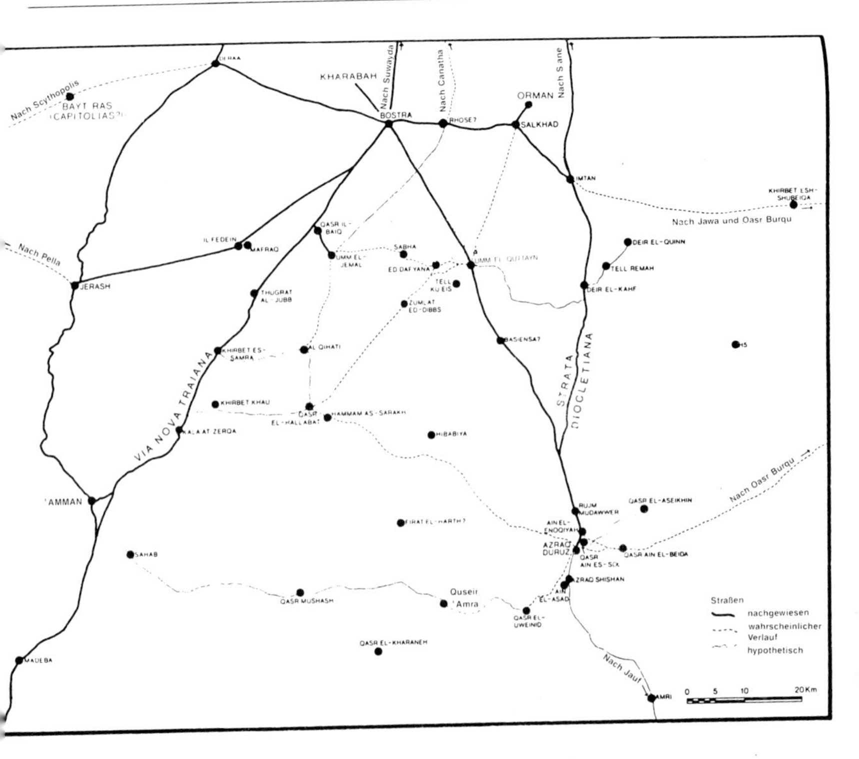

Der Nordosten Jordaniens mit den Wüstenschlössern

Qasr el-Mshatta

Etwa 30 km südöstlich von ʿAmman gelegen, ist die Ruine bequem über die Zufahrtstraße zum Flughafen *Queen Alia International Airport* und anschließend über eine 11 km lange Umgehungsstraße zu erreichen. Mitten im militärischen Sperrgebiet gelegen, ist für den Besuch allerdings eine Genehmigung erforderlich. 1903 schenkte Sultan ʿAbd el-Hamid wichtige Teile der

Eingangsfassade dem deutschen Kaiser Wilhelm. Die schönsten Teile der reich skulptierten Südfassade sind deshalb nicht mehr an Ort und Stelle, sondern in der Islam-Abteilung des Ostberliner Vorderasiatischen Museums (»*Pergamon-Museum*«) zu sehen.

Mshatta ist wohl der aufwendigste Bau, den die Omayyaden geplant haben. Das ummauerte quadratische Areal hat eine Seitenlänge von 144 m. Die Mauern waren an den Ecken durch runde, an den Seiten durch halbrunde Türme befestigt. Das an der Südseite gelegene Palasttor wird wiederum von zwei Türmen flankiert. Ein mächtiger Stammesfürst oder Gouverneur bzw. Walid II. hat den Bau am Ende der omayyadischen Zeit (um 750) geplant und angefangen. In nord-südlicher Richtung sollten drei Baukomplexe errichtet werden, von denen dann nur der mittlere fertiggestellt wurde. Dabei handelt es sich um einen dreigeteilten Komplex mit Eingangs- und Empfangstrakt, einem großen quadratischen Zentralhof (57 m Seitenlänge) und einem Thronsaal. Über eine dreibogige Arkade gelangt man in die dreischiffige Empfangshalle, die von zwei Reihen mit je fünf Marmorsäulen gebildet wird. Links und rechts der Halle lagen die Wohneinheiten, die nach *Beit*-Art gegliedert waren. Das Mittelschiff der Halle öffnete sich nach Norden zum eigentlichen Thronsaal, einem überkuppelten Trikonchos. Neben der Spitzbogenform, die hier erstmals außerhalb Syriens belegt ist, sind es vor allem die Steinmetzarbeiten, die durch ihre hohe Qualität Bewunderung hervorrufen. Die Vielzahl der Motive und die feine Ornamentik erinnern an Filigranarbeit und lassen vergessen, daß die kunstvolle Arbeit aus Stein gemeißelt wurde. Hervortretende Ziegel in verschiedenen Architekturteilen bilden dekorative Bänder und Quadrate, verspielte Schmuckfriese und Nischenwölbungen: eine Kunstform, die vor allem im Zweistromland gepflegt und weiterentwickelt und hier wohl von irakischen Handwerkern ausgeführt wurde. Die Wasserversorgung wäre in dem Palast sicher noch zum Problem geworden, denn nur vom 5 km nordwestlich entfernten Qastal mit seinen Dämmen und Zisternen oder vom 8 km südwestlich liegenden el-Jiza hätte man Wasser über einen Aquädukt heranführen können.

Qasr el-Hallabat und Hammam es-Sarakh

55 km von ʿAmman entfernt an der Straße nach Azraq gelegen, gehört Hallabat zusammen mit Hammam es-Sarakh zu einem größeren omayyadischen Burg- und Badekomplex.

Der Ort hat eine vor-omayyadische Vergangenheit, denn der heutige Bau ist auf den Fundamenten eines Vorgängerbaus errichtet. Nur, aus welcher

Zeit stammt dieser erste Bau? Die scheinbar sicheren Hinweise durch verschiedene Inschriften aus der römischen und byzantinischen Zeit verloren neuerdings ihre Aussagekraft, nachdem nicht ausgeschlossen werden konnte, daß wiederverwendete Inschriften-Blöcke (aus Umm el-Jemal oder Khirbet es-Samra) in den omayyadischen Bau eingesetzt worden sind. In nabatäischer Zeit kann der Ort eine Station auf dem Karawanenweg nach Azraq gewesen sein. Im Zuge der Arbeiten am *Limes Arabicus* im 2. Jh. könnte Hallabat als Bollwerk bei der Verteidigung des römischen Reiches gegen die Parther gedient haben. Die Inschriften von Hallabat erwähnen den Kaiser Caracalla (211–217 n. Chr.), dem entsprechend der Bau der kleineren älteren Festung zugeschrieben wurde. Einige eingesetzte Basaltsteine mit griechischer Inschrift enthalten das *Edikt des Anastasius* (491–518), das auf eine Neuordnung der *Provincia Arabia* hinwirken wollte. Auf jeden Fall übernahmen die Omayyaden die Burg und erweiterten sie beträchtlich. Dabei wurde der vorgegebene Bau bis auf die Grundmauern geschleift, der Grundriß jedoch übernommen, so daß die Raumeinteilung wie auch die (viereckige) Form der Ecktürme nicht der traditionellen Bauweise der Omayyaden entspricht. Der Innen-

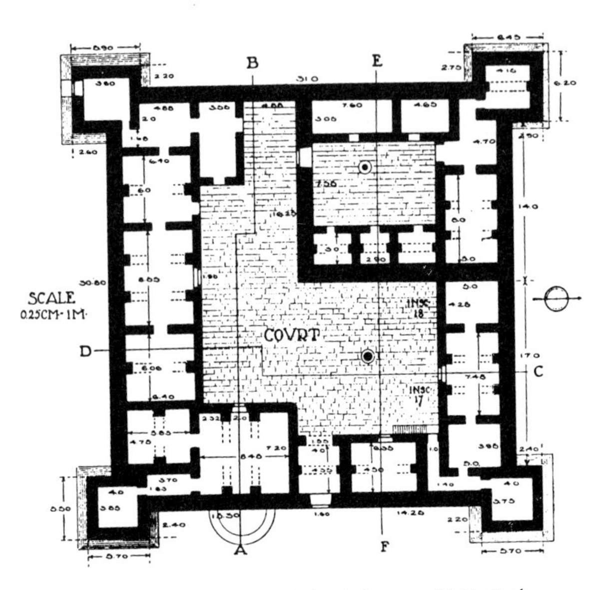

Qasr el-Hallabat, Grundriß der Anlage von H. C. Butler

bereich wurde mit Mosaikböden und Marmorverkleidungen an den Wänden ausgestattet. Zwischen 709 und 743 erfolgte ein weiterer Umbau, bei dem die Moschee hinzugefügt wurde. Hallabat wurde so zu einem großen Komplex mit einer Moschee, Bädern (Hammam es-Sarakh), landwirtschaftlichem Betrieb und einem ausgeklügelten System der Wasserversorgung mit Dammvorrichtungen und verschiedenen Zisternen.

Das quadratische Hauptgebäude (Seitenlänge 44 m) hat vier starke rechteckige, einst dreigeschossige Ecktürme mit engen Fensterschlitzen. Innerhalb der Nordwest-Ecke erkennt man die Grundrisse der kleineren, älteren Festung, die nur 16 qm groß war und einen Zentralhof mit Zisterne aufwies, der von Räumen umgeben war. Verschiedene Räume wurden in omayyadischer Zeit mit Mosaiken ausgeschmückt. Beim Nordost-Turm außerhalb des Qasr befindet sich eine größere Zisterne, die das Wasser von den Dächern speicherte. Die runde Struktur (7,25 m Durchmesser) außerhalb der Burg, in der Nähe des Südostturmes, wird als ein Gartenbeet für besondere Zuchtblumen gedeutet. Die 14 m weiter östlich stehende quadratische Moschee (10,7 x 11,8 m) hat ihren Haupteingang auf der Westseite. Sie war mit drei parallelen Tonnen überwölbt. Der *Mihrab* an der Südwand ist noch gut zu erkennen. Die dazugehörige Badeanlage befindet sich zwei km weiter in **Hammam es-Sarakh**. Von der Einteilung und Architektur her zeigt dieser Badekomplex viel Ähnlichkeiten mit Quseir ʿAmra: der dreischiffige Audienzsaal war ebenfalls mit parallelen Gewölbetonnen überdacht, nur besaß der Thronplatz keine Apsis. Zwei Annexräume heben den Thronplatz dennoch gebührend hervor. Der Boden war mit Mosaiken ausgeschmückt. Die Wände waren wahrscheinlich mit Fresken bemalt, die jetzt aber gänzlich verschwunden sind. Der Eingang des Komplexes liegt auf der Ostseite. Nach einem kleinen Vorhof erreicht man über einen tonnengewölbten Gang das *caldarium* und das *tepidarium*. In diesem Raum befindet sich einen Alkoven in der Südwestwand. Ein tonnengewölbtes *apodyterium* schließt sich noch an, während ein *frigidarium* fehlt. Ein tiefer Brunnen mit angrenzender Zisterne sicherte die Wasserversorgung für den Badebetrieb.

Qasr el-Azraq

Am Eingang des *Wadi Sirhan*, eines alten Karawanenweges zwischen Syrien/Jordanien und der arabischen Halbinsel, hatte Azraq schon immer eine verkehrstechnische Bedeutung. Dazu kommt, daß der Ort durch die ständigen Wasservorräte keine Versorgungsprobleme hat. Kein Wunder, daß in der Nähe (*ʿAin el-Assad*) Spuren paläolithischer und neolithischer Besiedlung gefunden wurden, denn der reiche Tierbestand lockte damals Jäger an. Inzwischen sind die Bedingungen für das Wild erheblich schwerer geworen, denn die Wasservorräte sind dezimiert. Die *Society for the Conservation of Nature* versucht seit Jahren, hier wieder Tiere (Oryx-Antilopen, Gazellen, Wildesel, Strauße) heimisch werden zu lassen und schuf zwei Wildreservate, das *Shaumari Wildlife Reserve* (einige Kilometer südlich von Azraq mit einer Fläche 22 km²) und das 12 km nordöstlich gelegene *Azraq Wetland Wildlife Reserve* (12 km² mit Wasserteichen, Sumpfgelände und Salzdünen), das vor allem als Rastplatz für mehr als 300 Vogelarten – meist Zugvögel – bekannt wurde.

Die **Festung** befindet sich nördlich des salzigen Sumpfgebietes. Schon unter Septimius Severus (Ende des 2. Jhs.) wird der Ausgang des *Wadi Sirhan* ein eigenes Kastell gehabt haben. Im Zuge der Überwachung des *Limes Arabicus*

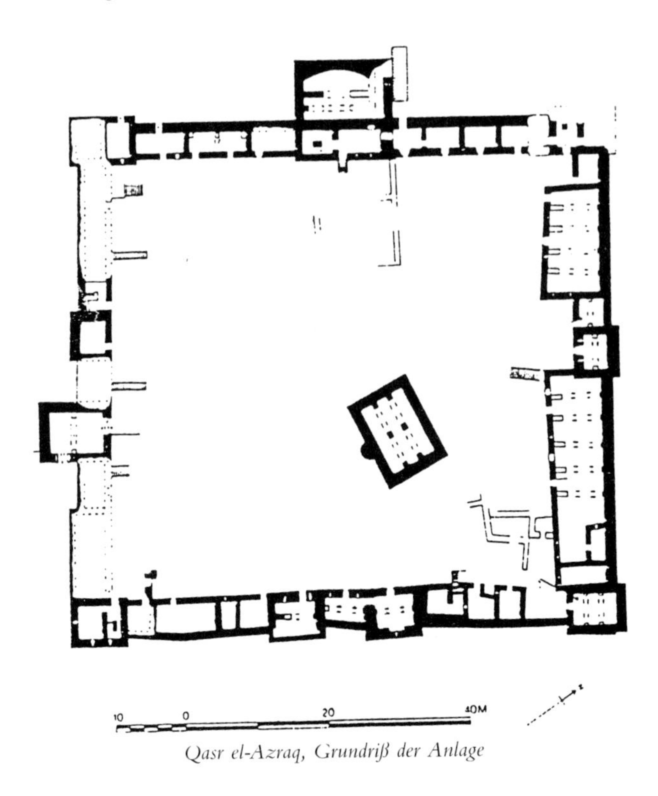

Qasr el-Azraq, Grundriß der Anlage

wurde hier am Ende des 3. Jhs. ein römisches Fort errichtet, das die Beduinenstämme zu kontrollieren hatte. Vom Grundriß und der eckigen Form der Ecktürme her ist der römische Charakter der jetzigen Burg noch zu erkennen. 743 verwandelte el-Walid II. Azraq in eine Omayyadenburg, da sie ideale Bedingungen für seine Jagdleidenschaft bot. In der Kreuzfahrerzeit nahm der Ayyubide ʿIzz ed-Din Aybag (1237) einige Umbauten vor. Er war zwischen 1213 und 1238 Statthalter des in Damaskus residierenden el-Muʿazzam und für die östliche Grenzsicherung zuständig. Vor dem Angriff der arabischen Truppen unter Scherif Hussein von Mekka (dem Urgroßvater des heutigen Königs Hussein) auf die Türken überwinterte 1917/18 T.E. Lawrence in Azraq. Die Burg ist ganz aus dem lokalen Basaltstein gebaut. Die starke Umfassungsmauer zeigt rechteckige Türme an den Ecken und den Seiten. Hervorgehoben ist der Turm in der Mitte der Westmauer: er kann als Kommandantur gedient haben. Das hintere Tor dieses Turmgebäudes besteht aus einer monolithischen, drei Tonnen schweren Basaltplatte, die man auch jetzt noch in den Angeln bewegen kann. Im Hof steht die dreischiffige Moschee, die unter dem Ayyubiden Aybak umgebaut wurde. Vier Rundbögen tragen das Dach, einige ruhen auf kurze Säulensockel. Östlich der Moschee ist eine Zisterne, zu der Treppen hinunterführen. Über dem Eingangstor im Süden befindet sich die mehrzeilige Inschrift des ʿIzz ed-Din Aybag. Die Burg hatte ursprünglich zwei Stockwerke mit Wohntrakten. Im nördlichen Teil der Burg sind noch Stallungen mit Futtertrögen erhalten.

Quseir ʿAmra

Der kleine Badepalast von Quseir ʿAmra (*»das rote Schlößchen«*) liegt etwa 85 km östlich von ʿAmman, 30 km südwestlich von Azraq im *Wadi el-Butm* und ist über die gut augebaute Asphaltstraße problemlos zu erreichen.

Der unbefestigte Komplex besteht aus einer Badeanlage, einem Audienzraum, einem restaurierten Brunnenhaus mit Brunnen und einem Hof, der von einem spitzwinklig abknickenden Mauer eingeschlossen ist. Die Anlage ist Teil eines größeren Komplexes: knapp 300 Meter nordöstlich der Anlage befindet sich noch ein quadratisches, festungsähnliches Gebäude, das wohl den Hof und die Dienerschaft des Kalifen beherbergte; zwischen Burg und Palast stehen außerdem noch die Reste eines Wachturmes; östlich vom Palast schließlich konnten die Überreste eines hydraulischen Systems freigelegt werden, das aus einem Schöpfrad, einem Brunnen und einer Zisterne bestand. Niedrige, breite Mäuerchen auf dem Grund des *Wadi* konnten die Erde vor den reißenden Fluten eines gelegentliche Regens schützen: es ist durchaus denkbar, daß man damit kleine Gartenanlagen in diesen Abschnitten anlegen konnte. Die Bedeutung der Anlage liegt vor allem in den Fresken, die Wände und Decken der Badeanlage schmücken, denn sie bilden den einzigen umfangreichen Freskenzyklus aus der omayyadischen Zeit.

Man betritt den dreischiffigen Audienzraum vom Norden her. Die Decke ist mit drei Tonnengewölben eingedeckt. Das Mittelschiff endet in einer Thronnische (1), die zwischen zwei fensterlosen rechteckigen Nebenräumen mit halbrunden Apsiden (2) (Ruhe- und Schlafräume?) eingefaßt ist. Die Bodenmosaiken und die Wandsockel aus Marmor sind verlorengegangen. Die Badeanlage schließt sich an die Ostseite der Audienzhalle an: sie besteht aus einem von einem Halbtonnengewölbe gedeckten *apodyterium* (3) mit verputzten Sitzbänken an der Süd- und Ostmauer; das angrenzende *tepidarium* (4) hat ein Kreuzgratgewölbe und einen erhöhten Boden, damit die warme Luft, erzeugt von der Hypokausten-Heizung, besser zirkulieren kann. In der quadratischen eingetieften Aussparung hat wohl ein Badebecken gestanden. Das überkuppelte und mit vier Fenstern versehene *caldarium* (5) verfügte über eine

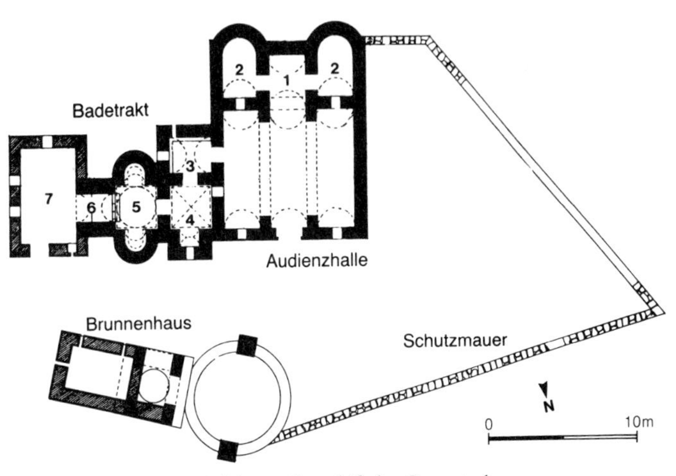

Quseir ʿAmra, Grundriß der Gesamtanlage

1 Thronnische
2 Alkoven
3 Apodyterium
4 Tepidarium
5 Caldarium
6 Heizraum
7 Offener Lagerraum

Hypokausten-Heizung, in den halbrunden Seitennischen waren Badewannen angebracht. Es schließen sich noch ein Heizraum (6) und ein offener Vorratsraum (7) an. Im Vergleich zu römischen Bäderanlagen fehlt in Quseir ʿAmra das *frigidarium*. Nördlich der Badeanlage steht das Brunnenhaus mit einem 40 m tiefen Brunnen und einem Wasserspeicher von 14 m^3. Das Wasser wurde mit einem Rad hochgeholt, das an zwei Säulen befestigt war, von denen eine noch erhalten geblieben ist. Das Rad wurde von einem Lasttier bewegt, das in einem runden Gehege zu laufen hatte. Dessen Fundamente sind noch heute zu sehen. Eine Wasserleitung führte das Wasser vom Brunnen in östlicher Richtung in ein Becken für Reisende und ihre Tiere, eine andere mündete in das Becken des *caldarium*; eine dritte Leitung füllte ein kleines Becken in der Nordostecke der Audienzhalle und sorgte für Abkühlung. Eine Abwasser-Leitung brachte das verbrauchte Wasser in eine Sickergrube außerhalb der Anlage. Die Umfassungsmauer der Anlage diente dem Schutz gegen die Westwinde.

Die nüchterne Strenge der Architektur steht in einem lebhaften Kontrast zu der gelockerten Ausmalung der Räume. Die Fresken sind auf eine etwa 3 cm starke Putzschicht aufgetragen. Auf der oberen Hälfte der *Westwand* (rechts vom Eingang) der Audienzhalle ist ein die ganze Länge der Wand einnehmendes Fresko mit einer großformatigen Jagdszene angebracht, in der Wildesel mit Netzen eingefangen werden. Das darunter liegende Bildfeld ist in drei Zonen gegliedert: In der nördlichen Hälfte sind nackte Athleten beim Ringen und Üben dargestellt; im mittleren Teil wird eine nackte Frau mit einer Dienerin beim Baden gezeigt, beobachtet von einer Gruppe von Höflingen, die sich auf einem Balkon des Palastes versammelt haben; den südlichsten Teil nimmt die stark beschädigte Szene der besiegten Feinde des Islam ein. Die Darstellung von sechs Männergestalten, in zwei Ebenen hintereinander angeordnet, könnte die Omayyaden als die rechtmäßigen Nachfahren und Erben der besiegten Weltherrscher darstellen. Vier der Herrschergestalten sind durch beschädigte Inschriften in Griechisch und Arabisch gekennzeichnet. Als die besiegten Feinde werden in der vorderen Reihe Caesar (Personifizierung des byzantinischen Reiches), Chosrau (der letzte Herrscher des sasanidischen Reiches), der Herrscher von China (?), in der hinteren Reihe der Westgotenkönig Roderich (letzter Herrscher eines vergleichsweise unbedeutenden Reiches; er fiel in der Schlacht bei Jerez de la Frontera in 711, wodurch Spanien weitgehend in omayyadischen Besitz überging), der Negus von Abessinien und ein Türkenfürst (oder Hindufürst) dargestellt. An zentraler Stelle, in der Nische im hinteren mittleren Teil der Audienzhalle, die dem Eingang genau gegenüberliegt, erscheint die Darstellung des thronenden Herrschers (mit Nimbus über den Kopf!)

Qasr el-Azraq

Quseir ʿAmra

Pella, das sog. civic centre ▶

unter einem von Säulen flankierten Pflanzen-Baldachin. Um den Thron herum ist ein Fries von Vögeln, unter ihm eine Meeresszene angebracht: beide deuten wohl darauf hin, daß der betreffende Herrscher auch Herr über Himmel und Wasser ist. Auf der *Ostwand der Audienzhalle* sieht man, wie ein Wildesel erlegt wird, der ins Jagdnetz getrieben wurde. Südlich davon kann man das Abhäuten der gefangenen Tiere beobachten. Zwischen den beiden Fensteröffnungen umarmen sich ein Mann und eine Frau; ein Mädchen läuft zu einem Mann, der seine Hand auf dem Knauf seines Schwertes hält. Die Fresken auf der *östlichen* tonnengewöbten Decke zeigen in den zweimal sechszehn zwiefach gerahmten Quadraten verschiedene Handwerker und Tätigkeiten (Tischler, Maurer, Schmiede, Steinmetz, Kamele transportieren Baumaterial). Die *mittlere Tonne im Hauptraum* weist ebenso ein gitterartiges Rahmenwerk auf, das diesmal mit roten und blauen, stern- oder kreuzförmig gemusterten Medaillons reich ornamentiert ist.

Den Badebereich hatte offensichtlich ein anderer Künstler ausgemalt, der sich in der antiken Mythologie besser auskannte und die hellenistischen Traditionen weiterleben ließ. Im Bogenfeld des *apodyteriums* beugt sich Dionysos, das Kinn in die Hand gestützt, über die auf Naxos entführte schlafende Tochter des Minos, Ariadne; an seiner Seite steht ein geflügelter Cupido. Die Decke ist in Rauten eingeteilt und zeigt u.a. die Vergnügungen des höfischen Lebens, wie z.B. einen Flötenspieler und eine Tänzerin. Weiter sieht man in der Tonne auch die rein dekorativ gemeinte Darstellung verschiedener Tiere, wie z.B. Gazellen, zwei Kamelfohlen, eines Storchs, eines Bären, der auf einem Zupfinstrument spielt, eines Affen, der mit den Vorderpfoten klatscht. Drei Männerbüsten im Tonnenscheitel sind als Darstellung der Lebensalter des Menschen (Kindheit, Erwachsensein und Alter) zu verstehen. Die Südwand im *tepidarium* zeigt drei nackte Frauen, die mittlere mit einem Knaben auf dem Arm. Auch diese Darstellung könnte die Jugendzeit des Dionysios darstellen. Auf der rechten Seite badet eine Frau ein Kind, wobei sie von zwei weiteren Frauen beobachtet wird. Die astronomische Kuppelmalerei des *caldariums* schöpft ebenfalls aus der antiken Tradition. 600 Jahre früher wurde in Khirbet et-Tannur schon ein nabatäischer Tierkreis dargestellt, hier wird nun der nördliche Nachthimmel mit dem Tierkreis und einem Kranz figürlich aufgefaßter Gestirne erstmals sphärisch dargestellt: der Betrachter steht sozusagen im Innern eines Himmelsglobus und sieht die auf dessen Außenseite erscheinenden Sternzeichen.

Die Datierung der Anlage und der Fresken ist durch keine Inschriften gesichert, es ist nur zu entnehmen, daß kein Kalif, sondern ein Emir Quseir ʿAmra errichtet habe. Bauherr könnte etwa der spätere Kalif el-Walid II. oder auch

Yazid III. (744) gewesen sein. Die Motive der Fresken, vor allem die Darstellung nackter Frauen, sind auch für die omayyadische Zeit ungewöhnlich und haben mit der spezifisch islamischen Wesensart nichts gemeinsam. Die Fresken stehen offenbar am Ende einer Epoche, ihre Thematik erlischt in der nachfolgenden islamischen Zeit völlig.

Qasr Kharane

Ca. 16 km südwestlich von Quseir ʿAmra und 65 km östlich von ʿAmman liegt Qasr Kharane auf einem kleinen Hügel, 15 m oberhalb des *Wadi Kharane*, eines Neben-Wadis des *Wadi Sirhan*. Die »*Festung*« ist mehr als rätselhaft, denn bis heute streitet man sowohl über ihre Funktion, ihre Datierung wie auch über den Bauherrn. Allem Anschein nach ist das Qasr weder ein vor-islamischer Bau noch steht es auf den Fundamenten eines Vorgängerbaus.

Was macht Qasr Kharane so geheimnisvoll und umstritten? Viele der dekorativen Elemente und Motive im Innern erinnern stark an die Handwerkskunst im Zweistromland. Die Raumeinteilung in der *Beit*-Weise, d.h. verschiedene kleinere Räume gruppieren sich um einen größeren Zentralraum, ist hingegen wieder typisch omayyadisch. Vor allem weist der hochaufragende Bau bei genauen Hinsehen keinen Festungscharakter auf, denn die sog. »*Schießscharten*« befinden sich 6 m über den Boden, sie sind zu schmal und erweitern sich nicht nach innen, so daß sie einem Schützen – vorausgesetzt er stünde höchst unbequem und wacklig auf einer Leiter, um überhaupt an die Schießscharte heranzukommen – kaum einen Überblick über das Geschehen außen ermöglichten. Kharane muß in der früh-omayyadischen Zeit der Sufyaniden (zwischen 661 und 684) ein Treffpunkt in der Wüste gewesen sein, in dem die Machthaber privat und politisch mit den Beduinenscheichs oder die Scheichs auch untereinander konferieren konnten. Erst in einer zweiten Bauphase wurde die Burg unter Yazid II. in das Netz der kommerziellen Verbindung zwischen ʿAmman, Muwaqqar, Azraq und dem *Wadi Sirhan* einbezogen und erlangte so wieder eine erhöhte ökonomische Bedeutung. Die Kufi-Inschrift im westlichen großen Saal des Obergeschosses, in der ein gewisser ʿAbdul Malik ibn ʿUmar sich 711 auf seinem Heimweg von Mekka verewigte, wäre dann geschrieben worden, als Kharane seine ursprüngliche Funktion als politischer Treffpunkt schon verloren hatte. Verstreute griechische Inschriften, u.a. rechts vom Eingang bei der Südfassade auf Bodenhöhe, stammen aus wiederverwendeten römischen (Meilen)steinen und tragen nicht zur Datierung Kharanes bei.

Kharane ist ein zweigeschossiger, nahezu quadratischer Bau (36,5 m Nord-Süd, 35,5 m Ost-West-Richtung) mit gerundeten Ecktürmen, Halbtürmen auf den Seiten im Norden, Osten und Westen und einem Doppel-Halbturm an der Südseite. Die Gesamtkonzeption ist symmetrisch um die Eingangsachse ausgerichtet. Die Mauern sind aus unregelmäßg großen Bruchsteinen errichtet, darüber hat man eine Putzschicht gelegt, die außer auf der Westseite noch weitgehend erhalten ist. Die sog. Schießscharten dienten nur der Belüftung der Innenräume. Oberhalb der oberen Reihe dieser Öffnungen verläuft ein Zick-Zack-Band, das aus Mörtel in Ziegelform gebildet wird. An den Halb- und Ecktürmen wurde dieses Muster doppelt angebracht. Im oberen Teil der Mauer sind in unregelmäßigen Abständen kleine Fenster angebracht. Der 2 m breite Haupteingang auf der Südseite wird von einer hohen Eingangsnische gebildet, die zwischen den zwei Vierteltürmen liegt. Über dem Tor ist das einzige größere Fenster (80 x 130 cm) in der Mauer angebracht, darüber in der gleiche Mörteltechnik ein Fries mit fünf Akanthusstauden. Wenn man den tiefen Torraum betritt, öffnen sich links und rechts zwei Türen in große Säle (13 x 8,5 m), die wohl als Lagerräume gedient haben. Der quadratische Innenhof (13 x 13 m) ist von Raumgruppen nach dem *Beit*-Typus umgeben: jeweils 5 bis 6 Räume gruppieren sich um einen größeren Hauptraum. Insgesamt hat Kharane 61 Räume, 25 im Erdgeschoß und 36 im oberen Stockwerk. Arkaden an allen vier Seiten waren den Mauern des Hofes ursprünglich vorgelagert. Links und rechts nach dem Toreingang führen flache Treppen in das Obergeschoß und weiter aufs Dach. In der Mitte des Hofes befindet sich eine Zisterne. Im Obergeschoß liegen einige Räume, die besonders architektonisch und dekorativ ausgestaltet sind. Der Raum über den Toreingang wird durch das Außenfenster und die reich verzierte Decke hervorgehoben.

Qasr Burqu

Ein weiteres Omayyadenschloß liegt weit östlich in der Basaltwüste. Nur Wüstenpisten führen dorthin, so daß Qasr Burqu nur mit einem geländegängigen Wagen und mit Hilfe eines einheimischen Führers erreicht werden kann. Entstanden ist der Kern der Anlage als Teil der Verteidigungslinie des *Limes Arabicus*: neben einem rechteckigen Turm war auch ein Damm aufgeschüttet, der das Regenwasser im 2 km enfernten *Wadi Miqat* aufstauen konnte. Christliche Mönche bauten die Anlage im 5./6. Jh. zu einem Kloster um. Noch vor seinem Regierungsantritt (700 n. Chr.) machte el-Walid I. daraus ein kleines Jagdschloß: Eine kufische Inschrift über dem Eingang des länglichen Raumes auf der Ostseite macht darauf aufmerksam.

Qasr et-Tuba

Etwa 140 km südöstlich von ʿAmman und 70 km östlich des *Desert Highway* in Qatrana befindet sich die omayyadische Burg. Man erreicht sie von Qasr Kharane aus, wenn man über eine schwierige Wüstenpiste ca. 53 km. südlich fährt. Oder man verläßt den *Highway* bei Qatrana und fährt östlich noch etwa 35 km. In beiden Fällen ist eine Fahrt ohne geländegängiges Fahrzeug und einheimischen Führer nicht möglich.

Qasr et-Tuba (Ausmaße 140 x 73 m) wurde wahrscheinlich von el-Walid II. (743 – 744) gebaut. Ebenso wie Mshatta wurde auch dieses Schloß nicht vollendet. Es war wohl als eine Karawanserei auf dem Weg von Syrien über Azraq und das *Wadi Sirhan* nach Nordarabien gedacht. Die schönsten skulptierten Elemente der Burg sind inzwischen weggenommen und u. a. im Archäologischen Museum von ʿAmman ausgestellt. Hatte man in Mshatta eine Dreiteilung der Anlagen geplant, so beherbergt die Anlage von et-Tuba zwei nahezu quadratische (70 m Seitenlänge) Schlösser, deren Zentralhöfe miteinander durch einen Doppelkorridor verbunden sind. Halbkreisförmige Türme unterbrachen den Verlauf der Umfassungsmauer. In der Nähe der Haupteingangs sind die original-Tonnengewölbe verschiedener Räume noch intakt. Die Inneneinteilung des Schlosses folgt dem traditionellen *Beit*-Prinzip. In der nördlichen Umgebung des Schlosses sind entlang des *Wadi*-Bettes noch Spuren vom Wasserversorgungssystem (in Stein eingefaßte Brunnen und dazugehörige Wasserbecken) zu erkennen.

Weitere Schlösser sind ʿUweinid, Aseikhin und ʿAin es-Sol bei Azraq, Mushash und Muwaqqar auf dem Weg von Kharane nach ʿAmman.

4. Das Jordantal

Das Jordantal mit seinen außergewöhnlichen klimatischen Bedingungen ist seit der Frühzeit der Menschheitsgeschichte ein bevorzugter Siedlungsort gewesen. Das erweist sich nicht nur am Beispiel von Jericho, sondern auch an vielen Siedlungsorten auf der östlichen Seite des Jordans. Aus der Fülle der in letzter Zeit ausgegrabenen Stätten seien hier in nord-südlicher Reihenfolge nur Tell Shuneh-Nord, das *Wadi Ziglab*, Pella und das *Wadi Hammeh*, Tell el-Hayyat, Tell Abu Hamid, Tell Handaquq, Tell es-Saʿidiyeh, Tell el-Mazar, Tell Deir ʿAlla, Kataret es-Samra, Tell Umm Hammad, Tell Nimrin, Tell Iktanu und Teleilat Ghassul herausgegriffen. Eine Besichtigung lohnt sich nur bei Pella und Tell Deir ʿAlla.

Tabaqat Fahl (Pella)

Das antike Pella, 90 km nördlich von ʿAmman und nur 3 km vom Jordanfluß entfernt, liegt beim Dorf **Tabaqat Fahl**, nur einen Kilometer östlich des Dorfes Mashare', das sich an der wichtigsten Süd-Nord-Verbindung im Jordantal befindet. Das Ruinengelände von Pella umfaßt 1. einen ovalen Tell von 30 m Höhe, nördlich vom *Wadi el-Jirm*; 2. den *Tell el-Husn*, der sich 60 m hoch südlich vom gleichen *Wadi* erhebt; 3. das *Wadi el-Jirm* selbst; 4. die unteren Hänge und die Spitze des *Jebel Sartaba*, 2 km östlich vom *Tell el-Husn*; 5. den *Jebel Abu el-Khas*, 1300 m östlich vom Haupt-Tell und schließlich 6. die Gräberfelder, die nicht nur an den Hängen der vorher genannten Hügel sondern auch in der weiteren Umgebung anzutreffen sind.

Es ist schon seltsam genug, daß die klimatischen und ökologischen Bedingungen eines Ortes so ideal zusammentreffen wie in Tabaqat Fahl: das *Wadi el-Jirm* führt immer reichlich Wasser; im 1 km nördlich entfernten *Wadi el-Hamme* findet man Thermalquellen; die umliegenden Hügel wirken sich im Winter schützend auf das Klima aus, und die Lage etwa auf Meereshöhe macht die Temperaturen im Sommer erträglicher als im heißen Jordantal. So nimmt es kein Wunder, daß in diesem gesegneten Ort schon im Paläolithikum erste Spuren von Besiedlung nachgewiesen werden konnten. Die Besiedlung des Ortes reicht dann nahezu lückenlos bis in die mameluckische Zeit.

Auf dem südöstlichen Hang des *Tell el-Husn* und an den unteren Hängen des *Jebel Sartaba* existierte von 3500 bis 3300 v. Chr. eine chalkolithische Hangsiedlung, die ihre mit Steinen aufgemauerten Wohnungen teilweise in den Fels eingetieft hatte. Erstmals wird die antike Stadt in den ägyptischen Ächtungstexten (19. Jh. v. Chr.) erwähnt. Thutmosis III. (1490–1436) erwähnt dieselbe Stadt in seinen Städtelisten, die er nach seinen Eroberungen in Palästina-Syrien in Karnak anfertigen ließ. In der Amarna-Korrespondenz von Echnaton/Amenophis IV. (um 1350) taucht *Pihilum* ebenso auf: es wurde damals vom Fürsten Mut-Baʿalu regiert. Vor allem die Gräber aus diesem Zeitraum dokumentieren den Reichtum und die Internationalität des damals etwa 5000 Einwohner zählenden *Pihilum*. Der ägyptische Anastasi-Papyrus (um 1250–1000 v. Chr.) erzählt über eine merkwürdige Industrie in *Pihilum* und dem benachbarten *Rehob*: beide Städte produzierten Radspeichen für die Streitwagen der Ägypter. 900 Jahre lang fehlt dann der Name *Pihilum* in den historischen Texten – auch im Alten Testament taucht die benachbarte Stadt nie auf –, obwohl die Besiedlung in der Eisenzeit (1200–600 v. Chr.) durch Gräber weiterhin gut dokumentiert ist. In der babylonischen und persischen Zeit (etwa ab 540 bis 332 v. Chr.) scheint die Stadt eine Lücke in ihrer Besiedlungsgeschichte aufzuweisen. Die hellenistische Zeit bringt eine (Neu)gründung der Stadt: sie bekommt auch ihren neuen Namen *Pella*, der vermutlich an den makedonischen Geburtsort Alexanders des Großen erinnern will und dennoch die Lautähnlichkeit mit dem alten semitischen Namen bewahrt. Als Gründer kann entweder Seleukos I. Nikator (304–281) oder Antiochos III. der Große (223–187) betrachtet werden. Die Seleukiden ließen in Pella zwei Festungen bauen, eine auf dem *Jebel Hamme*, eine andere auf dem Gipfel des *Jebel Sartaba*. Einen dramatischen Einschnitt in der Geschichte Pellas bewirkte der jüdische Hasmonäerkönig Alexander Jannai, der 83/82 v. Chr. eine ganze Reihe ostjordanischer Städte eroberte und zerstörte. In verschiedenen Grabungsarealen (im sog. »*East-cut*« und »*West Cut*«) sind die starken Brandspuren noch sichtbar. Gnäus Pompeius konnte 63 v. Chr. alle ostjordanischen Städte von der jüdischen Herrschaft befreien. Einige Jahre später wurde Pella in den Verband der Dekapolis-Städte aufgenommen und entwickelte sich im 1. Jh. n. Chr. wieder frei. Ein gut ausgebautes Wegenetz bezog Pella in die Straßenführung von Skythopolis (Beth-Schean) nach Gerasa ein. Pella durfte seit dem Kaiser Domitian (81–96 n. Chr.) eigene Münzen prägen. In seiner **Historia Ecclesiastica** berichtet Euseb von Cäsarea, daß die judenchristliche Gemeinde von Jerusalem vor dem Ausbruch des Jüdischen Krieges (67 n. Chr.) nach Pella geflohen war. Ihre christliche Prägung bekam die Stadt allerdings erst seit dem 5. Jh., als die Bischöfe Pellas auf den verschiedenen Konzilien und Synoden vertreten waren. Im 6. Jh. hatte Pella etwa 25.000 Einwohner und erreichte damit seine größte Ausdehnung. Mindestens drei Kirchen standen den Gläubigen zur Verfügung. Aber das große Bauprogramm konnte nur erfüllt werden, indem das römische Baumaterial bedenkenlos abgebrochen und für die Neubauten wiederverwendet wurde. Eine Reihe von Schicksalschlägen brachte das blühende Leben jedoch allmählich zum Erliegen. Offensichtlich reichte der Bevölkerung das Wasser vom *Wadi el-Jirm* nicht mehr: eine riesige Zisterne wurde in der Nähe der West-Basilika angelegt, viele kleinere Zisternen überall in der Stadt errichtet; die persische Invasion von 610, das schwere Erdbeben von 633, die Beulenpest, die die Region fast während des ganzen 7. Jhs. heimsuchte, schließlich die islamische Eroberung, all das waren sicher Faktoren, die eine große Verunsicherung mit sich brachten und das Leben in der Stadt und der Region lähmten.

Als der islamische Truppenführer Khaled ibn el-Walid 643 Bosra besetzte und sich aufmachte, Palästina zu erobern, stellte sich ihm der byzantinische Kaiser Herakleios in den Weg. In Pella fand 635 eine Entscheidungsschlacht statt, bei der nach dem arabischen Historiographen Yakut 80.000 Byzantiner den Tod fanden: dieser »*Tag von Fahl*« stärkte das islamische Selbstbewußtsein und den arabischen Eroberungswillen. Denn schon im nächsten Jahr (636) fand anschließend die **Schlacht am Yarmuk** statt: Kaiser Herakleios, der ein gewaltiges Heer von 100.000 Mann mobilisiert hatte, mußte sich mit einer vernichtenden Niederlage abfinden. Der christlichen Bevölkerung schien nun der Elan abhanden gekommen zu sein: Die in verschiedenen Erdbeben zerstörten Kirchen wurden nur notdürftig restauriert, Annexräume als Viehställe benutzt. Nach den Erdbeben von 658 und 717 war es vor allem das verheerende Erdbeben von 746, das die meisten öffentlichen Bauten gründlich zerstörte und vielen Einwohnern auch den Tod brachte. Es gibt dennoch Hinweise auf eine weitere Besiedlung in abbasidischer Zeit. Die mameluckische Zeit (13. und 14. Jh.) ist wiederum durch die Freilegung einer Breitraum-**Moschee** auf dem *Tell* und durch mameluckische Keramik gesichert. Die osmanischen Steuerlisten des späten 16. Jhs. erwähnen 120 Wassermühlen in *Fahl el-Tahta* (das untere *Fahl*). Im 19. Jh. gründeten arabische Bauern bei den Ruinen ein neues Dorf, das sie *Tabaqat Fahl* nannten. Sie wurden neuerdings von der jordanischen Regierung teilweise aus dem Ruinengelände ausquartiert.

Die **West-Basilika**, die man, vom Ort kommend, als erstes Bauwerk auf der nördlichen Straßenseite sieht, ist sicher kein Blickfang. Sie ist von den Bewohnern des neuen Dorfes lange als Steinbruch benutzt worden. Auf der Westseite war dem Bau ein großes Atrium vorgelagert (35 x 33 m), das als Säulenhof konzipiert war. Inzwischen wurden drei Säulen wiederaufgerichtet. Gebaut wurde die Basilika im 5./6. Jh. Die verschiedenen Annex-Bauten lassen auf einen größeren Klosterkomplex schließen. 610 wurde die Kirche von der Persern zerstört, zwischen 610 und 660 erneut in Betrieb genommen, nach einem Erdbeben zwischen 660 und 717 notdürftig und in bescheideneren Ausmaßen restauriert. Ein weiteres Erdbeben (713 oder 717) beendete auch diese Bauphase. Nach 717 wurde die Basilika nicht mehr für den liturgischen Gebrauch verwendet, verschiedene Wohnräume wurden im Areal der Kirche eingerichtet. Das Erdbeben von 746 brachte schließlich das Ende. Nördlich der Basilika wurde eine mächtige **Zisterne** freigelegt, die eine Kapazität von 300.000 Liter aufweist. Sie stammt aus dem späten 6./frühen 7. Jh. und wurde schon im 7. oder 8. Jh. nicht mehr benutzt.

Auf dem *Tell* wurden zwei Stichgrabungen durchgeführt, die Aufschluß über die Siedlungsgeschichte geben sollten. Der sog. »*West-cut*«, in der Nähe des Ausgräber-Hauses, legte einen **omayyadischen Wohnkomplex** frei, bei dem sich im Untergeschoß Stallungen und im Obergeschoß die Wohnräume befanden. Im »*East-cut*« fand man unter einer Beerdigungsstelle aus ayyubidisch-mameluckischer Zeit wiederum omayyadische Häuserkomplexe, unter dieser Siedlungsschicht kamen Häuserstrukturen aus der Mittel- und Spätbronzezeit zum Vorschein.

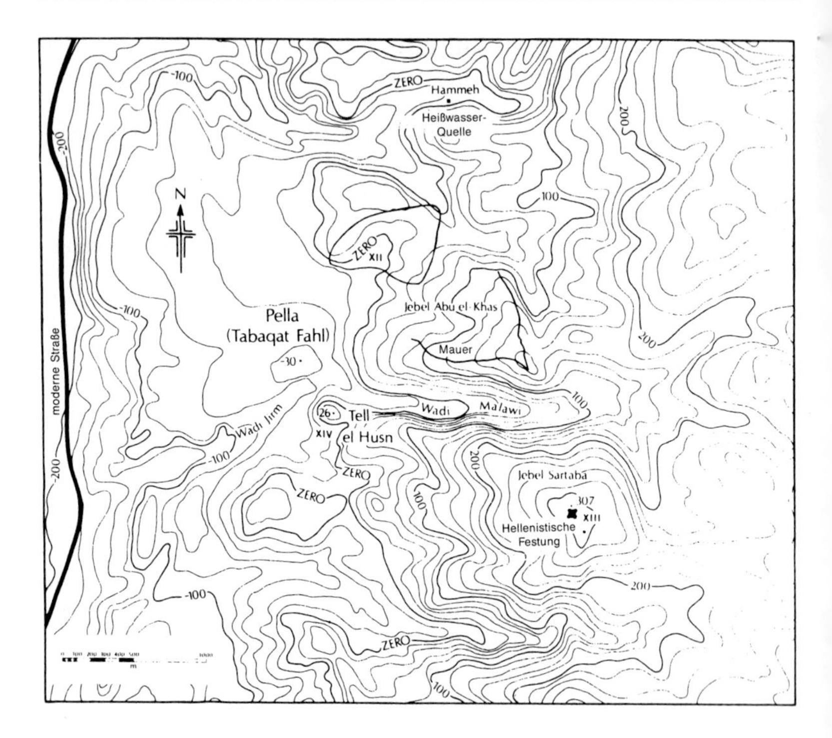

Pella, Gesamtanlage

Das beeindruckendste Areal der antiken Stadt befindet sich im *Wadi el-Jirm*, wo der sog. *civic-complex*, ein ausgedehntes Gelände mit öffentlichen Gebäuden ausgegraben wurde. In römischer Zeit befand sich hier das Stadtzentrum mit einem Forum, einem Odeion, einer Säulenstraße, Bädern und wahrscheinlich auch einem Tempel. In frühbyzantinischer Zeit, etwa um 400 n. Chr., wurde aus römischen Bauelementen die dreischiffige **Tal-Basilika** erbaut. In der ersten Bauphase besaß die Basilika nur eine Apsis, ein Hauptschiff und zwei Nebenschiffe. Ein großes, mit Kolonnaden versehenes Atrium war westlich vorgelagert. Ein erster Umbau der Kirche erfolgte im 6. Jh., als das Ostende nun mit drei Apsiden ausgestattet wurde. Erst im 7. Jh. entstand dann die monumentale Freitreppe, die man heute noch sehen kann und deren Stufen aus den Sitzbänken des benachbarten Odeions bestanden. Die Bäder am unteren Ende der Freitreppe wurden überpflastert, so daß ein neuer freier Platz entstand. In der frühen islamischen Zeit blieb die Kirche noch eine Zeitlang in Gebrauch, die monumentale Freitreppe wurde aber alsbald aufgegeben, der Kircheneingang wieder in die Nordkolonnade des Atriums zurückverlegt. Das Erdbeben von 746 bedeutete dann das Ende auch dieser Kirche, die sowieso teilweise schon zweckentfremdet war: In einem der Annexräume der Kirche waren Stallungen eingerichtet. Bei den Ausgrabungsarbeiten entdeckte man die Skelette einiger Kamele, die beim Erdbeben umgekommen waren.

In unmittelbarer Nähe zur Quelle sind die Überreste des **Odeions** zu sehen. Das kleine Theater, in konventioneller römischer Art errichtet, hatte neun Sitzreihen und bot damit Platz für etwa 400 Zuschauer. Sie konnten die *orchestra* und *cavea* über zwei überwölbte *parodoi* betreten. Südlich schloß sich das **Forum** der Stadt an, das sich zum Teil über den Fluß bis zum Fuß des *Tell el-Husn* erstreckte. Das Quellwasser wurde in Röhren unter dem Forum geleitet, eine ähnliche Lösung wie in Philadelphia. Die **Bäder** lagen unmittelbar nördlich des Odeions.

Östlich des Stadtzentrums, auf einem Hang des *Jebel Abu el-Khas*, erhob sich eine weitere dreischiffige byzantinische Basilika. Diese **Ost-Basilika** ist ebenfalls im letzten Viertel des 5. Jhs. entstanden, wurde im 7. Jh. zerstört und nach dem Erdbeben von 747 aufgegeben. Der dreischiffige Bau wird durch zwei korinthische Säulenkolonnaden gegliedert. Auch diese Kirche hatte ein großes Atrium, das von Säulen umgeben war. Über eine monumentale Freitreppe konnte man die Kirche vom *Wadi Malawi* aus erreichen.

Auf dem **Jebel Sartaba**, nur etwa 2,2 km Luftlinie ostsüdöstlich vom Stadtzentrum, befindet sich eine der hellenistischen Festungen. Sie hatte einen beinahe quadratischen Grundriß (Seitenlänge 70 m) und mehr als 2 m starke Mauern; an jeder Ecke sowie jeweils in der Mitte der Seitenwände erhob sich ein quadratischer Turm.

Die aufgefundenen **Grabanlagen**, meist Grabkammern, die in den Fels geschlagen waren, haben viel zur Erhellung der reichen Geschichte Pellas beigetragen: sie reichen von der Mittelbronze- bis zur byzantinischen Zeit.

Tell Deir ʿAlla

Vor allem ein aramäischer Textfund (die sog. *Bileam-Sprüche*) lenkte die Aufmerksamkeit der Fachwelt auf den etwa 200 m langen und breiten Tell Deir ʿAlla (»*Der Tell des Hohen Klosters*«). Der Tell erhebt sich etwa 30 m hoch aus dem Jordantal und liegt damit immer noch 200 m u.M.; er befindet sich gleich neben der Hauptstraße, etwa 12 km nordnordöstlich des Zusammenflusses des Yabboq (*Nahr ez-Zerqa*) mit dem Jordan.

Die frühesten Keramikscherben datieren aus dem Chalkolithikum (4500–3500 v. Chr.). Der Haupthügel wurde aber erstmals besiedelt in der Mittelbronzezeit II (2000–1750 v. Chr.). Im unteren Teil des südöstlichen Hügelhanges wurden Häuserstrukturen freigelegt, die von einer Befestigungsanlage geschützt wurden. In der Spätbronzezeit (ca. 1600–1200 v. Chr.) stand auf dem Hügel ein großer, nicht von Stadtmauern umschlossener Sakralbau. Das Heiligtum wurde etwa 400 Jahre lang von Halbnomaden besucht, die den Hügel nur in den Wintermonaten bewohnten. Im Anfang der Eisenzeit (12. Jh.) wurde das Heiligtum durch ein Erdbeben zerstört. Von 1200 v. Chr. an wurde der Tell von einer halbnomadischen Bevölkerung neu besiedelt, die sich vor allem durch ihre Metall-Bearbeitung profilierte. Das Heiligtum wurde aber weiterhin als eine Art Wallfahrtsort gepflegt. Um 1150 v. Chr. wurden wieder Häuser auf dem Tell gebaut, eine Stadtmauer schützte die neue Siedlung. Die rechteckigen Häuser aus Lehmziegel – meist auf Steinfundamenten – wurden oft umgebaut. Eine ungepflasterte Straße durchquerte das ganze Viertel. Wieder traf eine neue Bevölkerung ein, die Ackerbau betrieb. In den Trümmern einer der Räume dieser Siedlung wurde eine Mauer gefunden, die auf ihrem Kalkverputz ursprünglich eine Inschrift getragen hatte, die nun in unzähligen Fragmente zerfallen im Schutt verstreut lag. Sie erwähnte den Namen des »*Sehers Bileam, Sohn des Beor*«. In hellenistischer Zeit wurde der Tell als Siedlungsareal aufgegeben und diente nur noch in der islamischen Mameluckenzeit (9.–13. Jh. n. Chr.) als Friedhof.

Vor den Ausgrabungen wurde Tell Deir ʿAlla mit dem biblischen **Sukkot** identifiziert, dem Ort, an dem Jakob nach seinem Kampf mit dem »*Jahweboten*« (*Gen 32*) Hütten (hebr.: *Sukkot*, vgl. *Gen 33,17*) baute. Auch der Richter Gideon (*Ri 8*) zog bei seiner Verfolgung der räuberischen Midianiter durch den Ort und bestrafte ihn, als er von den Einwohnern keine Unterstützung bekam. Inzwischen haben die Ausgrabungen diese Identifizierung mit Sukkot nicht bestätigen können: das alte Sukkot wird nun eher auf den *Tell el-Ahsas*, 2,5 km weiter westlich, lokalisiert.

Die sog. Bileam-Sprüche, 119 Verputzstücke die von den Ausgräbern mühsam aus dem Schutt gesammelt wurden, konnten auf bewundernswerter Weise neu zusammengesetzt werden, und liefern eine Serie von zwölf zusammengehörigen Textkombinationen. Während der Text in schwarzer Tinte geschrieben wurde, sind Rahmen, Titel und die wichtigsten Passagen in roter Tinte festgehalten. Aus der Gruppe I wurde ein einigermaßen kompakter Text von 10 Zeilen wiederhergestellt, der offensichtlich einen Auszug aus dem »*Buch des Bileam, Sohn des Beor*« darstellt. Dieser »*Seher*« oder Prophet ist die Hauptfigur einer Erzählung in *Num 22–24*: herbeigerufen vom moabitischen König Balak, sollte er die Israeliten verfluchen. Durch Gottes Eingrei-

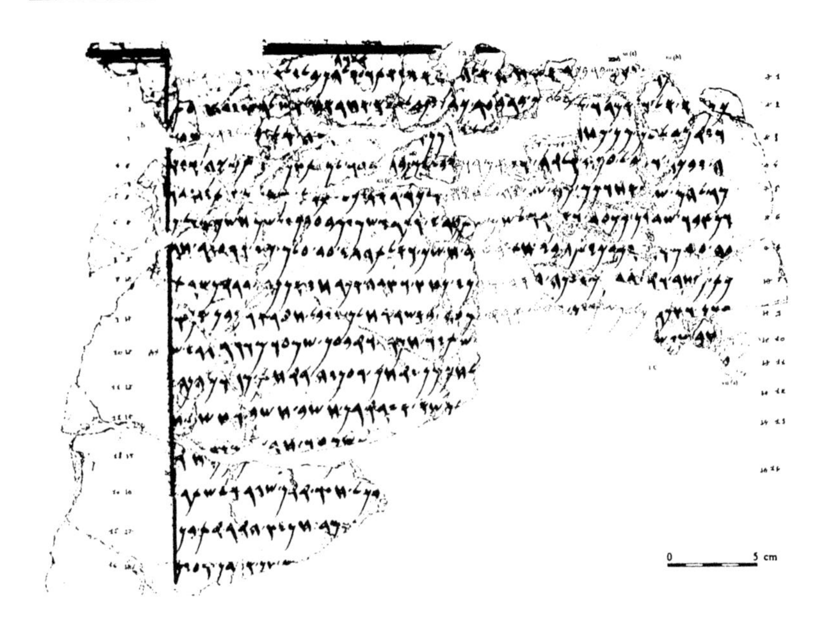

Tell Deir ʿAlla, die Bileam-Inschrift (Gruppe I)

fen sah er sich dazu nicht in der Lage und segnete Israel. Damit steht uns eine überraschende Parallele zu dem biblischen Text zur Verfügung. Die legendäre und sicher auch populäre Gestalt dieses Propheten, der auch in Tell Deir ʿAlla mit nahenden Unheilsereignissen und Katastrophen in Verbindung gebracht wird, ist wohl von den biblischen Verfassern übernommen und sehr phantasiereich (vgl. die sprechende Eselin, die Jahwes Botschaft vermittelt) umintertpretiert und in die Anfangszeit des Volkes Israel zurückprojiziert worden. Der Bileam-Text von Tell Deir ʿAlla datiert aus dem 8. Jh., ca. zwei Jahrhunderte früher als die schriftliche Abfassung des Bibeltextes.

Bei der Ortschaft **Kureyma**, ca. 10 km nordwestlich von Tell Deir ʿAlla, erhebt sich etwa 1 km westlich der Jordanstraße der **Tell es-Saʿidiyeh**, der zwei Erhebungen aufweist: der obere Tell, 40 m über die Umgebung emporragend, umfaßt etwa 10.350 qm, der niederigere Tell im Westen mißt etwa 90 x 40 m und ist 20 m niedriger als der östliche Haupt-Tell. Der Tell wird mit dem biblischen **Zafon** (vgl. *Jos 13,27; Ri 12,1*) oder **Zaretan** (*Jos 3,16* und *1 Kön 7,46*) identifiziert.

5. Das Land Moab

Wadi el-Mujib

Ein grandioses Naturschauspiel und atemberaubendes Panorama bietet das schroff herabfallende Tal *Wadi el-Mujib*, das sich für den Reisenden unvermittelt auftut, wenn er etwa 15 km südlich von Dhiban entlang der alten Königsstraße fährt. In zahllosen Serpentinen führt die moderne Straße 9 km lang zum 400 m tiefer gelegenen *Sel el-Mujib* (dem biblischen Arnon, d.h. *»der schnelle«* Fluß), der einige Kilometer weiter westlich in das Tote Meer einmündet. Obwohl die ganze Schlucht an dieser Stelle nur 4 km breit ist, führt der Weg weitere 11 km in Serpentinen hinauf, bis wieder die Hochebene von Moab erreicht wird. Die Bruchstelle verdankt ihre Existenz dem selben geologischen Ereignis, das den Jordangraben und den großen afroasiatischen Grabenbruch verursachte. Eine Plattform mit schönem Ausblick befindet sich hoch oben auf der Nordseite des *Wadis*. Selbstverständlich war dieser Graben schon immer eine natürliche Grenze. In biblischer Zeit bildet der Arnon die Trennung zwischen dem südlichen Moab und dem Reich der Amoriter, später dem israelitischen Siedlungsgebiet der Stämme Gad und Ruben (vgl. *Num 21,13–15; Dtn 2,24–36; 3,8–16 und Ri 11,13*). Zur Zeit des Königs David wurde der Arnon-Fluß deshalb auch *Bach Gad* genannt. Moab konnte sich aber lange Zeit weit über den Arnon hinaus nach Norden ausdehnen, so daß z.B. auch noch Madeba zur Zeit des Königs Mescha zum Herrschaftsgebiet Moabs gehörte. Um den Übergang über den Arnon zu sichern, ließ Mescha den Weg befestigen. In nabatäischer und römischer Zeit wurden zwei Kastelle am Übergang errichtet. Die Ruinen eines dieser quadratischen Festungen mit dem dazugehörigen Wasserreservoir kann man etwa 2 km jenseits der Brücke auf der Südseite des *Wadi el-Mujib* westlich der Straße sehen. Der Name *Mahattat el-Hajj* erinnert daran, daß beide Festungen später auch als Stationen für die Mekkapilger dienten, solange der weiter östlich gelegene Weg (etwa entlang der heutigen *Desert Highway*) noch nicht gebräuchlich war. Zwei sehr schön erhaltene römische Meilensteine sind auf der Südseite des Wadis, rechts von der Straße, aufgestellt.

Lejjun

Etwa 20 km von Kerak und 35 km von Umm er-Rsas entfernt liegen die Ruinen des römischen Militärlagers el-Lejjun (in der Antike: *Bethhorus*). Vom *Desert Highway* biegt man, von ʿAmman kommend, 2 km hinter Qatrana westlich in Richtung Kerak ab. Die Ruinen, die etwa 3 km nördlich von der Verbindungsstraße liegen, erreicht man über einen asphaltierten Zufahrtsweg.

Im Zuge der Wahrung der *pax romana* und der Abwehr der beduinischen Räuberbanden erneuerte oder restaurierte Kaiser Diokletian (284–305 n. Chr.) das Verteidigungssystem von zahllosen Festungen entlang der Ostgrenze des Römischen Reiches. In el-Lejjun war die 4. *Legion Martia* stationiert. Konzipiert für etwa 1500 Mann, umfaßte das Lager in der Blütezeit maximal 2000 Soldaten. Im späten 4. Jh. wurde die Zahl dann allerdings auf etwa 1000 reduziert. Erst am Ende des 5. Jhs. waren die Truppen so weit christianisiert, daß eine Kirche errichtet werden konnte. Ein Erdbeben zerstörte 505 die *principia* (Lagerkommandantur) und die Kasernen. Sie wurden nur halbherzig wiederaufgebaut. Unter Justinian (um 530) wurden die Mannschaften entlang der Ostgrenze entlassen, dafür die Ghassaniden als Hilfstruppen verplichtet. Da die Militärlager schon in spätrömischer Zeit gezwungen waren, selbst für ihren Unterhalt zu sorgen, wurde der Weg zu einer weiteren Demilitarisierung der (meist einheimischen) Besatzung konsequent weiterverfolgt. Ein schweres Erdbeben im Jahre 551 zerstörte die militärische und zivile Siedlung vollends. Nach einer zahlenmäßig geringen omayyadischen Neubesiedlung, wurde el-Lejjun später als Friedhof und gelegentlicher Aufenthaltsort von Beduinen benutzt. Türkische Truppen, die sich am Anfang des 20. Jhs. auf einem Hügel im Westen eingerichtet hatten, raubten Baumaterial der Festung.

El-Lejjun ist ein Paradebeispiel für die römische Militärarchitektur (242 x 190 m, 4,6 ha). Die mit 20 U-förmigen Türmen und vier halbkreisförmige Ecktürmen bewehrte 2,4 m starke Außenmauer wurde in der Mitte ihrer Längsseiten von vier Toren durchbrochen. Von diesen dreiportaligen Zugängen gingen Straßen in streng axialer Ordnung quer durch das Gelände: die *via praetoria* lief vom Osttor bis zur *groma* (Vermessungspunkt des Lagers), die *via principalis* vom Nord- bis zum Südtor. Die ganze Architektur ist ausgerichtet auf die *aedes* (Standartenheiligtum) mit der Kaiserstatue, von der aus man über das Tor der *aedes*, die Achse der *principia*, der *groma* und der *via praetoria* zur *porta praetoria* gelangte.

Die *principia* (63 x 52,5 m) waren durch einen monumentalen Eingang mit der *groma* verbunden. Von der *groma* aus gelangte man über einen Säulendurchgang mit nabatäischen Kapitellen (Spolien!) in einen ersten Innenhof mit 38 m Seitenlänge. Nord- und Südseite des Hofes waren von Ecksäulen flankiert, die von Arkaden überspannt waren. Von diesem äußeren Hof gelangte man über einen Portikus in einen zweiten Hof. Nördlich und südlich in diesem Hof stand eine Sprecherttribüne (8 x 4 m, *tribunale*), die von einer halbkreisförmigen Nische abgeschlossen war und über eine Treppe erreicht wurde. Von hier aus konnten die höheren Offiziere zu den Mannschaften sprechen. Die Westseite des inneren Hofes war von einer Reihe von Verwaltungsräumen begrenzt, in deren Mitte sich das Heiligtum der Legion (*aedes*, 9 x 10 m) befand.

Im Südosten des Lagers lagen die **Kasernen** der Mannschaften, drei Blöcke südlich der *via praetoria*, eine nördlich davon. Jeder Einzelraum hatte einen kleinen Vorhof. In der Nähe des Nordtores wurde am Ende des 5. Jhs. eine kleine **Kirche** (14 x 13) mit Narthex und Apsis gebaut. Im Nordwesten des Geländes legte man ein **Wasserreservoir** frei. Gegen die Nordmauer des Lagers wurde eine kleinere Badeanlage eingerichtet. Eine zivile Siedlung lag außerhalb der Festungsmauer: unter den drei Gebäuden befanden sich eine

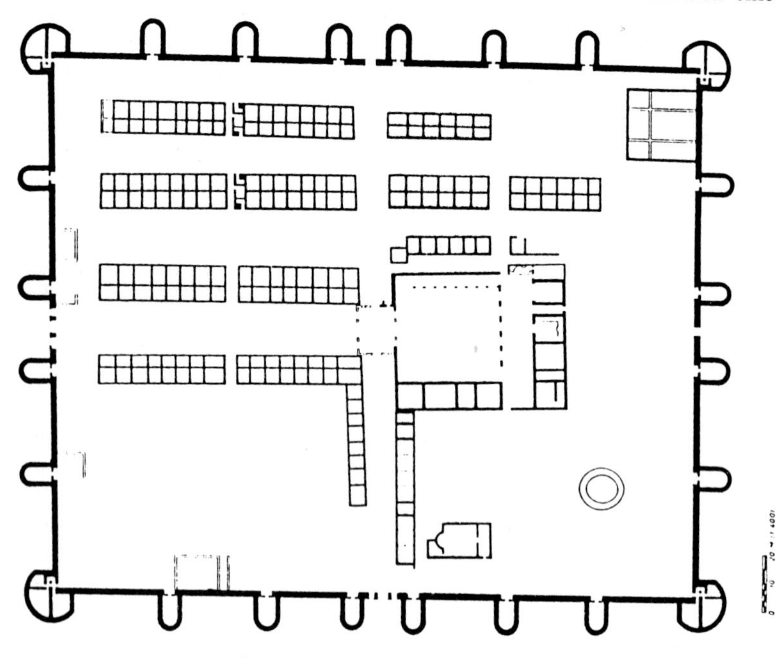

Lejjun, Grundriß des römischen Lagers

mansio (Herberge für Reisende), ein heidnischer Tempel und ein größerer Komplex mit ungeklärter Funktion. Die Wasserversorgung konnte in **el-Lejjun** nur mit großem technischem Aufwand realisiert werden: ca. 300 m westlich entspringt eine Quelle (*'Ain Lejjun*), ihr Wasser wurde mit einem Damm gesperrt und über einen Kanal ins Lager geführt. Ein zweiter Damm staute am Zusammenfluß des *Wadi el-Lejjun* und des *Wadi el-Mujib* das Wasser auf. Zwei weitere römische Militärstützpunkte befinden sich in unmittelbarer Nähe: **Khirbet el-Fityan**, 2,5 km von el-Lejjun entfernt, ist ein kleines Kastell auf einem Hügelkamm des Nordufers des *Wadi el-Lejjun*. In seinen Kasernen war wohl eine Abteilung der 4. *legio Martia* stationiert. **Rujm Beni Yasser** ist ein römischer Wachturm. Beide Befestigungen wurden noch vor der Aufgabe des Hauptlagers in **el-Lejjun** verlassen.

Rabba

Zwischen dem *Wadi el-Mujib* und Kerak erreicht man an der alten Königsstraße zunächst die Ortschaft **el-Qasr** (oder *Qasr Rabba*). Um einen nabatäischen Tempel auf der östlichen Straßenseite hat sich im Laufe unseres Jahrhunderts ein kleines Dorf entwickelt.

Knapp 20 km südlich vom *Wadi el-Mujib*, 5 km südlich von el-Qasr und 12 km nördlich von Kerak erreicht die alte Königsstraße die Ortschaft **Rabba**. Der antike Baubestand des unübersichtlichen Ruinenfeldes, unmittelbar südlich der modernen Ortschaft auf der westlichen Straßenseite, wurde häufig für Neubauten wiederverwendet.

Die Stadt hat eine sehr alte Geschichte. In den biblischen Angaben *Num 21,15* und *Dtn 2,9–18* wird die Stadt *Ar* oder *Ar-Moab* genannt. Weiter weiß das Alte Testament zu berichten, daß in Ar-Moab früher die Emiter lebten, ein *»Volk, das groß, zahlreich und hochgewachsen war wie die Anakiter« (Dtn 2,9–11)*. Dagegen soll der amoritische König Sihon bei einem Vorstoß über den Arnon die Stadt zerstört haben (vgl. *Num 21,28*). Im Zusammenhang mit den Völkersprüchen des Jesajabuches wurde eine Drohung gegen Ar ausgesprochen (*Jes 15,1*). Seit dem 2. Jh. v. Chr. siedelten sich Nabatäer an: die Stadt hieß damals *Rabbathmoba* oder *Rabbath Moab*. Am Anfang des 2. Jhs., bei der Neustrukturierung der römischen Ostprovinzen, scheint Rabbathmoba als Verwaltungszentrum der *Provincia Arabia* eine Rolle gespielt zu haben. Als Stadtgott wurde *Ares Panebalos* verehrt: Rabba wurde zu Ehren des Gottes Ares (der römische Kriegsgott Mars) in *Areopolis* umbenannt. Bis Ende des 4. Jhs. scheinen ihre Einwohner zäh am Heidentum festgehalten zu haben, im 5. und 6. Jh. treten jedoch verschiedene lokale Bischöfe in Erscheinung. Noch vor der großen Schlacht am Yarmuk 634 wurde Rabba von den moslemischen Truppen unter Abu Ubayda erobert. Das Christentum konnte sich noch ein Jahrhundert lang halten.

Das auffallendste Gebäude, das man von der Straße her sehen kann, ist ein **Tempel** mit zwei seitlichen Nischen. Zwei Weiheinschriften erwähnten die Kaiser Diokletian und Maximian, die gemeinsam zwischen 286 und 305 das römische Reich regierten. Südlich des Tempels wurden von Archäologen die Grundrisse einer kleinen byzantinischen **Kirche** geortet, die aus älterem Steinmaterial erbaut worden war. Der Vorgängerbau dieser Kirche war vielleicht eine nach Jerusalem orientierte Synagoge und in einem noch früheren Stadium ein römisches Gebäude mit unbekannter Funktion.

Qasr Beshir

Etwa 15 km nordöstlich von el-Lejjun befindet sich eine weitere Festung aus römischer Zeit, die speziell für die Kavallerie konzipiert war. Dieses besterhaltene römische Limes-Kastell Jordaniens erreicht man am günstigsten vom *Desert Highway* her, indem man 7 km nördlich von Qatrana über eine 12 km lange Piste nach Westen fährt.

Die Baugeschichte ist dank der Gründungsinschrift, die in einer *tabula ansata* auf dem Sturz des südlichen Haupttores angebracht wurde, geklärt: Das Kastell wurde unter den beiden Augusti Diokletian und Valerius Maximianus sowie unter den beiden Cäsaren Flavius Valerius Constantius und Galerius Valerius Maximianus als *castrum praetorii Mobeni* erbaut und ersetzte damit einen älteren Bau. Das Kastell war schon vor dem diokletianischen Neubau ein Teil der Festungskette, die an der *via nova Traiana* in ca. 20–30 km Entfernung dem Fruchtland von ʿAmman über Qastal, Khirbet ez-Zona, Qasr eth-Thuraya, Qasr Beshir und Khirbet el-Fityan nach el-Lejjun schützend vorgelegt worden war. Dabei diente das Lager von el-Lejjun als Operationsbasis, von dem aus die kleineren Lager mit Truppen und Vorräten beschickt werden konnten. Im 5. Jh. wurde Qasr Beshir aufgegeben.

Der quadratische Vier-Türme-Bau hat Seitenlängen von 56 m. Die dreistöckigen Ecktürme – ursprünglich ca. 10 m hoch – stehen noch zum größten Teil. Im Innern der Festung waren zweistöckige Räume an die 6,5 m hohe Außenmauer angebaut. In mindestens 23 Räume des Erdgeschosses waren Pferde und Kamele untergebracht, denn jeder dieser Räume hatte drei Futtertröge. Das Gebäude im Innenhof, das sich gegenüber dem Haupteingang befindet, war wahrscheinlich der Sitz der *principia*. Ca. 300 m südlich der Festung ist ein sorgfältig ausgeführtes Wasserreservoir zu sehen, das noch aus der Zeit des ersten Kastells datiert.

Petra, der Ausgang des Siq

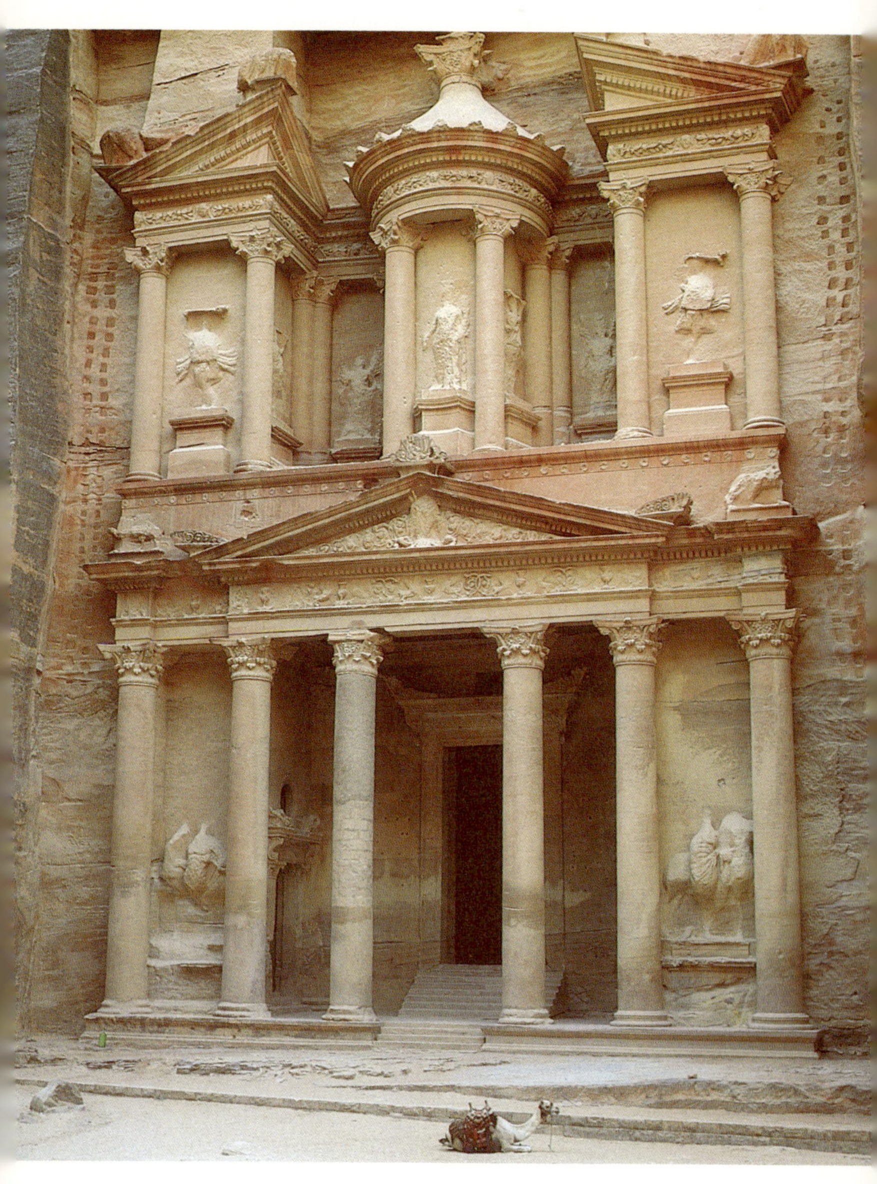

Petra, el-Khazne

Kerak

Etwa 18 km östlich der Südspitze des Toten Meeres erhebt sich auf einem Bergrücken in einer Höhe von 950 m ü.M. die Stadt Kerak. Im Osten und Westen ziehen sich das *Wadi es-sitt* und das *Wadi el-franji* um den Bergrücken: Beide laufen nördlich von Kerak zusammen und bilden das *Wadi el-Kerak*, das schließlich ins Tote Meer ausmündet. Die Stadt zählt heute gut 25.000 Einwohner.

In alttestamentlicher Zeit hieß die Stadt *Kir-Hareset (Jes 16,7), Kir-Heres (Jes 16,11; Jer 48,31.36)* oder *Kir Moab (Jes 15,1)* und war wahrscheinlich zeitweilig Hauptstadt des Moabiter-Reiches. Nach dem biblischen Bericht in *2 Kön 3,4–27* brachte der moabitische König Mescha seinen erstgeborenen Sohn auf der Stadtmauer als Brandopfer dar, als die judäischen und israelitischen Könige Joschafat und Joram etwa 850 v. Chr. die Stadt belagerten. 733 v. Chr. wurde das Moabiterreich von dem assyrischen König Tiglatpileser III. erobert. Der Druck verschiedener Wüstenstämme sorgte für instabile Verhältnisse im moabitischen Gebiet, bis sich spätestens seit dem 2. Jh. v. Chr. die Nabatäer dort etablierten konnten. In römischer Zeit fiel der Stadt – sie hieß nun *Characmoba* – als Distrikthauptstadt nur eine unbedeutende Rolle zu. Im 4. Jh. war Kerak Bischofsstadt. Unbedeutend in der frühislamischen Zeit, wurde Kerak erst wieder wichtig, als zur Zeit der Kreuzzüge das Lateinische Königreich von Jerusalem auf das Ostjordanland ausgriff und in diesem Standort einen strategisch bedeutenden Stützpunkt erkannte. Wahrscheinlich besetzte schon König Baldwin im 12. Jh. den Ort und ließ ihn befestigen. Payen le Bouteillier (Paganus Pincerna), fränkischer Verwalter von *Terre Oultre-le-Jourdain* und Herr von Kerak und Mont Réal (Shaubak) errichtete 1142 die Burg, die *Crac de Moab (Le Crac, Le Crac de Montréal, Pierre du Désert)* genannt wurde. Damit besaßen die Franken an der für die Moslems lebenswichtigen Nord-Süd-Verbindung von Damaskus nach Ägypten und Mekka einen Stützpunkt, von dem aus sie den Handels- und Pilgerverkehr beeinträchtigen konnten. 1170 führte Nur ed-Din eine erste Belagerung der Burg durch. Nachdem es Salah ed-Din gelungen war, einen ayyubidischen Einheitsstaat zu schaffen, indem er Syrien und Ägypten unter seiner Führung zusammenschloß, wurde die Burg wiederholt belagert (1173, 1183, 1184). Inzwischen war sie an Renaud de Châtillon übergegangen, der durch seine ständigen Raubzüge Salah ed-Din immer wieder aufs neue reizte. Bei der Belagerung von 1183 durch Salah ed-Din wurde auf der Festung gerade die Vermählung der elfjährigen Prinzessin Isabella mit dem siebzehnjährigen Humfried IV. von Toron gefeiert, dem designierten Erben von Kerak und *Oultre-Jourdain*. Mit der Mutter der Braut, Königin Maria Kommene, waren viele andere bedeutende Gäste auf die Burg gekommen, wo Gaukler, Tänzer, Spaßmacher und Musikanten für das Begleitprogramm sorgten. Mitten in die Feierlichkeiten platzte die Nachricht vom Herannahen Salah ed-Dins. Als die Mutter des Bräutigams, Stephanie, Salah ed-Din Schüsseln vom Festmahl überreichen ließ, verschonte er den Turm, in dem das junge Paar sich aufhielt, während die Belagerungsmaschinen weiterhin ihre vernichtende Wirkung auf die restliche Burg ausübten. Fränkische Entsatztruppen unter Führung von Baldwin IV. kamen jedoch zur Hilfe. Eine weitere Belagerung im Herbst 1184 mußte ebenso abgebrochen werden. Inzwischen brach Renaud de Châtillon sein Versprechen, keine Pilgerzüge nach Mekka mehr anzugreifen. Vor allem sein Überfall auf eine große Handelskarawane, die 1186 von Kairo nach Damaskus reisen wollte, erregte den Zorn des Salah ed-Din. Renaud hatte dabei die Begleitmannschaft erschlagen, die Kaufleute und ihre Familien mitsamt ihrer Habe nach Kerak verschleppt, und sich geweigert sie herauszugeben, als Salah ed-Din bei ihm und beim König Guido in Jerusalem darum gebeten hatte. Bei der Schlacht von Hittin 1187 kannte Salah ed-Din kein Erbarmen mehr: als Renaud gefangengenommen war und sich weigerte, durch eine Konvertierung zum Islam sein Leben doch noch zu retten, enthauptete Salah ed-Din ihn mit seinem eigenen Schwert. Die Witwe Renauds hielt noch ein ganzes Jahr lang die Belagerung der Burg durch. In einem Akt der Verzweiflung lieferten die Belagerten sogar ihre Frauen und Kinder aus, in der Hoffnung dafür Nahrung zu bekommen. Völlig ausgehungert mußten die Verteidiger sich schließlich ergeben, die Burg wurde 1188 eingenommen und dem Bruder Salah ed-Dins, el Malik el-ʿAdil übergeben. Dieser ließ einige Reparaturen durchführen und Neubauten (u. a. den Donjon) errichten. Kerak wurde alsbald zum Zankapfel unter den Mitgliedern der ayyubidischen Familie. Bei den Machtkämpfen unter den Mamelucken erstürmte Baibars 1263 die Burg. An der Nordwest-Ecke der Stadt baute er Baibars Turm, bei der Burg ließ er den Burggraben ausbauen. 1293 stürzten bei einem Erdbeben die drei Haupttürme der Stadtbefestigung ein.

Die wechselhafte Geschichte der Burg nahm eine unvermutete Wendung, als Beduinen 1502 zunehmend das Gebiet kontrollierten und einen Zustand der Unsicherheit und Rechtlosigkeit herbeiführten. Seit 1518 gehörte Kerak formal zum osmanischen Reich, die Macht blieb aber nach wie vor bei lokalen Stammesfürsten. Immer wieder mußte der türkische Sultan (u. a. 1678/79 und 1710/11) mit Strafexpeditionen gegen die Unordnung in der Stadt und im Gebiet um Kerak auftreten. Im frühen 19. Jh. bekannten sich Keraks Machthaber kurzzeitig zu den Lehren des Muhammed ibn ʿabd-el-Wahhab (1703/4 – 1792), der mit großer Kompromißlosigkeit gegen verschiedene Neuerungen im Islam kämpfte und seiner religiösen Bewegung eine antiosmanische Richtung im Rahmen des arabischen Nationalismus gab. Kurzzeitig konnten Mohammed Ali 1830 und Ibrahim Pascha 1840 die völlig unübersichtlichen Zustände in Kerak beenden. Um so verhängnisvoller wirkte sich 1841 der Abzug der Türken aus. Verschiedene rivalisierende Beduinenstämme versuchten, das Machtvakuum in ihrem Sinne zu füllen. Die Stadtverwaltung brach zusammen, die Bevölkerung erlitt schwere Verluste. 1880 entschlossen sich große Teile der christlichen Bewohner angesichts der chaotischen Verhältnisse, nach Maʿin und Madeba auszuwandern. 1893 konnten die Türken die Stadt wieder einnehmen, machten aus ihr ein Provinzzentrum und stellten in Kerak eine Garnison ab. Bei den dafür einsetzenden Bauarbeiten wurde viel Baumaterial der Burg verwendet. Im Zuge der arabischen Aufstandsbewegung gegen die Türken entschied sich Kerak gegen den Freiheitskampf der Beduinen und unterstützte die osmanische Besatzungsarmee! Nach dem 1. Weltkrieg wurde Kerak unter Sir Alec Kirkbride zum Provinz-Regierungszentrum erhoben. Das Gebiet um die Stadt erlangte eine gewisse Selbständigkeit und rang sich erst in den 20er Jahren des 20. Jhs. dazu durch, die Autorität des Haschemiten-Emirs ʿAbdullah anzuerkennen. Bis jetzt ist die Stadt Verwaltungszentrum eines großen und fruchtbaren Distrikts geblieben.

Wenn man die Burganlage mit anderen Bauten der Kreuzfahrer vergleicht, die kurz vorher oder in derselben Zeit entstanden (Crac des Chevaliers in Syrien, Beaufort und Subeibe in Palästina), dann fällt die grobe Bauweise auf. Vielleicht wurden die Maurer aus dem Soldatenheer rekrutiert, und ihnen fiel die Bearbeitung des Gesteins vulkanischen Ursprungs schwer. Die Bergkrone war ursprünglich im ganzen Umfang durch Mauerzüge gesichert und mit fünf Türmen verstärkt. Die eigentliche Burganlage (Fläche etwas mehr als 2,5 ha.) befindet sich im Süden der Stadt. Man konnte die Burg nur durch drei unterirdische Gänge erreichen. Die fränkischen und ayyubidisch-mameluckischen Baustufen der Festung sind durch die Art des verwendeten Gesteins zu erkennen: die Kreuzfahrer arbeiteten mit dem vulkanischen, rötlichschwarzen Felsmaterial des Ortes, auf dem sie ihre Burg errichteten, während die Moslems grau-gelbliche Kalksteinblöcke aus einem westlich gelegenen Tal bei *Batn Tawil* (nahe dem *Wadi el-Franji*) verwendeten.

An der **Nordfront** der Burganlage befand sich das Haupttor mit einer Zugbrücke über einen ehemals etwa 20 m breiten und 30 m tiefen Graben, der die Stadt von der Burg trennte. Die ganze Front besteht aus einer mächtigen Mauer, die von Schießscharten durchbrochen wird. Zwei vorspringende Bastionen schützten die beiden Ecken. Auf der **Westseite** der östlichen Bastion war eine Fluchtpforte verdeckt angebracht, die ursprünglich auch den einzigen Eingang gebildet hat. Besucher oder Eindringlinge hatten von dort nacheinander zwei enge Kammern und einen länglichen Saal zu passieren. Auf der gegenüberliegenden **Südseite** hatte man die enge Verbindung mit der südlich angrenzenden Erhebung (*Umm et-Telj*) durch einen etwa 30 m breiten Graben gekappt. Südlich vom Donjon befindet sich ein großes rechteckiges Wasserreservoir (55 x 12/20 m), das als Überlaufbecken die Burg in Friedenszeiten mit Wasser versorgen konnte. Innerhalb der Festung gab es weitere Zisternen, die das Regenwasser von den Dächern und Terrassen sammelten. Auf der **Ostseite**, die sich über das *Wadi es-sitt* erhebt, steht die hohe Bastion der oberen Plattform. Eine sorgfältig angelegte 35 m lange *Glacis*-Wand machte das Erstürmen der Burg von dieser Seite schier unmöglich. Vier rechteckige Türme verstärkten sie. Die **Westseite** wird von zwei Mauerzügen umgeben: zwischen den Mauern liegt der lange und schmale Unterhof (230 m lang, 20 m breit), der entlang der ganzen Westseite verläuft. Von hier fällt das Gelände schroff zum *Wadi el-franji* ab.

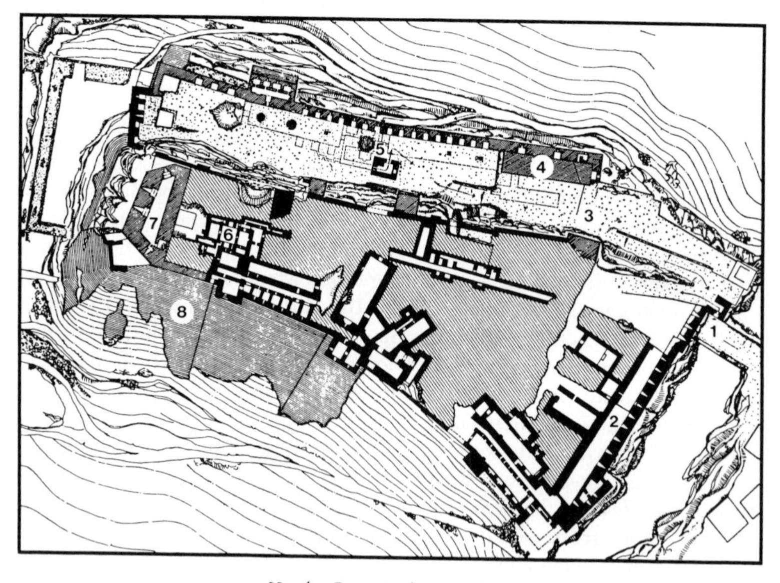

Kerak, Gesamtanlage der Burg

1 Eingang
2 Pferdeställe
3 Unterhof
4 Burgmuseum
5 Unterirdische Iwan-Halle
6 Aufenthaltsräume
7 Donjon
8 Glacis

Heute betritt man die Burg durch einen modernen Eingang und gelangt zuerst zum **unteren Hof**. Treppen führen in zwei 8 m breite und 37 bzw. 80 m lange überwölbte unterirdische Räume. Sie bekommen Tageslicht über große kreisrunde (7 m Durchmesser) Öffnungen. Der nördliche unterirdische Raum von 80 m Länge hat einen zweiten Saal von 35 m Länge über sich. Den **oberen Hof** (180 m lang, 36/75 m breit) erreicht man, indem man die gewölbten Räume der Pferdeställe durchläuft, an die sich im Winkel südlich einige Depots, Wohnräume und der Küchentrakt anschließen. Etwa in der Mitte der oberen Ebene sieht man die Ruine der *Kapelle*, die halb-unterirdisch auf der Plattform gebaut war. Es war ein bescheidener Bau mit einer halbkreisförmigen Apsis. Zwischen der Kapelle und dem Donjon fällt eine sehr große Öffnung auf, die einen Hof auf dem Niveau des Untergeschosses zeigt. Dieser Hof war von verschiedenen Sälen umgeben, die als Aufenthaltsräume und Festsaal des Herrn von Kerak gedient haben. Man gelangt über eine Treppe im Norden der Burg von der oberen Plattform dorthin. An der Wand dieser Treppe ist das einzige Schmuckelement der ganzen Burg zu sehen: eine quadratische Steintafel, die mit einem geometrischen Motiv reliefiert wurde! Auch hier war die Decke des Gebäudetraktes von 13 oder mehr runden Öffnungen durchbrochen: sie hatten etwa 2 m Durchmesser und konnten damit die unten gelegenen Räume erleuchten und belüften.

Mit seiner 36 m langen Front und seinen vier Stockwerken ist der **Donjon** in seinem hellen Kalkstein ein auffallendes Bauwerk der Moslems. Es sollte die Südseite der Burg verteidigen, denn vom benachbarten Höhenzug hätte man sie leicht angreifen können. Auf der Ostseite wird der Bau nach Norden von einer 17 m langen Mauer fortgesetzt, die fünf Nischen mit Schießscharten aufweist. Auch die verschiedenen Stockwerke des Donjon sind mit Schießscharten versehen, die versetzt übereinander angebracht wurden. Das **Burgmuseum** ist in einem Gewölbesaal des Unterhofes untergebracht. Einige Funde aus *Bab edh-Dhra'* (beim Toten Meer) dokumentieren die Bronzezeit. Weiter sind hier archäologische Funde aus *Buseirah, Rabba* und *Dibon* zusammengestellt. Byzantinische Grabsteine aus dem moabitischen Gebiet und einige kleinere Fundstücke aus Kerak ergänzen die Ausstellung. Im Museum befindet sich auch eine Kopie der berühmten Mescha-Stele.

Die **Stadt** selbst hat nicht viel aus ihrer Vergangenheit aufzuweisen. Auf der Nordwestseite des Stadtgebietes befindet sich **Baibars Turm** (*Burj ez-zaher Baibars*) aus dem Jahre 1268. Die massive dreistöckige Konstruktion hat eine Länge von 40 m und weist 8 m starke Mauern auf. In der Stadtmitte hat man eine der Säulen aus der römischen Stadtanlage wiederaufgerichtet.

10 km südlich von Kerak, mitten in einer fruchtbaren Ebene, liegt an der alten Königsstraße das Dorf **Muta**. Über die Gräber der drei bei der Schlacht von Muta gefallenen moslemischen Befehlshaber baute man spätestens im 13. Jh. in **Mazar**, südlich von Muta, ein Mausoleum und eine Moschee.

Dhat Ras

Wenn man ca. 5 km südlich von Mazar abzweigt, erreicht man nach weiteren 5 km auf 1150 m Höhe Dhat Ras. Das Dorf liegt inmitten eines fruchtbaren Ackerlandes. Dhat Ras muß in nabatäischer, römischer und byzantinischer Zeit eine wichtige Stadt gewesen sein, bis der Ort dann anschließend für mehr als ein Jahrtausend aufgegeben wurde. Durch die exponierte Lage am Südende der moabitischen Hochebene hat man von hier aus einen weiten Überblick über die ganze Umgebung. Die Nabatäer hatten in Dhat Ras eine ihrer wichtigsten Siedlungen errichtet. Aus dieser Zeit stammen die Überreste von drei nabatäischen Tempeln. In byzantinischer Zeit war der Ort unter dem Namen *Kyriakoupolis* Bischofsssitz in der Provinz *Palaestina tertia*. Aus dieser Zeit stammen die Ruinen von zwei Kirchen. Der antike Baubestand des Ortes ging bei der Neubesiedlung im 19. Jh. weitgehend verloren.

Wadi el-Hesa

Das *Wadi el-Hesa*, gleichzusetzen mit dem biblischen *Sered*-Fluß (vgl. *Num 21,12* und *Dtn 2,13f.*), grenzte das eisenzeitliche Moab nach Süden hin von dem edomitischen Reich ab. Auch jetzt noch bildet das *Wadi* die Grenze mit dem Distrikt *Kerak* und den Anfang des Distriktes *Jebbal*. Entstanden ist dieses *Wadi*, wie auch das parallel nördlich verlaufende *Wadi el-Mujib*, im Zuge des großen Grabenbruches zwischen dem Jordan und dem Roten Meer. Das *Wadi el-Hesa* mündet in das Tote Meer. Landschaftlich aber bietet das Land südlich des *Wadi el-Hesa* ein völlig neues Schauspiel: die Hochebene hört auf, zahlreiche zerklüftete Täler und zackige Gipfel machen das Gelände unwegsam. Der Kalkstein wird vom Sandstein abgelöst.

6. Der Süden

Khirbet et-Tannur

Einer der markanten kahlen Gipfel (*Jebel et-Tannur*) auf der Südseite des *Wadi el-Hesa* trägt die Ruinen des nabatäischen Kultzentrums Khirbet et-Tannur. Etwa 6 km nach der Überquerung des *Wadi el-Hesa* biegt man westlich von der Straße auf eine Piste in Richtung des Berges ab. Über einen Pfad auf der Südostseite kann man dann in einem 20-minütigen Fußmarsch die Hügelspitze erreichen. Sie hatte wahrscheinlich schon in vornabatäischer (d. h. edomitischer) Zeit kultische Bedeutung. Im 1. Jh. v. Chr. errichteten dann die Nabatäer auf dem Gipfel einen Brandopferaltar, der auch in den nächsten zwei Bauphasen beibehalten wurde. Um die Zeitenwende entstand um den Altar eine ost-west-orientierte Tempelanlage. Breite Treppen führten zum Eingangstor der Anlage in der Mitte der Ostmauer. Dieses Tor verschaffte Zugang zu einem großen Hof. Auf der Nord- und Südseite reihten sich Kolonnaden und Nebenräume: drei dieser Räume waren als Triklinien eingerichtet. Am Westende des gepflasterten Hofes gelangte man nun über vier Treppen zum erhöhten Altar, ein quadratischer Naos umgab die Plattform. Eine Treppenanlage führte aufs Dach des Tempels. In einer dritten und letzten Bauphase (frühes 2. Jh. n. Chr.) wurde die Ausstattung des Tempels grundlegend geändert, indem die einfachen *Betyle*, die den Tempel schmückten, nun von skulptierten Steinmetzarbeiten abgelöst wurden. Die Ostfassade des Schreines wies jetzt sechs Medaillons mit Götterdarstellungen auf. Sie konnten als Abbildungen des Haddad-Zeus, der Atargatis-Aphrodite (einmal als Delphingöttin und einmal als Getreidegöttin) und Tyche identifiziert werden. Die Darstellungen weisen trotz der Vermischung mit griechisch-römischen Gottheiten noch typische altnabatäische Züge auf (überproportionierte Augen, stylisiertes Haar). Heute ist das Heiligtum völlig abgetragen, die Reliefs werden im *Archäologischen Museum von ʿAmman* und im *Cincinnati Museum of Arts* aufbewahrt.

Tafila

Etwa 25 km südlich der Überquerung des *Wadi el-Hesa* liegt Tafila unmittelbar an der alten Königsstraße. Das große Dorf von etwa 7000 Einwohnern bildet das Zentrum eines kleinräumigen Agrargebietes, in dem vor allem Olivenhaine, Feigenbäume und Obstgärten gedeihen. Verwaltungsmäßig ist

Tafila der Hauptort des *Jebbal*-Distriktes (das antike *Gabalene*), das südlich vom *Wadi el-Hesa* beginnt. Die ganzjährig sprudelnden Quellen haben diesen Ort zu einem beliebten Siedlungsgebiet gemacht, so daß anzunehmen ist, daß der Flecken auch schon in edomitischer Zeit bewohnt wurde. Wahrscheinlich ist Tafila identisch mit dem biblischen *Tofel (Dtn 1,1)*. In römisch-byzantinischer Zeit hieß die Stadt *Augustopolis* oder *Metrocomia*. Etwa 200 m westlich der großen Straßenkreuzung im Ortszentrum ist auch heute noch ein rechteckiges Gebäude zu sehen, das ursprünglich vielleicht als fränkischer Wegposten gedient hat. Auf einer Ebene nahe dem Dorf fand am Anfang des 20. Jhs. die erste und einzige reguläre Schlacht der aufständischen Araberstämme gegen die osmanische Besatzung statt, bei der T.E. Lawrence – wenigstens nach eigenem Bekunden- eine Rolle gespielt hat.

Wenn man etwa 22 km südlich von Tafila an der alten Königstraße den Weg verläßt und dann noch 4 km westlich fährt, erreicht man **Buseira**. Nördlich des modernen Dorfes befinden sich die Ruinen des antiken Buseira (d.h. »*kleines Bosra*«), des biblischen Bozra (»*Unzugänglicher Ort*«). Die Ausgrabungen brachten seit 1971 Bauwerke aus der neuassyrischen Zeit (aus dem 8.–7.Jh. v.Chr.) zutage.

Ma'an

Als Distrikthauptstadt hat Ma'an verwaltungsmäßig einige Bedeutung, archäologisch hat das gut 15.000 Einwohner zählende Städtchen aber nichts mehr aufzuweisen. 216 km von 'Amman und 119 km von 'Aqaba gelegen, war es in osmanischer Zeit eine wichtige Station auf dem Pilgerweg nach Mekka. Die Ruine eines osmanischen Pilgerforts aus dem 18. Jh. ist noch ein Relikt aus dieser Zeit. Im März 1966 zerstörte eine Überflutung nach einem Wolkenbruch nahezu die gesamte Infrastruktur der Stadt und tötete hundert Einwohner. Seitdem baute man südlich der alten Stadt (*Ma'an esh-shamiyeh*) eine neue, *Ma'an el-Qibliyeh*. Von Ma'an zweigt eine 121 km lange Wüstenpiste nach el-Mudawarra ab; eine andere verläuft über el-Jafr nach Qasr Bayir. Eine Asphaltstraße führt von dort weiter nach Saudi-Arabien.

Shaubak

Südöstlich des Toten Meeres und nicht weit von der alten Königsstraße liegt, inmitten der *esh-Shera'*-Berge, die älteste Kreuzfahrerburg des Ostjordanlandes. Wegen ausreichender Niederschlagsmengen war dieses Gebiet durchaus eine fruchtbare Gegend. Mittelalterliche Schriftsteller erwähnen die Olivenhaine, das Getreide, den Wein, das Zuckerrohr und die Aprikosen von Shaubak. Strategisch günstig gelegen, konnte man von hier aus zwei Ost-West-Verbindungen zum *Wadi el-ʿAraba* kontrollieren.

In kurzer Zeit ließ der Kreuzfahrerkönig Baldwin I. 1115 die Burg mit dem Namen *Montréal (Mons Regalis, Mons Realis)* errichten. Sie sollte später als wichtiges Glied einer Festungskette zwischen Kerak und Aila (ʿAqaba) fungieren. Erster Burgherr war Romain Le Puy (*Romanus de Podio*). 1332 verlor er sein Lehen und wurde abgelöst von Payen le Bouteillier, der 1142 auch die Burg Kerak baute und diese als Sitz seines Feudalstaates erkor. Als Stéphanie de Milly 1174 Renaud de Châtillon heiratete, kam Shaubak in den Besitz Renauds. Seine Angriffe gegen die Moslems nötigten Salah ed-Din zu wiederholten Belagerungen der Burg, die abgesehen von der Verwüstung der Umgebung nicht zum Erfolg führten. Erst als Renaud bei der Schlacht von Hittin 1187 gefangengenommen und getötet wurde, konnte Salah ed-Din Shaubak einnehmen. Akuter Salzmangel hatte während der anderthalbjährigen Belagerung zu Erblindungsfällen unter den Verteidigern geführt. Die Mehrheit der Burgbewohner blieb auch nach der Übergabe christlich. Die Festung blieb 70 Jahre in ayyubidischer Hand: In dieser Zeit wurden die Belagerungsschäden ausgebessert. Der letzte ayyubische Herrscher von Kerak, el-Mughith ʿUmar, verlor die Festung an den Mamelucken Baibars. Die Burg wurde nun zum Verwaltungszentrum im südjordanischen Raum und entsprechend umgebaut. 1279 nahm Qala'un Shaubak ein. Eine Restaurierung führte 1297/98 Lajin unter der Aufsicht des Prinzen ʿAla ed-Din Qibris el-Mansuri durch. Am Ende des 14. Jhs. wurde die Burg bei Kampfhandlungen teilweise zerstört. Weitere Umbauten führte im 19. Jh. der Osmane Ibrahim Pascha durch. Die Dorfbewohner von Shaubak wohnten noch Anfang des 20. Jhs. in der Burg und zerstörten weitere Teile der Festung.

Shaubak beeindruckt mehr durch seine imposante Lage als durch seine erhaltene Architektur. So stammt vieles, was heute noch zu sehen ist, aus mameluckischer Zeit. Im Zentrum der Festung sind noch einige Spitzbogengewölbe zu sehen, die wohl zur Kreuzfahrerkirche gehört haben. Der linke Teil der Kirche wurde später in eine Moschee verwandelt. Die Wehrgänge im Norden sind mit Halbbogengewölbe versehen und heute zum größten Teil begehbar. Auch sie stammen aus der späteren arabischen Bauphase. Eine unterirdische Palastanlage mit einem Vier-Iwan-Raum sowie eine Badeanlage stammen aus mameluckischer Zeit. Dagegen entstand ein in den Felsen gehauener Tunnel im Südwesten der Burganlage, nahe der Umfassungsmauer, aus der fränkischen Zeit. Der Gang führt über 356 Stufen zu zwei Quellwasserbecken in die Tiefe. Man kann auch heute noch, mit einer Taschenlampe versehen, hinuntersteigen.

Wadi Musa

Kurz vor Petra entspringt eine sehr ergiebige Quelle aus dem Felsen, die von den moslemischen Einwohnern für die Quelle gehalten wird, die Mose aus dem Felsen schlug (*Ex 17,1–7*). Eine Moschee wurde vor einigen Jahren über den Austritt der Quelle gebaut. Das Wasser des *'Ain Musa* wurde schon in der nabatäischen Zeit über eine Leitung in den Felskessel von Petra geführt.

Petra

Den Höhepunkt jeder Jordanien-Reise bildet der Besuch der Ruinen und der Felslandschaft in Petra. Das archäologische Gelände hat einen Durchmesser von etwa 25 km und bietet von daher Möglichkeiten für mehrere Besichtigungstage. Zwei Tage braucht man, um das Wichtigste anzuschauen. Petra befindet sich etwa 80 km südlich des Toten Meeres, der Talkessel liegt auf einer Höhe von ca. 1000 ü.M. Als Scheich Ibrahim gelangte der Schweizer Johann Ludwig Burckhardt als erster Europäer im Sommer 1812 nach Petra. Bedrängt von den mißtrauischen Beduinen mußte er aber den Ort fluchtartig wieder verlassen. Nach ihm kamen britische, amerikanische, französische, deutsche und nicht zuletzt auch jordanische Archäologen, die alle ihren Teil dazu beigetragen haben, die Geschichte und Kultur der Nabatäer zu erhellen.

Das staatliche *Rest House* am Eingang des Felskessels (*Bab es-Siq*) und das angrenzende *Tourist Centre* bilden den Ausgangspunkt für die Besichtigung. Eingerahmt von der Hotelanlage erblickt man den Säulenhof eines nabatäischen Grabes mit Nischen (*el-Khan*). Das *Wadi Musa* bildet mit seinen aufragenden Hügelflanken schon ein relativ enges Tal (*Bab es-Siq*), in dem sich die Pferde und die Beduinen-Führer für den Touristentransport sammeln. Getreppte Betonplattformen helfen auch dem ungeübten Reiter, das erste Höhenhindernis zu überwinden. Es ist Tradition – und ein handfestes wirtschaftliches Interesse der Beduinen –, daß man in die Schlucht (*es-Siq*) mit den Pferden reitet, stets in Begleitung eines Beduinen, der das

Tier am Zügel hält. Nach der Rückkehr der Tagestour reitet man mit demselben Pferd (!) wieder zurück, wobei ein Trinkgeld für den Beduinen-Führer fällig wird. Gehbehinderte können auch auf Anfrage mit einer Pferdekutsche durch den Siq geführt werden.

Viereckiges Blockgrab ohne Ornamentik

Schon nach wenigen hundert Metern fallen auf der rechten Seite drei freistehende nabatäische **Blockgräber** (*sahrij*, d.h. »*Wasserspeicher*«) auf, die auch Geister-Türme (*Jinn*-Türme) oder Turmgräber genannt werden. Diese *sahrijs* sind nabatäische Grabmonumente, deren Bestattungsgruben in einigen Fällen in das ausgehöhlte Dach eingesenkt wurden. Das Blockgrab kann im Innern mit einer Kammer versehen sein. Als Dekorelemente tauchen Pilaster, abgetreppte Zinnen und Frieszonen auf. Dieser Gräbertypus läßt sich noch am ehesten mit den nabatäischen Gräbern des *Hejra-Typus* in Saudi-Arabien in Verbindung bringen. Aufgrund stilkritischer Hinweise und einer nabatäisch-griechischen Inschrift, die man in der Nähe fand, sind die Blockgräber in der zweiten Hälfte des 1. Jhs. n.Chr. zu datieren.

Blockgrab mit vier Pilastern auf jeder Seite

Das **Obeliskengrab** oder Spitzpfeilergrab (Nr. 34/35) präsentiert sich als zweistöckige Fassade. Der untere Teil, als Barock-Triklinium bezeichnet, hat eine stark verwitterte Fassade mit sechs Säulen, die mit nabatäischen Kapitellen versehen sind. Die Eingangstür wird von einem niedrigen Sprenggiebel und einem Mittel-Bogen gekrönt. Darüber erhebt sich ein Architrav mit flachen Pilastern, der nochmals von einem Sprenggiebel abgeschlossen wird. Der Innenraum mißt 6 x 8 m und ist mit einem Triklinium ausgestattet; zwei kleine Nischen wurden hoch an der Rückwand angebracht. Zwei Öffnungen seitlich in der Fassade führen in eine kleine Kammer. Über dem Barocktriklinikum erhebt sich das sog. Obelisken-

Schlangenmonument

Viereckiges Blockgrab ohne Ornamentik

Tropfheiligtum
ed-Deir
1150
Einsiedler-
zellen
Klausen-
schlucht
Qattar ed-Deir
Wadi Kharruba
el-Meesara
Turkmaniye
Kultplätze
Löwentriklinium
Wadi Meesara wasta
Conway-Turm
Steinbrüche
Felsabbruch
Nabatäische
Stadtmauer
Quelle
Wadi Syagh
Byzantinische
Post
Löwen-
Greifen-
Tempel
Museum
Restaurant
Nazzals
Camp
950
Stadtmauer
el-
Habis
990
Steinbrüche
Cardo
Tor
Qasr el-
Bint Firaun
maximus
Nymphäum
Bad
Stadt
kern
Markt (?)
Wadi Musa
Umm el-
Biyara
1260
Zibb Firaun
ez-Zanfur
Byzantinische Stadtmauer
Katute-Hügel
Theater
Wadi el-Farasa
Jebel el-Barra
Wadi es-Sugra
Wadi en-Nmer
Theater-
nekropole
1100
Zibb Atuf
Hochaltar
Bunter
Saal
Farasa
(West)
Statuen-
grab
Garten-
tempel
Löwenrelief
Kegelberg
Propyläen (?) zum
Hochaltar
Farasa-Schlucht
(Ost)
Obelisken
zum
Jebel
Harun
Spitzpfeilerreliefs
Sabra
Wadi Umm er-Retam
es-Sugra
Schlangenmonument
Jebel en-Nmer
nach
Sabra
Obodas-Kapelle

Petra,

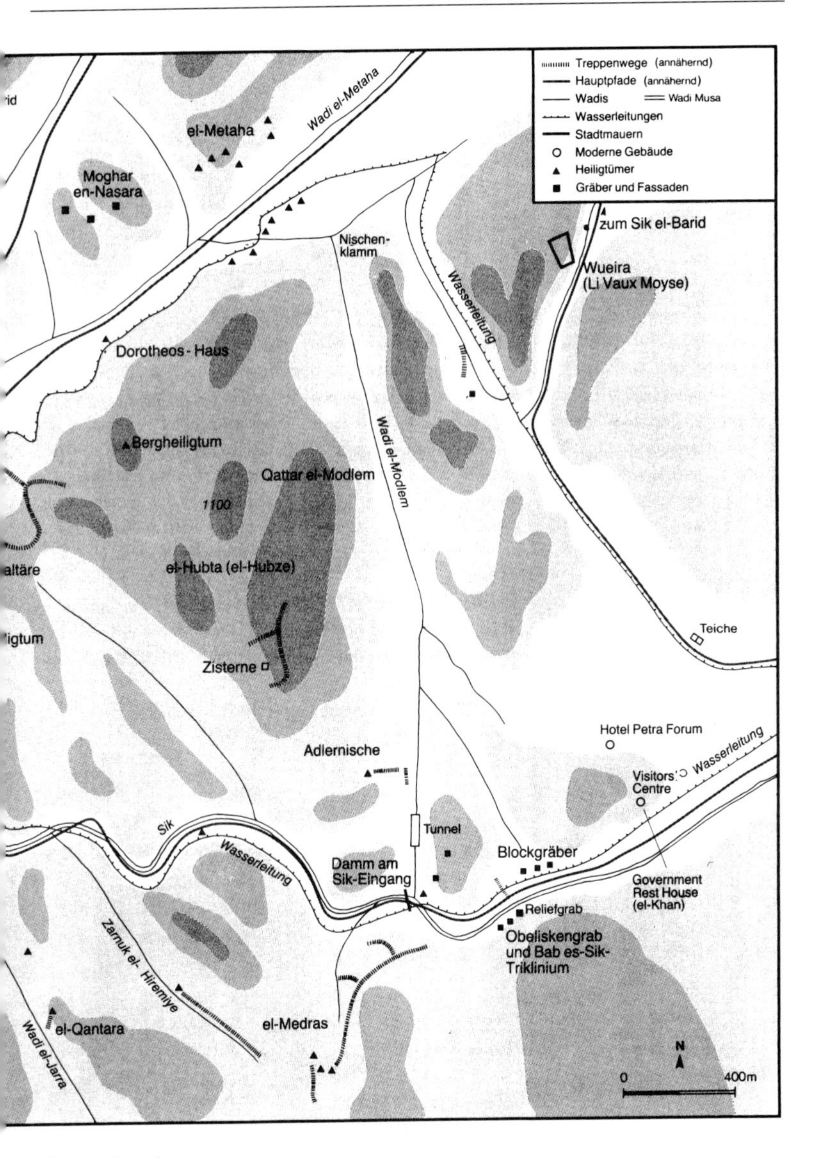

Gesamtübersicht

grab, das über eine Felstreppe von der linken Seite her betreten werden kann. Die Fassade ist reich gegliedert und besteht aus vier Pilastern, die von einem Kranzgesims gekrönt sind. Über den Pilastern erheben sich vier ursprünglich etwa 7 m hohe Obelisken, die aus dem Fels gehauen sind. Zwischen den inneren Obelisken steht die (beschädigte) Statue des Grabherren. Ein Wasserbecken und die Umrisse einer halbrunden Ruhebank um die rituelle Kochstelle zur Bereitung des Totenmahles befinden sich noch vor dem Eingang. Im Innern (6 x 6 m) selbst erkennt man zwei Senkgräber an jeder Seite und eine Hauptnische (*arcosolium*) an der Rückwand, so daß die vier Obelisken und die in die Mitte gestellte Statue wohl Denkmale (nab.: *nefesh*) für die hier Bestatteten darstellen. Barocktriklinium und Obeliskengrab gehören zusammen: Beide Eingänge liegen genau in derselben Achse. Das Triklinium diente als Raum für das Totenopfermahl, das zu Ehren der fünf Verstorbenen gefeiert wurde, die im Obeliskengrab bestattet waren. Eine Inschrift auf der gegenüberliegenden Straßenseite datiert die Grabanlage in den Zeitraum zwischen 40 und 70 n. Chr.

Selten besucht wird das **Plateau von el-Medras**. Etwa 75 m vor dem Damm öffnet sich links ein kleines *Wadi*, das man begehen kann. Nach ca. 10 Minuten sieht man in einiger Entfernung auf der rechten Seite des *Wadi* verschiedene Treppenaufgänge, über die man zum Plateau von *el-Medras* gelangt. Das Plateau besitzt kein zentrales Heiligtum, dafür aber eine Vielfalt von Votivnischen, Inschriften, Betylen, Wasserbecken und -leitungen. Wahrscheinlich hatten verschiedene Familienclans der Nabatäer hier ihr eigenes kleines Heiligtum. Der sog. **Treppenfelsen** ist mit einem Triklinium, einem mit sechs Treppen versehenen altarähnlichem Felsblock und einem eingelassenen Wasserbecken versehen.

Zurückgekehrt auf den Zufahrtsweg zum *Siq*, erreicht man den künstlichen **Damm**, der den Eingang des *Siq* abtrennt. Um zu verhindern, daß bei starken Regenfällen das Wasser des *Wadi Musa* den *Siq* und danach das ganze Stadtgebiet überspülte, hatten die Nabatäer diesen Damm errichtet, der die Wassermassen entlang des *el-Khubta*-Massivs ablenken und über den 88 m langen Felstunnel *el-Modlem* umleiten konnte. Man hatte die Funktion dieses Dammes vergessen, und als am 8. April 1963 ein starker Regenfall einsetzte, wurde eine Gruppe von 24 französischen Touristen von der Flutwelle überrascht und kam dabei um. Seitdem wurde der Damm nach antiken Vorbild wiederhergestellt. Der **Tunnel** (*el-Modlem*) weist interessante nabatäische Heiligtümer auf.

Der Ritt oder Gang durch die etwa 1,2 km lange Schlucht **es-Siq** gehört zu den beeindruckendsten Erfahrungen eines Petra-Besuches. Die Felsspalte ist durch taktonische Kräfte entstanden, die das ursprünglich kompakte

Felsmassiv an einer Schwachstelle gespaltet haben. Das Wasser des *'Ain Musa* fand erst nach diesem Ereignis in der Öffnung ein Flußbett. Die meist senkrechten Felswände der Schlucht ragen fast 70 m hoch auf. Die Farbe des Sandgesteins wechselt je nach Eisengehalt zwischen Gelb, Braun, Hell- und Dunkelrot bis Grau. Der Eingang wurde noch bis 1895 von einem **Triumphbogen** überspannt, dessen Reste man hoch an beiden Seiten der Schlucht sieht. Der Siq war der wichtigste Zugang für die antike Stadt und – wie die vielen Idolnischen und Betyle an den Wänden nahelegen – sicher auch eine *via sacra* (Prozessionsstraße). Der Boden war mit großen Kalksteinplatten gepflastert, die jetzt – abgesehen von einigen wenigen Partien in den Kurven – weitgehend von den Wassermassen weggespült worden sind. An beiden Seiten der Schlucht sieht man die Überbleibsel von Wasserleitungen, die das Wasser in den Stadtbereich führten: an der linken Seite ist sie meist als offene Leitung in die Felswand eingearbeitet, rechts verläuft sie manchmal in verschiedenen Tonröhren übereinander angeordnet. Auf halber Strecke stößt man auf einen isolierten Felsblock (2,5 x 1,7 m), der als Betyl schematisch dekoriert wurde: zwischen Eckpilastern befindet sich unter einer Attika und einem dorischen Metopen-Triglyphenfries die Andeutung eines Gesichtes (Augen und Nase) und ein kleines Begleitidol.

Die aus dem Felshintergrund ausgehauene Fassade von **el-Khazne** ist die vollkommenste und schönste von Petra. Die Morgensonne verleiht ihr einen zarten rötlichen Schimmer. Den Namen *el-Khazne* oder *Khazne Fira'un* (Schatzhaus des Pharao) gaben die Beduinen dem Bau im 19. Jh. Ein großer Platz (250 x 70 m) ist dem Schatzhaus vorgelegt. Die Fassade selbst, knapp 40 m hoch und 25 m breit, gliedert sich in zwei Stockwerke. Das Untergeschoß besteht aus einer Vorhalle mit sechs Säulen, die auf attischen Basen stehen und korinthische Kapitelle mit einer doppelten Reihe Akanthusblätter aufweisen. Die Wände zwischen den seitlichen Säulenpaaren zeigen die Reliefs von Männern mit Pferden (Dioskuren). Der untere Giebel ruht auf vier der sechs Säulen. Über einen Fries mit Blumen und Amphoren zwischen einander gegenüberstehenden Greifen erhebt sich ein mit Gittermustern verzierter Giebel, der eine »*Rankenfrau*« zwischen Kuhgehörnen und Kornähren mit der Sonnenscheibe zeigt, Attribute der ägyptischen Göttin Isis. An jeder Seite des Giebels sitzt ein Löwe. Über einer mit floralen Motiven verzierten Attika erhebt sich dann das obere Stockwerk. Ins Auge springt sofort die in die Mitte gestellte und von einem Portikus umgebene Tholos mit ihrem kegelförmigen Dach. In der Tholos steht Isis mit Füllhorn und Schale in der Hand. Auf der Spitze der Tholos dient ein Blumenkapitell als Basis für eine Graburne. Eingefaßt wird diese Tholos von einem U-förmigen Pavillon mit Säulen an

Petra, el-Khazne Fira'un (Nr. 62)

Petra, Korinthisches Grab und Palastgrab ▶

Petra, Der Bunte Saal

den Wänden. Auf beiden Seiten sind sechs Amazonen zu sehen, die um die Hauptfigur in der Tholos tanzen. Portikus und Tholos stehen zwischen zwei Pavillons mit gebrochenen Giebeln. Über Tholos und Seitenpavillons verläuft ein Girlandenfries, in den Masken eingefügt sind. Auf der Spitze und an den Enden der beiden Seitenteile des Giebels sind Adlerskulpturen angebracht. Die Beduinen vermuteten in der das Bauwerk krönenden, fast 3,5 m hohen Urne, einen Schatzbehälter aus der Zeit der Pharaonen und beschossen sie mehrmals. Die Innenarchitektur des *el-Khazne* besteht aus einem Vestibül, von dem aus an beiden Seiten reich ornamentierte Portale in zwei schmucklose Seitenkammern führen. In der rechten Seitenkammer ist eine Grabnische angebracht. Stufen führen in den rechteckigen Hauptraum. Jede Seitenwand enthält einen *loculus*, die Rückwand weist die Zentralnische auf. Ein weiterer Seitenraum diente wohl als Vorratskammer. Die Deutung der abgebildeten Skulpturen und Reliefs ist genauso umstritten wie die Datierung und die Funktion dieses Baues. Auch wenn die Frauengestalt in der Tholos Isis- oder Tyche-Attribute aufweist, wurde sie von den Nabatäern wohl noch als Darstellung der eigenen Göttin 'Allat oder el-'Uzza betrachtet. Weniger umstritten ist die Deutung der beiden Seitenreliefs im Untergeschoß als Darstellung der Dioskuren Kastor und Polydeukes, Zwillingssöhne des Zeus und der Leda. Der in den Olymp aufgenommene Polydeukes hatte Zeus um die Erlaubnis gebeten, mit seinem verstorbenen Bruder beisammenbleiben zu dürfen. Abwechselnd verbrachten die Dioskuren von da an je einen Tag im Olymp und einen Tag in der Unterwelt. In der griechische Mythologie begleiten sie die Seelen der Verstorbenen zu den paradiesischen Gefilden. So konnte diese Vorstellung durchaus von den Nabatäern als Bild für die eigene Jenseitsvorstellung übernommen werden. Der Grab-Charakter des Bauwerks ist mit der Grabnische und der krönenden Urne unübersehbar. Zugleich hat der Bau möglicherweise auch kultische Zwecke erfüllt, wie die runde Höhlung mit Abflußrinne am Eingangsportal nahelegt. *El-Khazne* kann somit zugleich als Grab- und als Verehrungstempel eines nabatäischen Königs gedeutet werden. Die Entstehungszeit wird aufgrund der Situierung an so exponierter Stelle nicht zu spät angesetzt werden dürfen; zudem hat *El-Khazne* nachhaltig stilistisch auf einige andere Fassaden in Petra eingewirkt. So ist *El-Khazne* wahrscheinlich in die Mitte des 1. Jhs. n. Chr. zu datieren und wäre dann für den nabatäischen König Aretas IV. errichtet.

Schräg gegenüber vom *El-Khazne* liegt ein großes **Triklinium** (ca. 12 x 12 m), das wahrscheinlich in direktem Zusammenhang mit *El-Khazne* steht. Eine lange **Gräberstraße** mit Zinnen- und Treppenfassaden zieht sich an beiden Seiten des äußeren Siqs fort. Das hier häufig anzutreffende

Zinnenmotiv ist ein sehr altes Schmuckelement, das im Zweistromland schon seit dem 3. Jt. v. Chr. bekannt, dann vor allem im assyrischen Raum verbreitet war und so über die persische und phönikische Architektur auch nach Nabatäa gelangte. Die Gräber auf der rechten Seite zeigen große Ähnlichkeit mit den sog. *Hejra-Gräber* aus **Medain Saleh** in Saudi-Arabien, dem südlichsten Punkt des nabatäischen Einflußgebietes. Sie haben wahrscheinlich bedeutenderen Familien gehört als die der linken Seite. Am Ende der Gräberreihe befindet sich auf der rechten Seite ein schmuckloses Grab, das 17 Senkgräber aufweist. Die Rückwand zeigt eine zentrale Bogennische. Auf der linken Wand erinnern fünf eingeritzte *Nefesh*-Darstellungen und zwei nabatäische Inschriften an die Toten des hier bestatteten Clans.

Die Felswand weitet sich auf der linken Seite für das **Theater** Petras. Zwischen 4. v. Chr. und 27 n. Chr. unter Königs Aretas IV. entstanden, bot es auf den 40 Sitzreihen etwa 8000 Zuschauern Platz. Bis zum Ende des 1. Jhs. n. Chr. wurde das Theater von den Nabatäern rege benutzt, dann aber erst wieder nach der römischen Annexion Nabatäas um 106 n. Chr. Wahrscheinlich wurde es erst 365 n. Chr. nach einem verheerenden Erdbeben völlig aufgegeben. Die *cavea* wurde aus dem Sandstein herausgearbeitet, dagegen wurden die *vomitoria* und das Bühnengebäude aus Quadersteinen hochgezogen. Beim Bau des Theaters wurden ältere Grabkammern angeschnitten, die jetzt als gähnende Öffnungen an den Felswänden über den Zuschauerraum zu sehen sind. Das Theater hatte möglicherweise eine öffentliche Funktion für Stadtversammlungen und Kultveranstaltungen.

Zum **großen Opferplatz**, auch *Zib Atuf* genannt, auf dem *Jebel Madbah* (1036 m) gelangt man über einen direkten Aufstieg (der sog. Nordsteig über das *Wadi Mahafir*) vom Theater in etwa 30 Min. Leichter geht es über die östlich gelegene *Farasa*-Schlucht. Vom Stadtgebiet aus gesehen ist dabei ein Höhenunterschied von etwa 200 m zu überwinden. Wieder hinab steigt man bequem über einen Treppenweg, der an dem Platz der beiden Spitzfeiler anfängt, dann nach verschiedenen Kehren einen kleinen Felssattel erreicht und ungefähr 100 m vor dem Theaterbau den äußeren *Siq* erreicht.

Die *Farasa*-Schlucht erreicht man vom Stadtgebiet Petras aus, indem man über das Ruinengelände von *el-Katuteh* am *Zib Fira'un* vorbei an der Westseite des Theaterberges entlanggeht. Zwei klassizistische Fassaden fallen am Anfang auf: das eine, das sog. **Renaissancegrab** aus dem 2. Jh. n. Chr. weist einen hoch ansetzenden Flachbogen über den Eingang auf, während zwei Flachpilaster an den Ecken nabatäische Kapitelle zeigen, die ein Pediment mit drei Urnenakroterien tragen; das zweite **Grab mit dem Gebrochenen Giebel**, etwa 50 m weiter, hat einen Treppenvorbau. In der

Plattform sind zwei quadratische und achteckige Wasserreservoire eingelassen.

Weiter erreicht man auf der linken Seite den sog. **Bunten Saal** und gegenüber auf der rechten Seite das **Statuengrab** (Soldatengrab). Beide Bauten gehören zusammen und waren ursprünglich durch eine Säulenhalle miteinander verbunden. Das Statuengrab mit seiner ursprünglich 14 m hohen, dreigeteilten Fassade zeigt zwei freistehende Säulen und zwei Eckpilaster, die einen flachen Giebel tragen, der über eine Attikazone gelegt wurde; das Portal ist mit einem Triglyphen-Scheibenmetopenfries versehen, über dem sich ein kleiner Giebel erhebt. Die Interkolumnien der Fassade geben drei Nischen frei, die mit überlebensgroßen – aber stark verwitterten – Statuen versehen sind. In der Mitte erkennt man die jetzt kopflose Statue eines auf römischer Art bekleideten Feldherrn, die beiden anderen Statuen könnten die Söhne des Grabherrn darstellen. Das Grabinnere wird durch zwei Fenster beiderseits der Fassade erhellt. Der 13 x 15 m große Saal hat auf der südliche Seite noch eine Kammer von etwa 9 qm. An der Nord- und Westseite des Hauptraumes sind Bogennischen angebracht, in denen man die Reste eines Sarkophags gefunden hat. Da die Grabanlage keine Inschriften lieferte, wird man die Frage nach dem Grabherrn unbeantwortet lassen müssen; errichtet wurde die Anlage in der 1. Hälfte des 1. Jhs. n. Chr. Der Bunte Saal bekam seinen Namen, weil die abgeriebenen Sandsteinwände ein wundervolles Farbenspiel aufweisen. Das Triklinium hat eine vorgelegte Kolonnadenreihe, die an den seitlichen Säulenstellungen (Verbindung mit dem Soldatengrab) anschloß. Der Innenraum ist ca. 11 x 11 m groß und hat durch sechs Pilaster gegliederte Wände, die dadurch 17 hochrechteckige Nischen bilden. Im Bunten Saal hielt man die Totenmahlzeiten für die im Soldatengrab Bestatteten.

Zu der nächsten Felsterrasse führt eine langgezogene Felsstreppe. Das Tal ist reich bewachsen (Rasen, Ginster- und Daphne-Büsche), an seinem Nordende steht das **Gartengrab**. Eine Freitreppe führt zu einem kleinen Vorplatz, der der giebellosen Fassade vorgelegt wurde. Die Fassade zeigt zwei Eckpilaster und zwei freistehende Säulen, zwei Räume (ein Pronaos und die *cella*) sind in den Felsen eingearbeitet. Bestattungsnischen oder -gruben fehlen, so daß hier eher ein kleiner Tempel vorliegt. Rechts neben der Tempelfassade sieht man eine hochaufragende Mauer, Teil einer riesigen Zisterne (18 x 5/6 m und 5 m tief), die das Wasser der 4 km entfernten *Braq*-Quelle sammelt. Nördlich davon erhebt sich ein weiterer Felsbau, der von einem Tonnengewölbe eingedeckt war und 12 Nischen in seinen Wänden umfaßt.

Am hinteren linken Ende des Gartentales erreicht man über einen weiteren Treppenweg den Zugang zum Theaterberg und den Großen Opferplatz. Unvermittelt steht man vor dem Relief eines nahezu 4,5 m langen und 3 m großen **Löwenfigur**. Sie bildete das Ende einer Wasserleitung, die das austretende Wasser ursprünglich aus dem Maul des Löwen entspringen ließ. Nach der Besteigung weiterer Treppen steht man auf dem **Obeliskenplatz**. Auf diesem Platz ragen zwei etwa 6 m hohe Spitzpfeiler vom Boden auf, sie markieren damit unfreiwillig die ursprüngliche Höhe des Felsens und dienten als Andenken (*Nefesh*) an die Verstorbenen. Von diesem Platz gelangt man zu Mauerresten, die sich als die Propyläen des großen Opferplatzes ausweisen. In nördlicher Richtung erreicht man schließlich den **Opferplatz** (65 m lang, 10 bis 14 m breit). Er ist aus dem Felsen ausgehauen und umfaßt ein rechteckiges Regenwasserbecken mit Zuleitungen. Ein eingetiefter Felsplatz (14,5 x 6,5 m) diente den Gläubigen als Versammlungsort. Sie konnten Flächenränder als Sitzbänke benutzen, womit das ganze in der Art eines Trikliniums angeordnet war. Ein flacher, 10 cm hoher Sockel mitten in der Eintiefung könnte die Statue der Gottheit getragen haben. Eine Ablaufrinne entwässert in der Südostecke den Platz, während eine Treppe in der Nordwestecke zum eigentlichen **Opferbezirk** führt. Hier erkennt man einen Hochaltar für Räucheropfer (3 x 2 m), zu dem man über drei Treppen aufsteigen mußte, daneben einen kreisförmigen Altar für Libationen. An der Ostecke des kreisrunden Altars befindet sich unten ein Wasserbehälter für die Reinigung der liturgischen Geräte.

Auf der rechten Seite gegenüber vom Theater erstreckt sich die lange Felswand des *el-Khubta*-Massivs mit einer Reihe von imposanten Gräbern, die man aufgrund der prächtigen Fassaden als **Königswand** bezeichnet hat. Einige dieser Gräber sind sicher als Begräbnisstätten der nabatäischen Königsfamilie zu betrachten. Das gilt zunächst für das **Treppengrab des Uneishu**, das sich rechts am Ausgang des äußeren *Siqs* auf einem höher gelegenen Felsabsatz befindet. Vor dem Grab lag einst ein offener Vorhof, der von einem Portikus mit drei Säulen abgeschlossen war. Südlich davon steht auf einem tiefer liegenden Absatz ein verwitterter Obelisk. Das Triklinium des Grabes liegt auf der Nordseite des Vorhofes. Die schmucklose Fassade des Trikliniums verbirgt einen Innenraum von ca. 10 x 7 m mit Sitzbänken an drei Wänden. Drei Grabnischen sind in die Nordwand eingetieft. In das Grab selbst gelangt man vom Vorplatz über drei Stufen. Die zentrale Grabkammer (7 x 7 m) umfaßt elf *loculi* und gab bei den Ausgrabungsarbeiten fragmentarische Inschriften frei, die darauf hinwiesen, daß hier Uneishu begraben worden war. Zusammen mit der Königswitwe Shaqilat (70 – 75 n. Chr.) hatte der enge Vertraute des nabatäischen Königshauses nach dem Tod des Malichus II. die Regierungsgeschäfte für den unmündigen Rabel II. übernommen. Wahrscheinlich war auch im benachbarten **Treppengrab** ein Mitglied des nabatäischen

Fürstenhofes (Shaqilat?) begraben. Das Grab befindet sich etwa 100 m nördlich des Uneishu-Grabes auf einem Felsvorsprung der *el-Khubta*-Wand.

Zum monumentalen **Urnengrab** führen vom *Wadi Musa* aufgemauerte Treppen. Zunächst kommt man auf den gewaltigen gemauerten Vorplatz (15,5 x 30 m), der an den beiden Seiten von je 5 Säulen dorischer Ordnung flankiert wird. Der Platz könnte urprünglich als Triklinium des dahinterliegenden Grabes gedient haben. Gemauerte Substruktionen haben den Platz in byzantinischer Zeit noch vergrößert. Die monumentale Grabfassade wird von zwei Eckpfeilern, Viertelsäulen und Halbsäulen mit nabatäischen Kapitellen gegliedert. Die Säulen tragen einen mehrfach gestuften Architrav, der mit flachen Pilastern und nabatäischen Kapitellen geschmückt ist. Diese wiederum tragen den Hauptarchitrav und den Giebel, der von einer Urne gekrönt wird. Die Eingangstür wird von Pilastern mit nabatäischen Kapitellen flankiert. Über der mittleren Tür befindet sich ein Fenster, zwei weitere Türen führen in das Gebäude-Innere. Der große Innenraum (ca. 18,5 x 17,2 m) enthält in der Nordostecke eine griechische Inschrift, die einen Bischof Jason, seinen Diakon Julian und das Datum 447 erwähnt. Tatsächlich wurde das Grab in eine Kirche umgewandelt: die sechs rechteckigen Nischen in der östlich ausgerichteten Rückwand wurden zu drei Apsiden umgestaltet. Die vier kleinen Vertiefungen im Boden der Hauptapsis waren wohl für die Pfosten eines Altares bestimmt.

Weiter nördlich derselben Königswand befindet sich etwas nach hinten versetzt das **Bunte Grab** (auch: **Seidengrab**), so genannt wegen des auffallenden Farbspiels seiner Front. Die Fassade ist mit vier Halbsäulen geschmückt, die in der Attika durch vier Zwergpfeiler verlängert wurden. Ein verwitterter Fries verbindet die Mitte der Zwergpfeiler, das Ganze wird von einer Treppenkrone abgeschlossen.

Das **Korinthische Grab** mutet wie ein barocker Abklatsch des *el-Khazne* an. Die stark erodierte Fassade ist zweistöckig gegliedert. Das Erdgeschoß ist durch 8 Halbsäulen mit nabatäischen Kapitellen strukturiert, die mit Blumenmotiven geschmückt sind und von daher an korinthische Kapitelle erinnern. Auf den Kapitellen der Säulen ruht ein gekröpfter hoher Architrav, der sich über die ganze Breite des Grabmonumentes erstreckt. Über dem Architrav ist eine Hohlkehle gesetzt, in der Mitte darüber noch ein flacher Halb-Blendbogen. Ein Sims schließt den unteren Teil ab. Der Eingang befindet sich in der Mitte, eine weitere kleine Tür verschafft ebenfalls Zugang zum Inneren. Über dem Ganzen erhebt sich nun ein Zwischengeschoß, darüber noch ein gebrochener Giebel in einer Attika, die zugleich die Basis für das Obergeschoß bildet. Die obere Fassadenhälfte zeigt einen gesprengten Giebel und eine von Säulen umstandene Tholos mit Triglyphen und Scheibenmetopen. Die Tholos wird von einem nabatäischen Kapitell abgeschlossen, das eine Urne trägt. Der Innenraum des Grabes (9 x 13 m) weist an der Rückwand drei größere Vertiefungen auf, die rechte Seitenwand verschiedene Nischen unterschiedlicher Größe und auf unterschiedlicher Höhe. Datiert wird das Korinthische Grab um die zweite Hälfte des 1. Jhs. n. Chr.

Noch anspruchsvoller in der Anlage ist das anschließende **Palastgrab** (oder **Stockwerkgrab**). Zwar versuchte man mit Windmauern die gewaltige dreistöckige Fassade gegen die erodierenden Naturkräfte zu schützen, dennoch wurde gerade diese Fassade stark in Mitleidenschaft gezogen. Das untere Stockwerk vermittelt den Eindruck, als ob vier separate Gräber nebeneinander errichtet wurden, jedes mit einer eigenen Fassade, vier nabatäischen Säulen und einem dazugehörigen Architrav über der Eingangstür, jedes von einem niedrigen Bogen oder Giebel gekrönt. Im zweiten Stockwerk findet man pseudo-ionische Kapitelle auf den 18 Halbsäulen vor, über die Breite verteilt auch sechs Nischen. Das obere Stockwerk – für das nicht genug Felsmaterial vorhanden war, wurde z. T. aufgemauert. An dieser Fassade wird klar, daß die nabatäischen Steinmetzen ihnen bekannte herrschaftliche Paläste nachgebaut haben, wobei sie allerdings die *nach-* oder *hinter*einanderliegende Höfe und Säulenhallen jetzt *über*einander darstellten. Neben dem Palastgrab endete die Wasserleitung, die das Wasser von *el-Khubta* und vom großen Reservoir in der Nähe des Forum Hotels in einer Zisterne von 300 m^3 Inhalt sammelte. Auch die nördliche Stadtmauer Petras scheint an dieser Stelle an die Felswand angestoßen zu haben.

Das nördlichtse Grab der Königswand befindet sich etwa 300 m nordöstlich des Palastgrabes und ist am besten in der Abendsonne zu betrachten: das **Grab des Sextius Florentinus**. Als Statthalter verwaltete Sextius Florentinus die *Provincia Arabia* 127 n. Chr. unter Kaiser Hadrian, ein Jahr später starb er. Die lange lateinische Inschrift unter dem Bogentympanon im unteren Fries erwähnt seinen Sohn Lucius als Stifter, so daß das Grab um 130 n. Chr. entstanden sein muß. Im unteren Teil der Grabfassade sind zwei Pilaster mit zwei Säulen herausgearbeitet, darüber liegt ein Architrav mit einem Bogen, auf diesem sitzt eine Adlerskulptur. Im Tympanon ist eine sehr verwitterte Darstellung einer Rankenfrau zu sehen. Die Eingangstür, von Pilastern flankiert, trägt einen Giebel; auf einem Pilaster über diesem Giebel liegt der Hauptarchitrav. Die Attika zeigt vier kurze Pilaster, die nochmals einen Architrav tragen, das Ganze wird von einem Giebel mit Urne gekrönt. Die komplizierte Ornamentik schöpft aus der orientalisierenden römischen Architektur, wobei gerade die Kombination und die Anordnung der verschiedenen Stilelemente *über*einander nabatäisch wirkt. Der Innenraum (8 x 12 m) weist an der Rückwand fünf und an der rechten

Petra, Grab des Sextius Florentinus

Seitenwand drei *loculi* auf. Ein *loculus* der Seitenwand ist besonders groß ausgeführt (3 x 3 m), vielleicht hat sich hier der Sarkophag des verstorbenen Prokurators befunden.

Vom Theater Richtung Norden weitet sich das *Wadi Musa* immer mehr, bis sich ein großes Tal öffnet, in dem sich der Verlauf des Bachbettes nun nach Westen hin orientiert. Hier lag das **Stadtgebiet** Petras. Geschützt wurde es durch eine Mauer von etwa 2 m Stärke, die bis zum Vorort *Moghar en-Nasara* reichte: dort endete die Mauer in einen massiven Steinturm, den sogenannten Conway-Turm. An den anderen Abschnitten des Stadtgebietes begnügte man sich mit der Aufstellung von Wachposten und Kontrollstellen: der *Siq* selber

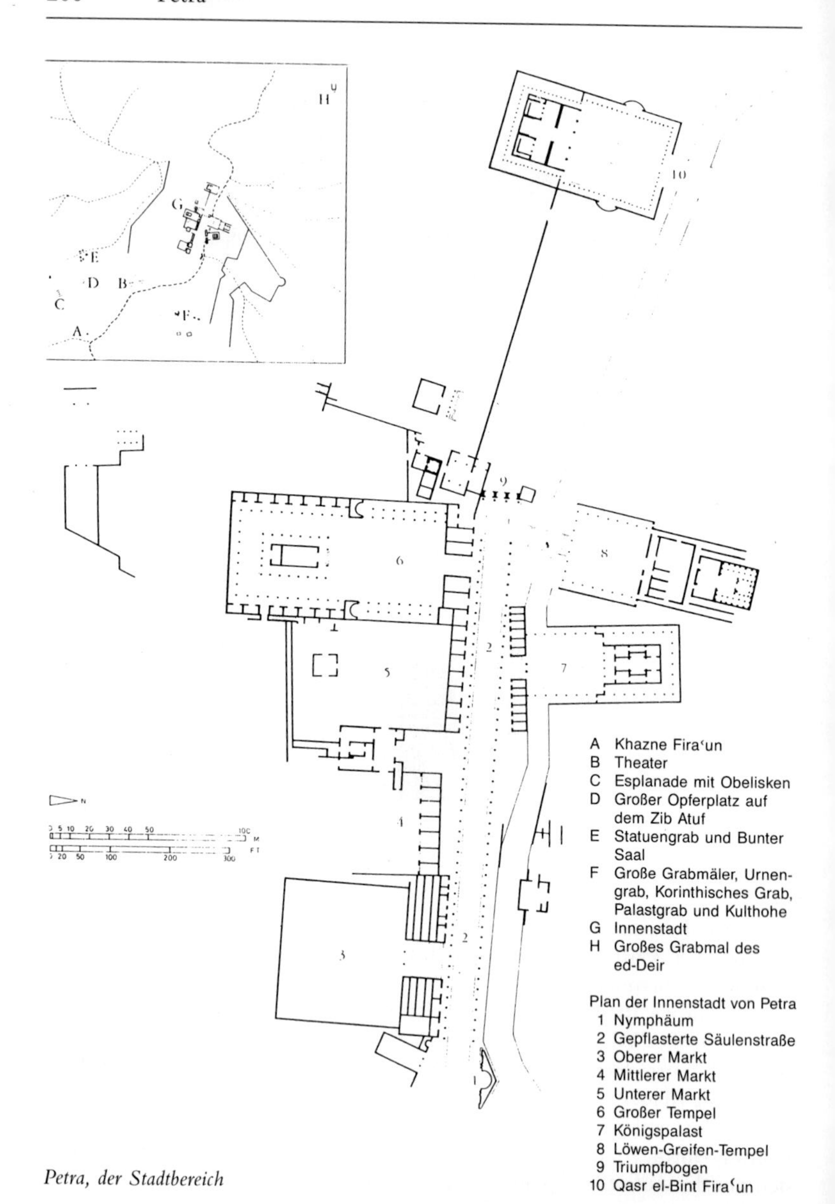

Petra, der Stadtbereich

bot ja ausgezeichnete Verteidigungsmöglichkeiten, und auf dem Massiv *al-Khubta* und bei *el-Wu'eira* konnte man wieder einzelne Kontrollstationen aufstellen. Im Westen ließen die Felsmassive des *Umm el-Biyara* und des *Jebel ed-Deir* dem Angreifer kaum eine Chance. Im Süden wurde zur Abgrenzung des *Wadi Farasa* und *Wadi eth-Thugra* eine Stadtmauer in ost-westlicher Richtung zwischen dem *Jebel Madbah* und dem *Umm el-Biyara/Jebel Habis* angelegt. Das Stadtzentrum selbst ordnete sich um das hier in Ost-West-Richtung verlaufende *Wadi Musa* an. Etwa um das 1. Jh. n. Chr. muß die Stadt neu gestaltet worden sein. Auf der Südseite dieses *Wadi* verlief die gepflasterte Hauptstraße. Südlich der Säulenstraße und nördlich des Bachbettes erhoben sich auf Terrassen die wichtigen öffentlichen Bauten Petras; die Wohnviertel werden sich dann an die öffentlichen Bauten angeschlossen haben. Das *Wadi Musa* muß wenigstens teilweise überbrückt gewesen sein, so daß es die freie Bewegung von Norden nach Süden nicht hinderte. Vom einstigen Stadtbrunnen, dem **Nymphäum**, ist wenig erhalten. Heute markiert durch eine Terebinthpistazie, ist nur sein Grundriß halbwegs erhalten. Auf der linken Straßenseite befinden sich nebeneinander drei verschiedene Marktplätze. Der **obere Marktplatz** wies eine etwa 90 m breite Fassade auf, die an die Hauptstraße angrenzte. Gegen die Straße hin waren kleine Läden eingerichtet. In der Mitte dieser langen Mauer unterbrach ein 15 m breiter Treppenaufgang die Fassade und verschaffte über ein Tor Zugang zum Marktplatz (64 x 70 m). Angrenzend folgten der **mittlere** und der **untere Marktplatz**. Östlich angrenzend stand vermutlich ein **großer Tempel**. Die unteren Trommeln der sechs über 12 m hohen Säulen liegen teilweise noch *in situ*, die anderen Trommeln liegen wie Wurstscheiben am Boden. Ebenfalls auf der Südseite der Säulenstraße konnte ein **nabatäisches Bad** freilegt werden, das aufgrund der räumlichen Nähe zu den benachbarten Heiligtümern vielleicht der rituellen Reinigung diente. Südlich davon erblickt man eine einsam aufrecht stehende Säule, den *Zib Fira'un*, der zusammen mit seinem benachbarten zusammengestürzten Zwilling Teil eines verschütteten Tempels war.

Das Ruinengelände von **el-Katuteh**, südöstlich vom *Zib Fira'un*, ist übersät von Gebäuderesten. Wenig weiter südlich verläuft die südliche Stadtmauer von Petra, die das Stadtzentrum gegen das *Wadi Farasa* abschirmte. Westlich entlang der Stadtmauer und etwa 75 m westlich vom *Zib Fira'un*, in *el-Katuteh*-West, sieht man Häuserstrukturen, die aus der Zeit zwischen dem 1. und 6. Jh. n. Chr. stammen. Östlich einer Terrasse entdeckte man die Apsis einer byzantinischen Kirche aus dem 6. Jh. n. Chr.; sie wurde über einem nabatäischen Gebäude aus dem 1. Jh. n. Chr. errichtet. Auf dem Gelände östlich vom *Zib Fira'un*, **ez-Zantur**, hat man ein größeres Gebäude freigelegt, das als südlicher Hauptturm des Verteidigungssystems Petras bzw. als Wohnsitz der peträischen Könige (Zitadelle) betrachtet wird.

Bedeutsamer sind die Ruinen auf der anderen Seite des Bachbettes: von der Hauptstraße aus verlief – vermutlich über eine Brücke und eine imponierende monumentale Freitreppe – der Zugang zu einem der bedeutendsten Tempel Petras, dem sog. **Löwen-Greifen-Tempel (Tempel der geflügelten Löwen)**. Der Tempel hatte einen quadratischen Grundriß; der rechteckige Vorraum war auf Substruktionen errichtet, die quadratische *cella* hatte eine Seitenlänge von 17,5 m. Im Innern der *cella* stand ein großer säulengesäumter Podiumsaltar, umgeben von einer zweiten Säulenreihe. Zum Altar führten zwei kleine Steintreppen hinauf, die mit einem eisernen Tor verschlossen waren. Auf dem Altar stand ein Betyl. Im rückwärtigen Teil der Altarplattform war ein Raum mit Regalen angefügt, der mit einer Tür verschlossen werden konnte: Hier wurden wahrscheinlich die Kultgegenstände aufbewahrt. Die kleinen Räume hinter dem Tempel sind Priesterwohnungen und Vorratslager. Bei den Ausgrabungen kamen Kapitelle mit figürlichem Schmuck zum Vorschein, die zu der Bezeichnung Löwen-Greifen-Tempel (*Temple of the winged lions*) geführt haben. Geweiht war dieser Tempel wahrscheinlich der nabatäischen Gottheit el-ʿUzza oder der Atargatis. Der Tempel wurde noch unter Aretas IV. gebaut (etwa um 27 n. Chr.), unter Malichus II. (40–70 n. Chr.) erneuert und schließlich durch Erdbeben zerstört.

Der Übergang von der 18 m breiten Säulenstraße zum Heiligen Bezirk (Temenos) des Qasr el-Bint Firaʿun-Tempel wird von einem dreiteiligen **Temenos-Tor** markiert. Vor jedem Pfeiler der Ostseite, der einen Durchgangsbogen trug, stand eine freistehende Säule; dagegen war die Seite, die dem Tempel zugewandt war, mit Halbsäulen seitlich des Hauptbogens sowie mit Pilastern und Viertelsäulen an den Seiten geschmückt. Die freistehenden Säulen auf der Ostseite trugen mit Lebewesen skulptierte nabatäische Kapitelle, die Säulen der Westseite schmucklose nabatäische Kapitelle. Die Konstruktion des Tores verbirgt einen leichten Knick der Säulenstraße zum Temenos-Bereich hin. Zu datieren ist das Tor in das 1. Jh. n. Chr.

Vom Tor zum Qasr el-Bint Firaʿun-Tempel führte die Straße zunächst noch über einen großen freien Platz, an dessen Südseite eine durchlaufende Steinbank angeordnet war. Mit seiner noch anstehenden Mauerhöhe von etwas 23 m ist der **Qasr el-Bint Firaʿun-Tempel** gut erhalten. Seinen Namen *»Burg der Tochter des Pharaonen«* hat der Tempel nach einer lokalen Legende der Beduinen bekommen. Geweiht war dieser Haupttempel der Stadt wahrscheinlich dem Hauptgott Dushara und seiner Mutter el-ʿUzza, später wurden diese dann mit Zeus Hypsistos bzw. Aphrodite identifiziert. Vor dem Heiligtum erstreckt sich eine große Hoffläche von etwa 180 x 80 m, ganz umschlossen von hohen Mauern. An drei Seiten war der gepflasterte Hof von Säulenstellungen umgeben. Ein fast quadratisches Altarpodium von ca. 12 x 12 m war dem Tempel vorgelagert: Auf ihm konnten Brand- oder Schlachtopfer dargebracht werden. An der Südseite führte eine breite Treppe zum Altar. Der Antentempel selbst (32 x 32 m) war auf seiner Nordseite mit einer breiten Freitreppe aus weißem Marmor versehen. Der Tempel stand damit auf einem 3 m hohen Podium. Uber die Treppe gelangte man zu einem Vier-Säulen-Portikus. Die Anten-Vorhalle führte unter einem großen Bogenportal in die 9 x 25 m messende *cella*. Auf der Rückseite der *cella* lag das dreiteilige Adyton. Es bestand aus einer zentralen Kammer mit einem Podium von 1,4 m Höhe, zu der eine steile Treppe mit 7 kleinen Stufen hinaufführte. Das Adyton war flankiert von schlanken Säulen, die eine Halbkuppel trugen. Weil nur die linke Seitenkammer durch ein Fenster direktes Tageslicht erhielt, war das Adyton im Halbdunkel gehüllt. Auf jeder Seite der mittleren Kammer befand sich ein Raum, dessen Gewölbe von Säulen und Pilastern getragen wurde. Die Stift- und Dübellöcher an den Wänden lassen auf eine Verkleidung mit Marmor- und Stuckdekoration schließen. In den beiden Seitenflügeln waren Blendmauern hochgezogen, hinter denen in das Mauerwerk eingelassene Treppen zum Tempeldach führten. Die Außenwände waren mit Marmor und Stuck verziert, wobei vor allem Scheibenmetopen und Triglyphen als Dekorationselemente auftraten. Zu datieren ist der Tempel in die Regierung von Obodas III. (30 – 9 v. Chr.).

Westlich vom Qasr el-Bint Fira'un, in der Felswand von *el-Habis*, ist das **Fenstergrab (Regenbogentempel)** als kleines **archäologisches Museum** von Petra eingerichtet. Treppen führen zu dem Museum hinauf, an beiden Seiten der Treppe sind verschiedene skulptierte Fragmente ausgestellt, die man bei den Ausgrabungen gefunden hat. Zu den Ausstellungsgegenständen gehören schöne Beipiele der hauchdünnen nabatäischen Keramik, Kleinfunde und einige Reliefs und Skulpturen (Torso des Herkules), die den griechisch-römischen Einfluß auf Nabatäa deutlich dokumentieren. Auch Teile des Rohrsystems der nabatäischen Wasserleitung sind ausgestellt. Dazu noch ein Fragment mit einer gut erhaltenen nabatäischen Inschrift. Die Felskammer selbst zeigt an ihren Wänden ein ungewöhnlich buntes Farbenspiel.

Nordwestlich befindet sich das Gebiet **Moghar en-Nasara** (nazarenische, d. h. christliche Höhle). Den Namen bekam das Gebiet, weil zahlreiche Grabanlagen eingeritzte Kreuze aufweisen. Ein großes Triklinium ist mit vier Schildern und zwei Medusenhäuptern ausgeschmückt. Etwa 1 km nördlich vom *mughar en-Nasara* befindet sich das moderne Dorf der Bdul-Beduinen. Man kann das Dorf auch in etwa 45 Min. vom Petra Resthouse erreichen, indem man an *el-Wu'eira* vorbei die Landstraße entlang zu der neuen Siedlung geht, in die seit 1985 die Beduinen von Petra umgesiedelt wurden. Etwa 500 m westlich von *moghar en-Nasara*, auf der anderen Seite des *Wadi* oben auf einem Hügel, steht der **Conway-Turm** (*el-Mudawarra*): er markiert den nordwestlichsten Punkt der antiken Stadtmauer. Das nächste *Wadi* in westlicher Richtung ist das *Wadi abu ʿOlleiqa*, das in seinem weiteren Streckenverlauf auch *Wadi Turkmaniyye* genannt wird. Hier befindet sich das **Turkmaniyye-Grab**. Der untere Teil der Fassade ist gänzlich verwittert, der obere Teil trägt aber noch eine lange, sorgfältig geschriebene nabatäische Inschrift, die ausführlich Auskunft über die Bestandteile einer nabatäischen Grabanlage gibt. In den Bergen von **M'eisrat**, das zwischen dem *Wadi Turkmaniyye* und dem *Wadi ed-Deir* liegt, sind ebenfalls Gräber, Wasserleitungen, Idolnischen, ein Opferplatz und Prozessionswege zu sehen.

Ein besonderes Heiligtum mit einem gehäuften Vorkommen von Idolnischen in den verschiedensten Formgebungen ist **Sidd el-Maʿajin**. Man kann die Schlucht am besten vom Grab des Sextius Florentinus aus erreichen, indem man in östlicher Richtung entlang der *el-Khubta*-Wand weitergeht und am Ausgang des *Wadi el-Modlem* eintrifft. Der heilige Bereich, manchmal schwer zugänglich, weist 95 Idolnischen, 12 Spitzpfeilerreliefs (*nefesh*) und verschiedene nabatäische Inschriften auf, u. a. zu Ehren von Dushara und el-ʿUzza.

Die Besichtigung von **ed-Deir** erfordert einen 45-minütigen Fußmarsch vom Stadtgelände aus. Am besten unternimmt man diesen lohnenden Abstecher am frühen Nachmittag, weil dann die Sonne die prächtige Felsfassade voll ausleuchtet. Vom *Qasr el-Bint Firaʿun* geht man durch das sandige Bachbett einige hundert Meter in nördlicher Richtung. Man läßt den Eingang des *Wadi Siyyagh* links liegen, marschiert am neuen Restaurant vorbei, bis man auf der linken Seite die ersten Stufen einer Felsstreppe erblickt. Über den antiken Prozessionweg, der in neuester Zeit ausgebessert wurde, ist mit einiger Mühe der Höhenunterschied von 200 m zu bewältigen. Unterwegs wird auf der linken Seite bei einer kleinen Schlucht auf das **Löwentriklinium** hingewiesen. Die markante Schlüsselloch-Öffnung wurde durch eine von der Erosion bewirkte Verbindung des Frontfensters mit dem darunterliegenden Portal hergestellt. Links und rechts vom Eingang sind zwei Löwen postiert, die dem Monument den Namen gaben. Der Weg nach ed-Deir führt nun weiter unter einem versturztem Felsblock, der den Weg blockiert. Danach weitet sich das Gelände wieder zu einer Terrasse. Nun orientiert sich das *Wadi ed-Deir* nach Westen, von rechts gesellt sich das nördlich gelegene *Wadi Kharareeb* dazu. Der Aufstieg geht nun in westlicher Richtung weiter. Nachdem wieder eine Terrasse und eine lange sich windende Treppe bewältigt wurde, kommt ein langer Treppenabsatz bei einer scharfen Westkurve des Treppenverlaufs.

Petra, ed-Deir

Nördlich ist eine Schlucht, zu der man über die westlich gelegenen Felsknollen gelangen kann. Von hier macht man einen Abstecher zum Oberlauf des *Wadi el-Qattar* (auch *Qattar ed-Deir*), wo das sog. **Tropfheiligtum** zu finden ist. Hier sind Kultnischen, Wasserbecken, viele nabatäische Inschriften und ein Triklinium zu sehen. Das von den Wänden tropfende Wasser wird in die künstlich angelegten Becken gesammelt. Eine Idolnische enthält zwei Pfeilerdarstellungen mit eingeritztem Zweibalkenkreuz. Wieder ins *Wadi ed-Deir*, führen die Treppen immer weiter nach Nordwesten, vorbei an einer Steinbank bei der Treppenkurve und – nach weiteren Kehren – zu einem offenem Platz, von dem aus man einen guten Ausblick auf das Stadtzentrum und die Königsgräberwand von Petra hat. Danach führt der Weg über einen aus dem Fels herausgeschlagenen Gang, wobei man bald einen ersten Blick auf die Urne bekommt, die ed-Deir krönend abschließt.

Gerade am Ende dieses Korridors kann man einen weiteren Abstecher machen, zu der sog. **Klausenschlucht**, für die man links vom Weg abbiegen muß. Dort sind zwei Felsknollen, die als Heiligtümer erkennbar sind. Einige Felskammern sind in zwei Etagen übereinander angebracht. Manche von ihnen sind mit einem Vorhof, einer Zisterne, einem Grabraum und einem *stibadium* ausgestattet. Die eingravierten Kreuze lassen auf eine sekundäre Nutzung durch christliche Mönche schließen. Anschließend führt der Weg an einer tiefen Schlucht auf der linken Seite vorbei.

Nachdem die Treppen quer durch einen Felsen führen, betritt man ein weites Gelände und erblickt gleich auf der rechten Seite die Fassade von **ed-Deir**. Sie ist 43 m hoch und 47 m breit und ganz aus dem Felsen herausgeschnitten. Als »Rückwand« eines Ensembles war der Fassade ein von Säulen umstandener kreisrunder Hof vorgelagert, dessen Basen und Trommeln man vereinzelt noch im Boden vorfindet. Das Untergeschoß der zweiteiligen Fassade zeigt Nischen und sechs vorgeblendete Halbsäulen sowie zwei Eckpilaster mit vorgelegten Dreiviertelsäulen. Die Kapitelle stellen eine Mischung vom ionischen und nabatäischen Typ dar. Auf den Kapitellen ruht ein breiter Architrav. Der hoch über dem Boden gelegene Eingang in der Mitte konnte früher über eine Außentreppe betreten werden. Das Eingangsportal (4 m breit, 8 m hoch) selbst hat die Form einer kleinen Giebel-Ädikula. Das Obergeschoß steigt über einem schmucklosen Zwischengesims auf. Zentral erhebt sich eine von Säulen umstandene Tholos mit einem flachen Zeltdach, das in ein riesiges Kapitell übergeht und selbst wiederum von einer großen Urne gekrönt wird. An beiden Seiten ist die Tholos von einem Pavillon flankiert, der jeweils einen Dreieckgiebel trägt. Wie die Nischen des Untergeschosses weisen auch die oberen zwar Podeste auf, die Nischen selber sind jedoch alle leer, haben aber vielleicht ursprünglich Statuen enthalten. Der Innenraum ist nahezu quadratisch (ca 12 x 11 m und 10 m hoch) und umfaßt keine Senkgräber oder Wandnischen für Bestattungen. Die Nische an der Rückwand ist mit flachen Pilastern und einem flachen Bogen ausgestattet, Treppenstufen führen zu der Nische hinauf, in der wahrscheinlich ein Betyl seinen Platz hatte. Der nabatäische Baumeister hat mit der zweistöckigen Fassade von ed-Deir wahrscheinlich wieder zwei Gebäudekompositionen, die er sich als hintereinanderliegend vorgestellt hat, übereinander dargestellt. Die Funktion des Felsbaus ist am ehesten als Verehrungsstätte für einen verstorbenen, vergöttlichten König zu deuten. Weil eine in der Nachbarschaft gefundene Votivinschrift die Mahlgemeinschaft des vergöttlichten Obodas III. nennt, könnte der Bau der Verehrung dieses Königs gedient haben. Sein Grab wird in der Negev-Stadt Avdat vermutet. Ed-Deir könnte dann nach dessen Tod etwa im ausgehenden 1. Jh. n. Chr. – z. B. unter Rabel II. (71 – 106 n. Chr.) – entstanden sein. Sein heutiger Name ed-Deir (»*das Kloster*«) deutet darauf hin, daß der Bau später als christliches Kloster oder Einsiedelei diente.

Wer etwas mehr Zeit hat, versäume nicht die nähere Umgebung von ed-Deir zu erkunden. Links vom Felsbau befinden sich einige Zisternen, die von verschiedenen Kanälen gespeist werden. Kultnischen und Inschriften darüber zeugen vom religiösen Charakter dieses Ortes. Ca. 100 m nördlich von ed-Deir öffnet sich eine kleine Schlucht, dicht bewachsen mit Wacholdersträuche. Wenn man der kleinen Schlucht noch etwa 50 m folgt, findet man neben der Türöffnung eines Kultraumes das Relief eines Kamels mit seinem Treiber.

Auf dem sog. **Burgberg**, einer etwas zurückgesetzten Felskuppe schräg gegenüber von ed-Deir, fällt ein offener Höhlenraum auf. Man kann den Berg vom Norden her oberhalb einer Zisterne betreten. Dem Höhlenraum war ein Peristylhof vorgelagert. Der etwa 15 m tiefe Raum ist nach Osten geöffnet. An der Rückwand zeigt er eine schön verzierte, fast 2 m große Giebelnische, wohl die *cella* eines Heiligtums. Knapp vor der Spitze des Burgberges wurden Gebäudereste aus nabatäischer Zeit freigelegt. Es handelt sich im wesentlichen um einen Rundbau mit eingebundenen Innensäulen. Auf einem westlichen Ausläufer des ed-Deir-Plateaus hat man eine atemberaubende Ausicht über das *Wadi el-ʿAraba*.

Das **Wadi en-Nmer** befindet sich südlich vom *Wadi Farasa*. Etwa 1 km südwestlich vom Großen Opferplatz (*Zib Atuf*) führt eine aus dem Felsen gehauene Steintreppe über 800 Treppen vom *Wadi en-Nmer* zur Ostseite vom *Jebel Nmer* auf eine Gipfelterrasse. Terrassen unterbrechen den Treppenverlauf zweimal. Weiter oben sieht man eine Fassade gegenüber von einer Zisterne, knapp vor der Spitze nochmals eine Zisterne, die früher mit einem Tonnengewölbe bedeckt war. Vom *Zib Atuf* gelangt man über ein steiles Bachbett zum *Wadi en-Nmer* und entdeckt als wichtigstes Monument eine Öffnung im Felsen, die sog. **Obodas-Kapelle**. An der Rückwand enthielt die Nische wohl ursprünglich die Statue oder das Reliefbild des verstorbenen Königs. Eine – jetzt entfernte – nabatäischen Weiheinschrift erinnerte an den vergöttlichten Obodas. Man kann auch beim Aufstieg zum Großen Opferplatz über das *Wadi Farasa* beim Soldatengrab rechts (westlich) zu einem gut erhaltenen Treppenweg abbiegen, das in ein enges *Wadi* führt. Nachdem man etwa 40 m in das *Wadi en-Nmer* eingestiegen ist und einen kleinen Damm überquert hat, sieht man verschiedene Grabfassaden. Etwa 25 m hinter dem Damm findet man auf der Westseite ein Grab, das dem unteren Teil des Soldatengrabes ähnelt. Nach weiteren Gräbern erreicht man in der Südwestecke des *Wadi* eine Zisterne, die über eine Leitung mit einem angrenzenden Becken verbunden war. Östlich der Zisterne, am Südufer des *Wadi*, ist ein Grab mit interessantem Innenraum, ähnlich dem Bunten Saal, zu besichtigen. Die Fassade ist mit Scheibenmetopen und Triglyphen ausgestattet, ein Pediment schließt die Fassade nach oben ab.

Der Weg durch das **Wadi es-Siyyagh**, das nördlich an *el-Habis* vorbeiführt, ist beschwerlich, weil das Bachbett mit groben Kalksteinen gefüllt ist. An beiden Seiten des *Wadis* kann man eingemeißelte Höhlen sehen, einige davon enthalten an den Innenwänden gleichmäßige Wandnischen. Halbwegs im *Wadi* befindet sich der nabatäische **Steinbruch**. In den neu eingerichteten Gärten wird, wie in der Antike, Wein angebaut. Aus dem Boden entspringt eine **Quelle** mitten in einem kleinen Oleanderwald. Der weitere Weg durch das Bachbett wird immer schwieriger und ist nicht zu empfehlen.

5 Min. (etwa 400 m westlich) vom Museum beginnt der Aufstieg zu **el-Habis**. Dort sieht man zunächst einen kleinen Opferplatz, der die üblichen Kultvorrichtungen aufweist: Triklinien, Wasserreservoir, Altar und eine Zugangstreppe. Man erreicht die Spitze des Berges (990 m) über die Rampe, die am Museum vorbeiführt. Der Weg führt um das Nordende von *el-Habis* herum zur Westseite, und man kommt über neuerdings ausgebesserte Stufen durch einen steilen Korridor zu den Vorbauten und Mauern einer Festung bis zum Gipfel. Die Reste der Kreuzfahrer-Festung stammen aus der Mitte des 12. Jhs. Die Anlage war eine kleine Dependance der größeren Festung von Wuʿeira. Der Haupteingang befand sich am Südende. Die Festung hat Verteidigungsmauern (mit einer Schießscharte in Form eines Pfeiles), Treppen, überwölbte Räume, Zisternen, Wehrgänge, Bogen und Türme. An diesem strategischen Platz hatte die Kreuzfahrerfestung schon einen nabatäischen Vorgängerbau. Von der Spitze von *el-Habis* hat man eine prächtige Aussicht über das *Wadi Siyyagh*. In der Bergwand von *el-Habis* befindet sich das **Große unfertige Grab**. Die Arbeiten wurden eingestellt nach der Rohanfertigung der oberen Kapitelle. Einige wenige Meter weiter befindet sich das **Columbarium**, ein altes nabatäisches Grab (4,3 x 4,3 m), in das nachträglich Hunderte kleine Nischen (27 x 17 cm) angebracht wurden. Das Grab wurde wohl wiederverwendet, um Kremationsurnen aufzunehmen.

Hinter dem Florentinus-Grab kann man zum Felsrücken **el-Khubta** in etwa 1 Stunde aufsteigen. Zu sehen sind Reste eines Wachturmes und Zisternen im Bereich der Felsknollen. Die Mühe wird belohnt mit einem herrlichen Blick auf das *Wadi Musa* und auf das Theater.

Eine der höchsten Erhebungen im Gebiet von Petra ist der Bergstock **Umm el-Biyara** (1260 m, »*Mutter der Zisternen*«). Der Aufstieg sollte nicht ohne Begleitung eines ortskundigen Führers gemacht werden. Links von einem Fassadengrab zieht sich auf der Südseite des Bergstocks eine Schlucht entlang, die zugleich den Weg zum Gipfel bildet. Nach dem Durchschreiten eines Ensembles von Felskammern steht man unmittelbar vor der Bergwand. Über Stufen und durch ein ursprünglich von einem Bogen überspanntes Tor erreicht man eine Stelle, die von einer querstehenden Felswand versperrt scheint. Über Rampen links und rechts der Felswand, die Verteidigungszwecken dienten, kommt man jedoch weiter. Über die rechte Rampe gelangt man zu einer Terrasse, an der zahlreiche Höhlen angrenzen, die vermutlich als Vorratsräume dienten. Die linke Rampe führt zu einer aus dem Felsen herausgemeißelte Fassade, die zwar zwei Senkgräber enthält, in der Ausführung dennoch stark von den gewohnten petraischen Grabanlagen abweicht. Bei der weiteren Strecke muß man auch klettern, denn der ursprüngliche Weg wurde zerstört. Nach etwa 1 St. 30 Min. erreicht man das Felsplateau mit Resten einer edomitischen Siedlung aus dem 7. Jh. v. Chr. Später wurde *Umm el-Biyara* zu einer nabatäischen Fliehburg, wie Ruinen am Ostrand des Bergplateaus nahelegen. Der Name des Bergstockes stammt von den Wasserleitungen, die in den Fels eingetieft wurden, sowie von den (edomitischen?) birnenförmigen Zisternen auf der Bergspitze. Am östlichen Abhang befindet sich ein nabatäisches Felsheiligtum. Vom Gipfel hat man einen herrlichen Blick auf das *Wadi el-ʿAraba.*

Der Abstecher zum **Wadi eth-Thugra** erfordert etwa 1 Stunde Fußmarsch vom Stadtgebiet. *Eth-Thugra* ist ein Grabbezirk am Südrand von Petra, am Fuß des *Umm el-Biyara*. Das Gebiet zeigt viele Gräber, Grabtürme, Plattformen, Zisternen, Treppenanlagen. Bekannt ist vor allem das **Schlangenmonument**, das die Nekropole beherrscht. Es datiert vom 2. oder 3. Jh. v. Chr. Es zeigt eine etwa 2 m hohe Schlange, die aus dem Felsen ausgehauen wurde und aufgerollt auf einem Podest von 2 m Höhe dargestellt wird. Sicher hat das Monument apotropäische Funktion für das Gräberfeld.

Für einen Abstecher zum **Wadi Sabra**, der etwa 4 Stunden hin und zurück erfordert, ist die Mitnahme eines ortskundigen Führers unerläßlich. Wenn man vom Stadtgebiet in Petra über den Ruinenhügel *el-Katuteh* das *Wadi Umm er-Retan* aufwärtsgeht, bemerkt man bald Spuren eines alten Weges. Auf der Höhe des im Osten liegenden *Jebel en-Nmer* biegt man in südlicher Richtung ab und verläßt bald den Felskessel von Petra, um auf eine leicht ansteigende Hochfläche zu gelangen. Bald erreicht man die Wasserscheide zwischen dem Petra- und dem Sabra-Gebiet. Über zahlreiche Serpentinen steigt man von hier dann bis zum *Wadi es-Sabra* hinunter, wo man dem Lauf des sandigen Bachbettes folgt. Im Bachbett entspringt die Quelle *ʿAin Sabra*, die hier in der Antike eine Oase schuf, in der Landwirtschaft betrieben werden konnte. Hier befindet sich auch Petras zweites Theater, das in die Felswand des *Jebel el-Jathum* gehauen wurde. Mit einem Durchmesser von 39 m und 10 Sitzreihen konnte es etwa 700 Zuschauer erfassen, diente vielleicht aber auch als Wasserreservoir. Die Siedlung lag auf der rechten Uferseite des *Wadi*, der Akropolishügel wurde bis heute noch nicht ausgegraben. Ein bemerkenswertes hydraulisches System befindet sich auf vier unterschiedlichen Höhen über dem Theater. In der Umgebung findet man weiter Bäder, Zisternen, Gräber und viele Idolnischen. Sabra wurde vom 1. Jh. v. Chr. bis zum 2. Jh. n. Chr. besiedelt. Noch 9 km weiter südlich von Sabra liegt die antike Siedlung **es-Sa'adeh**. Reichlich mit Wasser versehen, war as-Sa'adeh eine Karawanenstation auf dem Weg von Petra nach Süden. Zu sehen ist noch ein System von Zisternen und Wasserkanälen neben den anstehenden Mauern verschiedener Gebäude.

Der anstrengende Aufstieg zum **Jebel Harun**, dem höchsten Berg in der Umgebung (1350 m), dauert ca. 2 bis 3 Stunden und kann nicht ohne Begleitung eines ortskundigen Beduinen durchgeführt werden. Vom Stadtgebiet Petras geht man am *Umm el-Biyara* vorbei, überquert das *Wadi en-Nmer* und folgt dem *Wadi eth-Thugra*. Hier sieht man im sich ausweitenden Tal die Spuren früherer Ackerbau-Tätigkeit auf den angelegten Terrassen. Nach der Nekropole mit dem Schlangenmonument geht man weiter auf den alten Weg, der von Petra ins *Wadi el-ʿAraba* führte, links am Bergstock *el-Barra* vorbei. Danach weitet sich das Tal erneut, auf der Westseite türmt sich aber schon der *Jebel Harun* auf. Rechts vom Weg kann man ein **Isis-Heiligtum** in einer tiefen Schlucht besuchen. Für den Aufstieg zum Berg muß man nun von der alten Karawanenstraße abzweigen. Nach endlosen Kehren erreicht man dann das Plateau zwischen den beiden Berggipfeln. Hier haben viele Pilger Graffiti hinterlassen. Auf dem höheren der beiden Gipfel steht eine kleine Moschee aus dem 14. Jh. n. Chr. über dem Grab Aarons. Die Grundmauern zeigen Spuren einer älteren christlichen Kirche und eines noch älteren nabatäischen Heiligtums. Betreten kann man die Moschee nur mit der Erlaubnis und im Beisein des Bdul-Beduinen, der Wächter des Heiligtums ist. Vom Gipfel bekommt man ein überwältigendes Wüstenpanorama über das *Wadi el-ʿAraba* und die Felskulisse Petras zu sehen.

Auf der Straße von Petra nach Beidha braucht man vom *Petra Resthouse* etwa 20 Min. bis zur Kreuzfahrerruine **el-Wuʿeira** (*La Vallée de Moïse*). Die Burg liegt westlich der Straße und kann über eine neuerdings restaurierte Brücke betreten werden. Auf der Westseite der Anlage sind Treppenanlagen im Fels angebracht, die sicher noch von den Nabatäern stammen, so daß der Ort wohl ursprünglich eine nabatäische Wachstation gewesen sein muß. Aus der Schlucht auf der Ostseite machten die Kreuzritter den Burggraben, ein Fels diente als Auflage für die Zugbrücke – heute wird sie von einer Steinbrücke ersetzt. Die fast rechteckige Anlage umfaßte Räume an allen Mauerseiten. Reste einer apsidialen Kapelle (ca. 1108–1116 n. Chr.) wurden im

Nordteil der Festung gefunden. Um 1187 gaben die Kreuzritter die Festung auf.

7 km vom *Petra Resthouse* entfernt, ist eine nördliche Vorstadt von Petra, der **Siq el-Barid**, in etwa 10 Min. mit dem Wagen zu erreichen. Der Vorort lag an der wichtigen Karawanenroute, die von den peträischen Bergen in das *Wadi el-ʿAraba* und von dort bis nach Gaza und Ägypten führte. Die Nabatäer legten hier gewaltige Zisternen an, die auch heute noch verwendet werden. Vor dem Eingang des *Siq* liegt ein Grabtempel, der wie die Khazne vielleicht der Verehrung der Verstorbenen gedient hat. Man betritt das Monument über eine bescheidene Treppe, es umfaßt nur eine einzige Kammer. Die 350 m lange und nur 1,5 bis 43 m breite Schlucht *Siq el-Barid* konnte früher mit einem Tor verschlossen werden. Die auffallende Zahl von Triklinien, die verschiedenen Opferplätze, die Anstrengungen, die unternommen wurden, um Wasser zu speichern, sowie die vielen an der Felswand hinterlassenen Graffiti lassen auf eine besondere kultische Bedeutung dieses Ortes schließen, die sich vor allem in den kultischen Mahlgemeinschaften ausdrückte. Über eine rechts gelegene Treppe betritt man das **Biklinium**, auch »**Bemaltes Haus**« genannt. Der Innenraum hat zwei Sitzbänke an der Ost- und Westseite und eine überwölbte Nische in der Rückwand. Decke und Seitenwände des Grabraumes sind mit bemaltem Stuck überzogen. Mit gelber und roter Farbe versuchte man Maurerarbeit nachzuahmen. Das Deckenfresko umfaßt Weinranken, Vögel und verschiedene Gestalten aus der antiken Mythologie (u. a. Pan und Eros). Es datiert wahrscheinlich vom 1. Jh. n. Chr. und erinnert stark an die Fresken im *Hypogäum der drei Brüder* in Palmyra. Auf der rechten Seite des *Wadi* sind drei **Triklinien** zu sehen. Das erste hat einen fast quadratischen Innenraum (7,1 x 7,7 m) und drei Sitzbänke von 1,35 m Breite. In der Mitte des Fußbodens des nächsten Trikliniums sind nebeneinander zwei Rechtecke eingeritzt. In der Rückwand wurde eine Nische angebracht. Die Decke ist mit Stuck überzogen, der in regelmäßige Felder gegliedert wurde. Auch dieses Triklinium war wohl ursprünglich mit einer Bemalung ausgestattet, die aber inzwischen zerstört ist. Das dritte Triklinium enthält ein zerbrochenes Wasserbecken am Eingang. Auf der linken Seite ist ein weiteres großes Triklinium unmittelbar neben einer Zisterne aus dem Felsen ausgehauen. Vier Stufen führen in den Raum (8,3 x 7,5 m) hinein. Zwei Wasserbecken vor dem Eingang sind durch eine Rinne miteinander verbunden. Ein drittes Becken befindet sich in Höhe der Sitzbank auf der linken Seite. Von den verschiedenen Opferplätzen ist eins bequem von der dritten Ausweitung im Siq zu erreichen, etwa 50 m am Biklinium vorbei. Auf der rechten Seite führt eine Treppe dorthin. Vom *Siq el-Barid* verlief in westlicher Richtung ein Weg

nach **Bir Madhkur**, einer antiken Karawanserei auf dem Handelsweg von Petra nach Gaza.

Etwa 1 km südwestlich vom *Siq el-Barid* liegen die Ruinen von **el-Beidha**, einem neolithischen Dorf, das von 7000 bis 6500 v. Chr. besiedelt war. Das ist gerade die Zeit des Übergangs vom nomadischen Leben der Jäger und Sammler zu einer seßhaften Lebensweise, bei der Haustiere gehalten und Getreide angebaut wurde. Häuser in Rund- und Rechteckform fanden sich nebeneinander, die aufeinanderfolgenden Pflasterschichten am Boden konnten genau unterschieden werden, so daß es den Ausgräbern gelang, die Geschichte der Architektur in Beidha zu rekonstruieren. Auch heute noch sind zahlreiche Reibschalen aus Stein an Ort und Stelle zu sehen. Im Ostteil der Siedlung weisen aufgeschichtete Steinplatten, gepflasterte Höfe und kleine Becken möglicherweise auf ein Heiligtum hin. In **Seyl el-Aqlat**, im *Wadi Abu Ruqa* und unweit südwestlich von Beida gelegen, wurden ebenfalls neolithische Häuser aus dem 7. Jt. v. Chr. freigelegt.

Wadi Ram

Vom *Desert Highway* erreicht man ca. 40 km südlich von **Ras ʿAin-Naqb** – oder von ʿ**Aqaba** aus ebenfalls nach 40 km – in östlicher Richtung den Zugangsweg zum *Wadi Ram*. Das Tal ist vor etwa 30 Millionen Jahren im Zuge derselben geologischen Verwerfungen entstanden, die sich als großer Grabenbruch vom Taurus durch das Jordantal und das Tote Meer bis zum Golf von ʿAqaba und dann durchs Rote Meer, Eritrea und Ostafrika hinzieht. Vom Abzweiger bis zum Posten der berittenen Wüstenpolizei am Fuß des *Jebel Ram* sind es nochmals 30 km. Unterwegs trifft man auf eine kleine Eisenbahnlinie, die in Batn el-Ghul südlich von Maʿan von der *Hejas*-Bahn abzweigt, u. a. durch das *Wadi Ram* führt und letztlich ʿAqaba erreicht. Die 116 km langen Eisenbahnnebenstrecke dient dem Transport des jordanischen Rohphosphats aus dem *Wadi el-Hesa*. Die letzten Kilometer Wegstrecke führen durch das eigentliche *Wadi Ram*. In der Polizeistation wird man zum bitteren Willkommens-Kaffee eingeladen. Außer dem Fort gibt es noch eine kleine Schule, ein paar Häuser und einige Beduinenzelte. Die mächtige, senkrecht aufragende Felskulisse an beiden Seiten stellt eine beeindruckende Landschaft dar. Der *Jebel Ram* erhebt sich 100 m über dem Talgrund und erreicht damit eine Höhe von 1754 m. Die Berge bestehen aus Granit und Sandstein, wobei das Granit den Bergsockel, der rötliche Sandstein den oberen Teil bildet. Die winterlichen Regenfälle, die durch das poröse Sandgestein dringen, fließen oft dort als Quellen aus der Bergwand, wo das Wasser auf den undurchlässigen Granit stößt. Von hier aus – oder auch von 'Aqaba aus – kann man mit Geländewagen Exkursionen in der näheren Umgebung machen.

Der prominenteste Besucher des *Wadi Ram* im 20. Jh. war T.E. Lawrence, der britische Agent und Militärberater, der 1917 den arabischen Aufstand gegen die Türken organisierte. In seinem Buch »*Die Sieben Säulen der Weisheit*« hat Lawrence das Tal beschrieben. David Lean drehte 1962 teilweise im *Wadi Ram* seinen berühmten Film »*Lawrence von Arabien*«. Überall findet man nabatäische und thamudische Inschriften. Das Kernland der Thamudi – sie werden auch im Koran erwähnt – liegt bei Medain Saleh (Saudi-Arabien). Als Kameltreiber führten sie vor allem vom 5. Jh. v. bis zum 7. Jh. n. Chr. ihre Karawanen zwischen Saudi-Arabien und dem Grenzgebiet des ostjordanischen Kulturlandes.

Vor der Felswand befinden sich die Ruinen eines nabatäischen **Tempels**. Er gehörte nicht zu einer Siedlung, sondern war wohl an diesem heiligen Ort (*Iram*) gegründet worden, wo der *Jebel Ram* die anderen Felswände überragt und wo an die dreizehn kleine Quellen aus dem Fels austreten. Der Tempel war der großen Göttin 'Allat, der Gemahlin des Dushara, geweiht. Das Heiligtum, das in das 1. Jh. n. Chr. datiert wird, blieb mindestens 200 Jahre lang – bis in die Zeit des Kaisers Caracalla (211–217 n. Chr.) – in ständigem Gebrauch. In der ersten Bauphase bestand der Tempel aus einem viereckigen Peripteros auf einem Podium mit 18 freistehenden Säulen. Zentral auf dem Platz erhob sich eine kleine (4 x 5 m) *cella*. Der Haupteingang befand sich im Westen und war auf beiden Seiten von einem Raum und einem Treppenhaus flankiert. In einer zweiten Bauphase wurden die Zwischenräume der freistehenden stuckkannelierten Säulen an drei Seiten zugemauert. In einer letzten Bauphase wurde eine feste Mauer um den Tempel gebaut, die viereckige Treppenaufgangstürme an den Seiten einschloß.

'Aqaba

'Aqaba, früher ein verschlafenes Nest, ist in neuester Zeit eine pulsierende und aufstrebende Stadt geworden. Inzwischen leben hier gut 50.000 Einwohner. Am Golf von 'Aqaba gelegen ist die Stadt 340 km von der Hauptstadt 'Amman entfernt. In ihrem Rücken erheben sich die rot schimmernden Berge, aus denen sich der schmale Zugang zur Stadt windet. Der Küstenstrich ist klein, nach wenigen Kilometern beginnen das Territorium von Saudi-Arabien auf der südlichen und die israelische Stadt Eilat auf der westlichen Seite, während Ägyptens Sinai in Sichtweite liegt. Begünstigt von der Natur – Süßwasser ist überall reichlich in geringer Tiefe vorhanden – und sowohl strategisch wie auch verkehrstechnisch günstig gelegen, war der Aufstieg von ‘Aqaba vorprogrammiert. Der Golfkrieg zwischen Irak und Iran sorgte für einen weiteren Auftrieb. ‘Aqaba wurde zum wichtigen Handelshafen für den Gütertransfer nach Saudi-Arabien und dem Irak, für Jordanien selbst exportiert der Hafen vor allem die Phosphate, die von den etwa 170 km nördlich gelegenen Minen mit der Eisenbahn herantransportiert werden. Auch als Badeort versucht ‘Aqaba eine neue Klientel zu gewinnen. In dieser Hinsicht ist ‘Aqaba zu jeder Jahreszeit – außer im Sommer mit Temperaturen, die nicht selten 40° C übersteigen – zu empfehlen. Ob aber die jordanischen Tauchzentren auf Dauer der Konkurrenz der neu geplanten Zentren an der ägyptischen Sinaiküste gewachsen sein werden, bleibt fraglich.

Die Zentren *Aquamarina-Club* und *Aqaba-Royal Diving Centre* (an der Südküste von ‘Aqaba) bieten täglich zweimal Tauchunterricht und verleihen Taucher-Ausrüstungen. Von allen Strandhotels kann man sich von Glasbodenbooten abholen lassen und die Unterwasserwelt beobachten. Paddelboote sind zu vermieten. Weitere Sportmöglichkeiten sind Wasserski und Windsurfing. Von ‘Aqaba aus organisieren die führenden Hotels und verschiedene Reiseagenturen Ausflüge zum *Wadi Ram* (ca. 30 $ pro Person, inklusive Mittagessen und Transport; ca. 45 $ mit Kamelritt). Tagesausflüge nach Petra werden für ca. 30 $, inklusive Mittagessen und Transport, ca. 55 $ mit Reiseführer und Pferd für den Ritt durch den Siq angeboten. Vom Hotel Aquamarina kann man täglich mit dem Schnellboot Jezirat Fira‘un besichtigen. Die *Marine Science Station* (im Süden der Stadt) beherbergt ein Aquarium für die Tierwelt des Roten Meeres (Eintrittsgebühr). Es ist täglich außer donnerstags und freitags geöffnet. Auf der gegenüberliegende Straßenseite liegt eine Forschungsstation (*Royal Scientific Society*), die sich mit der Ausnutzung der Solar-Energie beschäftigt.

Ein internationaler **Flughafen** sorgt für direkte Verbindungen mit Europa. Die *Royal Jordanian* (Büro: im *Holiday Inn*) fliegt zehnmal in der Woche zwischen ‘Amman und ‘Aqaba. Der Flug dauert 45 Min. und kostet ca. 37 $ für eine Strecke. Die *Jordan Express Transport and Tourism Company (Jett)* fährt täglich dreimal mit voll-klimatisierten Bussen zwischen ‘Aqaba und ‘Amman über den *Desert Highway*. Die Fahrt dauert ca. 4 Stunden.

Die Frühgeschichte der Stadt ist weitgehend ungeklärt. Die alttestamentlichen Texte erwähnen die Ortschaften *Elat* (Elot) und *Ezjon-Geber*, diese Orte konnten aber bis heute nicht eindeutig identifiziert werden. Hier waren die Israeliten auf ihrem Weg nach Moab vorbeigekommen (*Dtn 2,8*) und schlugen ihr Lager auf (*Num 33,35f.*). In Ezjon-Geber, »*das bei Elat an der Küste des Schilfmeers in Edom liegt*«, baute König Salomo eine Flotte, die nach Ofir segelte und Gold für den König mitbrachte (*1 Kön 9,26–28*). Salomo holte mit seiner »*Tarschisch-Flotte*«, die er mit Hilfe des phönikischen Königs Hiram gebaut hatte, im Turnus von drei Jahren »*Gold, Silber, Elfenbein, Affen und Perlhühner*« *(1 Kön 10,22)*. Als der judäische König Joschafat (876–849) Ähnliches versuchte, scheiterte sein Unternehmen kläglich: schon im Hafengelände zerschellten seine Schiffe (*1 Kön 22,49*). Der judäische König Azarja (785–740) konnte das inzwischen abhandengekommene Elat wieder erobern und ließ es ausbauen (*2 Kön 14,22*). Auf dem Höhepunkt seiner Macht griff das aramäische Reich von Damaskus 734 unter seinem König Rezin bis nach Elat aus und vertrieb dort die Judäer: »*die Edomiter kamen und blieben dort ansässig bis zum heutigen Tag*« *(2 Kön 16,6)*. Im 6. Jh. wurde die edomitische Siedlung durch die Babylonier erobert. Die Handelsverbindungen mit der Mittelmeerwelt und Arabien blieben aber auch noch in der persischen Zeit (5./4. Jh.) intakt, als die Nabatäer allmählich die Edomiter verdrängten. Die Ptolemäer übernahmen im 3. Jh. die Stadt von den Nabatäern und nannten sie *Berenike*. Antike Schriftsteller wie Diodor (1. Jh. v. Chr.) und Strabo (ca. 64 v. Chr. – 19 n. Chr.) kannten die Stadt unter dem Namen *Aela* (auch *Aila, Ela, Elat, Elot, Aelana*). 106 n. Chr. wurde Nabatäa von den Römern annektiert, zwischen 111 und 116 ließen sie die *via nova Traiana* von Ailana (ʿAqaba) nach Bosra in Südsyrien bauen. Die nabatäische und römische Stadt muß etwas weiter westlich der jetzt ausgegrabenen islamischen Stadt gelegen haben. Das christlich-byzantinische Aila war Bischofssitz der *Provincia Palaestina tertia*. Bis ins 8. Jh. gibt es noch Belege für eine christliche Gemeinde in Aila.

Die islamische Geschichte von Ela beginnt sehr früh! Im Jahre 631, noch zu Lebzeiten des Propheten, bekommt der damalige Bischof Johannes in Tabuk einen Schutzbrief für seine Gemeinde. Daraufhin errichtete der arabische General ʿAmr ibn el-ʿAs 634 neben der byzantinischen Stadt ein befestigtes Lager (»*misr*«). Als Militärbasis für die weitere Eroberung Palästinas war Ela eine der ältesten Gründungen der moslemischen Welt und, nachdem es in früh-omayyadischer Zeit Stadtmauern bekam, auch eine der ältesten moslemischen Stadtgründungen. Es erlebte zur Abbasidenzeit eine wahre Blüte, in der es in ein Netz weitverzweigter und intensiver Handelsverbindungen einbezogen wurde, das Ägypten und Syrien mit dem Irak und China verband. Auch die Mekka-Pilger, die aus Nordafrika, Ägypten oder Palästina-Syrien stammten, kamen durch die Stadt und vermehrten den Wohlstand. Die Fatimiden stationierten hier 961 eine Garnison, um lokale Aufstände zu unterdrücken. Bei einer offenen Revolte wurde die Stadt 1024 eingeäschert. Ein neues Kapittel für die Stadt fing mit der Eroberung durch den Kreuzfahrer-König Baldwin I. im Jahre 1116 an. Auf der *Ile de Graye (Jezirat Firaʿun)* im Golf sowie in Ela selbst bauten sie eine Festung. Dennoch ging der Ort 1170 wieder an den Ayyubidensultan Salah ed-Din zurück. Renaud de Châtillon versuchte zwar 1182, Insel und Festung zurückzuerobern, indem er von Aschkelon Schiffe für seine Piratenzüge kommen ließ, nach wenigen Monaten gehörte die Stadt aber wieder den Ayyubiden. Der für die Mekka-Pilger beschwerliche Paßübergang nach Aila hieß seit dem 12. Jh. *‘Aqabat Aila (»Abstieg nach Aila«)*, später einfach *‘Aqaba*. 1250 übernahmen die Mamelucken ‘Aqaba. 1320 baute der Sultan en-Nasir Mohammed eine Festung, die 1505 vom vorletzten Mameluckensultan Qansuh el-Ghuri durch einen Neubau ersetzt wurde. Diese Festung, die etwa 1 km südlich des mittelalterlichen Ayla stand, wurde zum Kern der neuen Stadt. 1517 übernahmen die Osmanen die Herrschaft. Erst beim Zusammenbruch des osmanischen Reiches fiel ‘Aqaba an Saudi-Arabien. Bei der Konvention von London (1841) wurde eine Reihe von Garnison-Städten am Roten Meer, darunter ‘Aqaba, Mohammed Ali aus

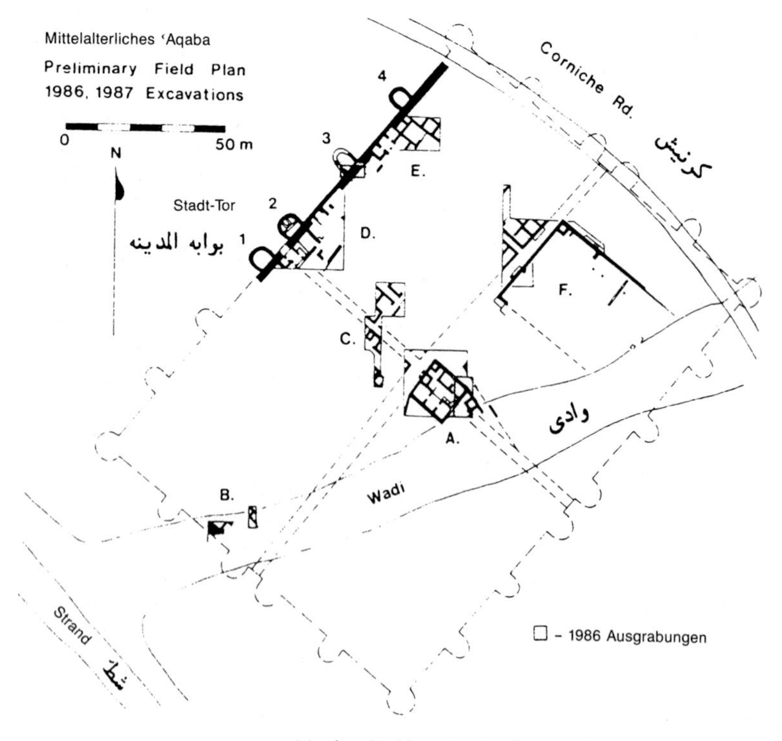

‘Aqaba, die islamische Siedlung

Ägypten zugesprochen, der die Sicherheit der Mekka-Pilger zu garantieren hatte. Dennoch konnten die Türken ihren Einfluß zurückgewinnen und hielten ʿAqaba weiterhin besetzt. Als durch den Bau des Suez-Kanals (1869) und der *Hejas*-Eisenbahnlinie (1906–1908) zwei Alternativ-Strecken für die Pilgerfahrt eingerichtet wurden, ging die wirtschaftliche Bedeutung von ʿAqaba entsprechend zurück. Erst 1917 geriet die Stadt wieder unter arabische Kontrolle: die haschemitischen Truppen von Scherif Hussein von Mekka unter der Führung des Prinzen Feisal ibn Hussein überrannten mit einer beduinischen Kameltruppe die osmanische Garnison. Die Rolle des britischen Agenten Lawrence bei diesem Geschehen ist bis heute umstritten. 1925 wurden die Distrikte Maʿan und ʿAqaba Teil des Emirates Transjordanien. 1958–1960 baute man den neuen Hafen von ʿAqaba. Durch einen Grenzausgleich mit Saudi-Arabien im Jahre 1965 konnte Jordanien zusätzlich 25 km Küste im Osten des Golfs für sich einhandeln, wodurch die Entwicklungsmöglichkeiten der Stadt erheblich gesteigert wurden.

Die mittelalterliche **Festung** befindet sich etwa 200 m östlich des Hotels *Palm Beach*, unmittelbar neben dem *Tourist Centre* von ʿAqaba. Die 50 m langen Außenmauern werden durch Türme verstärkt. Ein wuchtiges Eingangstor gibt den Weg auf einen großen Innenhof frei. Wohntrakte erstrecken sich an den Seitenmauern. Eine Gründungsinschrift verläuft in etwa 50 cm hohen Bändern vom Vorraum zum Innenhof und erwähnt den Mameluckensultan Qansuh el-Ghuri (1501–1516) als Auftraggeber. Unter dem Osmanen Murad III. (1574–1595) wurde die Burg noch einmal umgebaut. In der angrenzenden Karawanserei befindet sich ein kleines Museum.

Die **islamische** mittelalterliche **Stadt** befindet sich auf dem freien Platz zwischen dem Seeufer auf der Höhe der jordanischen Küstenwache und der Strandpromenadenstraße zur westlichen Seite des *ʿAqaba-Hotels* (gegenüber vom *Miramar-Hotel*). Das Areal mißt etwa 120 x 160 m. Freigelegt wurde über eine Länge von 80 m die nordwestliche Stadtmauer. Halbkreisförmige Türme unterbrachen den Mauerverlauf; Achsen-Straßen, die von vier Toren ausgingen, teilten die Stadt in vier Quadrate. Ausgegraben wurde das »*Ägyptische Tor*«, das ursprünglich 3 m breit und von einem Rundbogen überspannt war.

Der *Tell el-Khulefe*, auf dem man das antike Ezjon-Geber vermutet, liegt etwa 500 m vom Meeresufer in der jordanischen militärischen Sperrzone an der Waffenstandslinie von 1948. Die Ausgrabungen weisen auf rege Handelsverbindungen mit Inner-Arabien und Ägypten vom 9. bis zum 6. Jh. v. Chr. In der Kasematten-Festung fand man Hinweise, daß hier bereits gewonnenes Kupfer bearbeitet wurde. Ein weiterer Tell befindet sich 1,5 km nach dem Polizeiposten auf dem Weg zum Flughafen: *Tell Maquss*. Die Ausgrabungen legten Spuren einer chalkolithischen Siedlung (etwa um 3500 v. Chr.) frei, die sich ebenfalls mit der Kupfer-Bearbeitung beschäftigte. Das Material kam aus den großen Zentren im *Wadi el-‘Araba* (Feinan, *Wadi Khaled*, Timna) und wurde hier – ähnlich wie auf dem *Tell el-Khulefe* – zu Fertigprodukten weiterverarbeitet. Der Tell wurde als Siedlungsort plötzlich aufgegeben und nie wieder neu besiedelt.

Teil IV: Praktische Reiseinformationen

Auskunft. Ministry of Tourism and Antiquities, P.O.Box 224, Jebel ʿAmman, ʿAmman (Tel.: 64 23 11). Alia – The Royal Jordanian Airlines, Münchener Straße 12, 6000 Frankfurt (Tel.: 069/23 18 53–55).

Auto. In Jordanien herrscht Rechtsverkehr. Besondere Aufmerksamkeit ist geboten beim Kreisverkehr, der an allen wichtigen Kreuzungen eingerichtet ist und bei dem der schon im Kreis Fahrende Vorfahrt hat. Es gibt viele private und internationale Gesellschaften für Auto-Vermietung. Die Preise bewegen sich zwischen 15 und 20 JD pro Tag (Benzinkosten kommen dazu). Ein nationaler Führerschein reicht aus. Mit einem jordanischen Privatwagen darf allerdings nur fahren, wer einen jordanischen Führerschein besitzt.

Bahn. Zweimal wöchentlich fährt die Hejas-Bahn nach Damaskus.

Banken Einige internationale Banken haben Filialen in Jordanien. Geldwechsler arbeiten unter der Kontrolle der Jordanischen Zentralbank. Traveller Cheques, Eurocheques und Kreditkarten werden in den größeren Banken und Geschäften akzeptiert. In Geschäften und Restaurants frage man lieber vorher nach, ob man mit einer Kreditkarte zahlen kann. Größere Hotels haben eigene Wechselstuben für ihre Gäste. Es gibt keine Devisen-Vorschriften für Besucher des Landes.

Botschaften in Jordanien. Bundesrepublik Deutschland (El-Afghani Street 5, POB 183, in der Nähe des Zahran Palace auf dem Jebel ʿAmman, Tel.: 64 13 51/2). Österreich: Zahran Street, Jebel ʿAmman (Hotel Jordan Intercontinental, Suite 538, POB 81 53 68; Tel.: 64 46 35). Schweiz: Abu Feras Street, Jebel ʿAmman. POB 53 41. Tel.: 68 64 16/7.

Buchhandlungen. In ʿAmman: ʿAmman Bookshop; El Muhtaseb Bookshop; Interbook Booksellers (am 2. Kreisverkehr, Auswahl englischer und deutscher Bücher, mit Schwerpunkt Mittlerer Osten, Kunst und Literatur); Jordan Book Center; Jordan Distribution Agency; Regency Palace Hotel Bookshop; University Bookshop; Wadi Saqr Bookshop.

Busse. Verbindungen nach den wichtigsten Ortschaften im Lande hat man von ʿAmman aus ab der *Abdali Central Bus Station*. Eine Fahrt nach Jerash kostet ca. 10 JD, nach Damaskus 20 JD; 35 JD kostet ein Sammel-Taxi nach Petra. Die Jett Company (Jordan

Express Tourist Transport Company) hat im Lande eine Monopolstellung für die Bustransfers. Täglich verkehren 5 Busse nach ʿAqaba (Fahrtzeit 5 Stunden, Preis: 5 JD), drei nach Bagdad, einer nach Petra, vier nach Damaskus, einer zur King Hussein (Allenby) Brücke und einer nach Kairo.

Campingplätze git es an der Straße von Jerash nach ʿAmman, 20 km vor ʿAmman und am Strand außerhalb von ʿAqaba.

Deutsche, Einrichtungen in Jordanien. Das Goethe-Institut (P.O. Box 634, Jebel ʿAmman, Tel.: 64 19 93) führt Deutsch-Kurse durch und verfügt über eine Bücherei und Leseräume.

Einkaufen (Souvenirs). Gold- und Silberschmuck kann man mit einigem Geschick günstig auf dem Goldmarkt (unmittelbar nördlich an der King Feisal Street) in der Unterstadt von ʿAmman erwerben. Meist in Eigenarbeit hergestellt, werden die Preise nach dem Gewicht festgelegt. Reise- und Souvenir-Andenken: Kästchen mit Einlege-Arbeiten, Töpferwaren, Krummdolche, Wasserpfeifen, Teppiche aus Madeba, Glaswaren und Stickereien aus Gerasa, Khefiye (Kopftücher) in schwarz-weißer oder rot-weißer Farbe, Hebron-Glas, Kupfer- und Messing-Arbeiten (Kaffeeservice, Mörser), Lederartikel, Sandfläschchen und Tonscherben in Petra, Korallen und andere Meereserzeugnisse in ʿAqaba. Ein jordanisches Handwerkszentrum befindet sich auf dem Jebel ʿAmman östlich des zweiten Kreisverkehrs. In **Khan Zeman**, etwa 25 km südlich von ʿAmman in Richtung Queen Alya-Flughafen, wurde 1989 ein neues Handwerker-Zentrum eröffnet.

Essen und Trinken. *Mensaf*: Ein ganzes gefülltes Lamm mit gekochter Joghurt-Sauce, serviert auf einem Reisbett, das mit Pinienkernen, Rosinen und Nüssen garniert wird. *Musakhan*: In Olivenöl fritiertes Hühnchen mit gehackten Zwiebeln, Olivenöl, Pinienkernen und Gewürzen und im Ofen auf einem dicken arabischen Brotlaib gebraten. *Maklouba*: Stew aus Fisch, Hühner- oder Hammelfleisch mit Gemüse (Auberginen, Blumenkohl), mit Reis serviert und mit verschiedenen Gewürzen (u. a. Kümmel) garniert. *Shish Kebab*: Lammfleischstücke, marinierte Hühnchenteile und Pastetchen von gehacktem und gewürztem Lammfleisch, alles über Holzkohlenfeuer mit Tomaten und Zwiebeln gebraten. *Shwarma*: Wie der *Döner kebap* der Türken. Scheiben von Hammelfleisch werden auf einem Spieß zu einem Block zusammengepreßt, der sich dann senkrecht vor einer Holzkohlenglut dreht. Damit das Fleisch auch saftig bleibt, werden die Schichten mit Scheiben vom Schwanz des Fettschwanzschafes durchsetzt. Das gegrillte Hammelfleisch wird abgeschabt und auf heißem Fladenbrot angerichtet, das mit Tomatenscheiben, Pfefferminzblättern, Zwiebelringen und Petersilie garniert wird.

Kubbeh ist ein Hackfleischbrei, der sowohl roh, gebraten wie gesotten angeboten wird. Als *mezze* bezeichnet man eine frei zusammengestellte Ansammlung von Vorspeisen: *Hommos* (gewürzter Brei aus Kirchererbsen), *Tabuleh* (kleingehackte Petersilie und Tomaten mit *Burghul*, aufgequollener Weizenschrot, abgeschmeckt mit Gewürzen und Zitronensaft), *Babaganush* (gebratene und pürierte Auberginen, leicht mit Knoblauch gewürzt), usw.

Im Land produziertes und ausländisches Bier, Weine aus der Westbank (Latrun und Cremisan) und aus dem Ausland sowie Mineralwasser (auch aus eigener Produktion) und Säfte sind überall erhältlich. *Arrak*, ein Traubenschnaps mit Anis-Zusatz und etwa 40 % Alkoholgehalt, kann gute Dienste bei der Vermeidung von Darm- und Magenstörungen leisten. Er wird im eigenen Land hergestellt oder aus dem Libanon und Syrien importiert. Der türkische Kaffee wird mit Zucker aufgekocht und oft mit Kardamom gewürzt. Dagegen ist der arabische (Beduinen-) Kaffee noch kräftiger und ohne Zucker, aber mit Zusatz von Kardamom.

Während des Ramadan sollte man vermeiden, tagsüber in der Öffentlichkeit zu essen oder zu trinken. In einigen Hotels kann man auch abends während dieser Zeit keine alkoholischen Getränke bekommen.

Fährverbindungen. Die Auto-Fähre zwischen ʿAqaba und Nuweiba (Sinai) fährt zweimal täglich (von ʿAqaba und Nuweiba jeweils um 11 und um 16 Uhr). Die Überfahrt (67 km) dauert 3 bis 5 Stunden. Der Fahrpreis beträgt etwa zwischen 7,50 JD und 11,25 JD. Autos kosten zwischen 20,45 und 34,35 JD. Jordanien erreicht man auch mit der Auto-Fähre zwischen Griechenland und dem syrischen Hafen Lattakia und weiter auf dem Landweg.

Fernsehen. Kanal 1 sendet entweder ein arabisches, ein französisches (um 19 Uhr) oder englisches (um 22 Uhr) Programm. Der zweite Kanal bringt täglich von 18 bis 23 Uhr französische und englische Sendungen.

Feste und Feiertage. Islamische Feiertage sind nach dem moslemischen Mondkalender festgelegt.

ʿEid al-Fitr: Dreitägiges Fest am Schluß des Ramadan. *ʿEid al-Adha*: Opferfest am Schluß des Ramadan. *al-Hejra*: Islamisches Neujahrsfest. *Mawlid al-Nebi*: Geburtstag des Propheten. *Al-Isra'a wa Miraj (Lailat al-Miraj)*: Erinnerungstag an die Himmelfahrt des Propheten in Jerusalem.

Als Nationalfeiertage gelten der 22. März (Tag der Arabischen Liga), der 1. Mai (Tag der Arbeit), der 25. Mai (Tag der Unabhängigkeit und der Armee), der 10. Juni (Tag der Revolution und des Heeres; der Tag, der an die arabische Revolte gegen die Osmanen in 1916 erinnert), der 11. August (Thronbesteigung des Königs Hussein) und der 14. November (Geburtstag Husseins).

Freitags wird nicht gearbeitet. Manche (Privat-)schulen, Botschaften, Geschäfte und andere Institutionen schließen zusätzlich am Donnerstag, Samstag oder Sonntag. Christliche Feiertage sind der katholische Weihnachtstag, Palmsonntag und der orthodoxe Ostersonntag.

Festspiele. In Jerash *The Jerash Festival of Culture and Art*. Das Festival findet jährlich an zwei Wochen im Sommer im Theater von Jerash statt. Aufgeführt werden Theaterstücke, Musikaufführungen und Folklore-Darbietungen durch lokale, nationale oder internationale Gruppen. Königin Nur hat das Festival 1981 initiiert.

Beim jährlichen *Wassersport-Festival in ʿAqaba* (Mitte November) werden Wettkämpfe in Wasserski und anderen Wassersportarten durchgeführt.

Flüge. *Alya, The Royal Jordanian Airline,* so benannt nach der Tochter des Königs Hussein, Alya. Auskünfte bei Alia – Royal Jordanian Airlines, Münchener Straße 12, 6000 Frankfurt am Main (Tel.: 06 11 / 23 18 53). Die Flughafen-Gebühr beträgt für Nicht-Jordanier 3 JD. Ein von der Regierung kontrollierter Taxi-Dienst gewährleistet die Verbindung zwischen dem Stadtgebiet von ʿAmman und dem Flughafen Queen Alia International Airport (fertiggesteltt 1983), der etwa 40 km südlich von der Stadtmitte liegt und in 40 Min. erreicht wird. Der Einheitspreis ist 7 JD. Ein Bus fährt alle 20 Minuten von der Abdali Bus Station zum Flughafen (Fahrpreis 500 Fils). Der Flughafen von ʿAqaba unterhält neuerdings neben den Flügen nach ʿAmman auch internationale Flugverbindungen. Mit dem Taxi erreicht man die Stadt in 10 Minuten.

Geschäftszeiten. Geschäfte haben gewöhnlich von 9.00 bis 13.30 und von 15.30 bis 19.00 Uhr auf. Supermärkte können aber auch bis in den späten Abend geöffnet haben. Freitags und an den moslemischen und nationalen Feiertagen haben die meisten Geschäfte geschlossen. Einige christliche Geschäftsinhaber schließen außerdem am Sonntag und an den christlichen Feiertagen.

Gesundheitswesen. Die medizinische Versorgung in Jordanien ist ausgesprochen gut. Viele Ärzte haben ihre Ausbildung in Europa oder in den USA erhalten. Zu den renommiertesten Krankenhäusern gehören u. a.: das University Hospital, University Highway in ʿAmman (Tel.: 84 58 45); Hussein Medical Centre, Wadi es-Sir, Straße nach Suweileh in ʿAmman (Tel.: 81 38 13); Palestine Hospital, Shmeisani, University Street in ʿAmman (Tel.: 66 41 71); Muasher Hospital, auf dem Jebel Hussein in ʿAmman (Tel.: 66 72 27).

Hörfunk. Seit 1985 sind Hörfunk und Fernsehen eine staatliche Einrichtung. Englischsprachige Sendungen sind den ganzen Tag auf Meterband 350.9, 855 Khz Mittelwelle und UKW 99 MHz (im Norden 9.560 MHz) zu empfangen.

Hotels und Pensionen. Die wichtigsten Hotels in ʿ**Amman**: Alia Gateway Hotel**** (Beim Queen Aliya-Flughafen, Tel.: 08 / 5 10 00); The Ambassador Hotel*** (Abdul Hamid Sharaf Street, Shmeisani, Tel.: 66 51 61 / 2); Amman International*** (University Road in Shmeisani, Tel.: 84 17 12); Amman Marriott Hotel***** (Isam Ajluni Street, Shmeisani, Tel.: 66 01 00); Amman Plaza Hotel***** (Queen Noor Street, Shmeisani, Tel.: 66 59 12); Amra-Hotel**** (6th Circle, Jebel ʿAmman, Tel.: 81 50 71); Commodore Hotel*** (Abdul Hamid Sharaf Street, Shmeisani, Tel.: 66 51 85); Gateway Hotel beim Queen Alya-Flughafen (Tel.: 08 / 5 10 00); Grand Palace Hotel*** (Queen Alya-Street, Sports City Road, Jebel al-Hussein, Tel.: 66 11 21 / 7); Jerusalem Frantel International Hotel**** (Jordan University Road, Tel.: 66 51 21 / 5); Jordan Inter-Continental Hotel***** (Queen Zein Street, Third Circle, Jebel ʿAmman, Tel.: 64 13 61); Jordan Tower**** (Shmeisani, Tel.: 6 11 61); Middle

East Hotel★★★ (Arab College Street, Shmeisani, Tel.: 66 71 60); Philadelphia International Hotel★★★★ (ehemals Holiday Inn Amman, Al-Hussein Bin Ali Street, Jebel ʿAmman, Tel.: 66 31 00); Regency Palace Hotel★★★★, (Queen Alya-Straße, Sports City Road, Jebel al-Hussein; Tel.: 66 00 00); Sheraton Palace★★★★★ (University Street, Tel.: 6 00 00): Tyche Hotel★★★★ (Rasafi Street, Shmeisani, Tel.: 66 11 14/15).

In **ʿAqaba**: Alcazar Hotel★★★★ (Tel.: 03/31 41 31); Aqaba Beach Hotel★★★ (Tel.: 03/31 24 91); Aqaba Tourist House Hotel★★★ (Tel.: 03/31 51 65); Aqua Marina★★★★ (Tel.: 03/31 62 51); Aqua Marina II★★★★ (Tel.: 03/31 51 65); Coral Beach Hotel★★★★ (Tel.: 03/31 35 21–3); Holiday Inn★★★★★ (Tel.: 03/31 24 26); Miramar★★★ (Tel.: 03/31 43 41). In **Azraq**: Al-Sayad Hotel★★ (Tel.: 94);

In **Irbid**: Al-Razi Hotel★★★ (Ajlun Street, Tel.: 04/27 55 15/6); **Kerak**: Rest House; **Maʿan**: Rest House; Maʿin: Ashtar (Tel.: 60 15 54); Maʿin Spa Village★★★★ (Tel.: 66 76 99). **Petra**: Petra Forum Hotel★★★★ (Tel.: 63 42 00); Rest House (Tel.: 03/8 30 11).

Impfbestimmungen. Impfungen bei der Einreise sind nicht erforderlich. Wie immer bei Auslandreisen sind Polio- und Tetanus-Impfungen zu empfehlen.

Jordanische Einrichtungen in Deutschland, Österreich, Schweiz. Jordanische Botschaft in der Bundesrepublik Deutschland: Königlich-Jordanische Botschaft, Beethovenallee 21, 5300 Bonn 2 (Bad Godesberg), Tel.: 02 28/35 70 46/7; Konsulate befinden sich in Berlin (Kgl. Jordanisches Konsulat, Pichelswerder Str. 3–5, 1000 Berlin 20, Tel.: 0 30/3 31 11 52); Hamburg (Kgl. Jordanisches Honorarkonsulat, Amsinckstraße 2–4, 2000 Hamburg 1 (Tel.: 0 40/24 46 04); Düsseldorf (Kgl. Jordanisches Konsulat, Poststraße 7, 4000 Düsseldorf, Tel.: 02 11/8 00 75; Hannover (Kgl. Jordanisches Konsulat, Andreaestraße 1, 3000 Hannover, Tel.: 05 11/32 12 18); Korntal (Kgl. Jordanisches Honorarkonsulat, Steinbeisstraße 1, 7015 Stuttgart-Korntal (Tel.: 07 11/8 39 77) und München (Kgl. Jordanisches Konsulat, Barer Straße 37, 8 München 40. Tel.: 0 89/28 29 53).

In Österreich wendet man sich an die Königliche-Jordanische Botschaft (Rotenturmstraße 25, 1010 Wien I, Tel.: 02 22/63 02 33).

In der Schweiz an die Botschaft des Königrechs Jordanien, Belpstraße 11, Bern (Tel.: 0 31/25 41 46). oder das Consulat de Jordanie (81, Rue de Lyon, CH-1211 Genève, Tel.: 0 22/31 71 35).

Kirchen. *Römisch-Katholisch*: Church of the Annunciation, Jebel el-Weibdeh, um 10.00 Uhr Sonntagsmesse; De la Salle-Kirche, Jebel Hussein, 17.00 Uhr Sonntagsmesse; St. Josefs-Kirche, Jebel ʿAmman beim Rainbow Kino, 11.00 Uhr Sonntagsmesse; Hl. Maria von Nazareth, Swafiyeh, Samstag um 17.45 Uhr und Sonntags um 11.30 Uhr.

Anglikanisch: Kirche des Erlösers, beim Restaurant China. Sonntags: 8.00 Uhr und 18.30 Uhr.

Überkonfessionell: ʿAmman International Church in der Southern Baptist School: 17.00 Uhr Sonntagsschule; 18.00 Sonntagabend-Gottesdienst; Rainbow Congregational: in der Erlöser-Kirche. Samstagsabend Gottesdienst um 18.30 Uhr.

Kleidung. Zu empfehlen ist Kleidung aus Naturfasern (Baumwolle). Weil die Nächte oft kalt sein können, auch ein wärmeres Kleidungsstück (Pullover) mitnehmen. Bei den Ausflügen ist selbstverständlich Rücksicht auf die religiösen Empfindungen und Bräuche der Bevölkerung nehmen. So ist es unangebracht, daß Herren oder Damen mit Shorts herumlaufen. Damen sollten in der Öffentlichkeit auch keine tiefen Dékolletés oder schulterfreie Kleider tragen. Für Ausflüge in der Wüste und in Petra werden praktische Kleidung (lange Hosen) und gute Laufschuhe empfohlen.

Paß, Visa. Reisende können bei jeder jordanischen Botschaft bzw. jedem jordanischen Konsulat vor Reiseantritt ein Touristenvisum beantragen. Reisende ohne Visum erhalten ein solches nachträglich in Jordanien am Flugplatz oder an der Grenze. Reiseagenturen besorgen ein Sammel-Visum für die ganze Reisegruppe. Das Visum hat eine Gültigkeitsdauer von einem Monat und kann in ʿAmman für weitere Monate verlängert werden. Zur Einreise braucht man außerdem einen noch 6 Monate gültigen Reisepaß. Im Paß darf auf keinem Fall ein israelisches Visum oder Stempel vorhanden sein! Man kann sich in dem Fall einen zweiten Paß bei den Behörden des Heimatlandes ausstellen lassen.

Photographieren ist prinzipiell überall erlaubt, militärische Objekte ausgenommen. Beim Photographieren von Menschen (besonders Frauen) sollte man immer um Erlaubnis bitten.

Post. Die Hauptpost des Landes befindet sich in der Unterstadt von ʿAmman (Central Post Office. Prince Mohammed Street, ʿAmman). Briefe und Postkarten sind etwa eine Woche unterwegs. Gebühren für Postsendungen im Inland : 40 Fils. Andere arabische Länder: 60 Fils. Europa und Afrika: 160 Fils. USA, Australien und Canada: 240 Fils. Der Empfang von Postsachen geschieht über Post Office Boxes, es gibt keine Haus-Zustellung. Telegramm und Telex können in den Postämtern aufgegeben werden. Die Gebühren für Europa betragen 92 Fils pro Wort. Die meisten größeren Hotels verfügen über Telex-Einrichtungen.

Reiseapotheke. Neben den üblichen Verbands-, Wundheilungs- und Schmerzmitteln sollte man auch Tabletten gegen Magen- und Darmerkrankungen mitnehmen; weiter auch fiebersenkende Mittel, Tabletten gegen Halsschmerzen, Nasen- zund Augentropfen, Salbe gegen Insektenstiche und Kreislaufmittel.

Reisen in die Westbank. Wer von Jordanien aus die West-Bank besuchen will, muß sich ein *Bridge Crossing Permit* besorgen. Das Ministerium des Innern benötigt für die Ausstellung zwei Tage. Öffnungszeiten der Dienststelle: von Samstag bis Mittwoch 8.00 bis 14.00 Uhr. Zwei Gebührenmarken sind dazu nötig, die man sich im Gebäude gegenüber dem Ministerium für 30 – 60 Fils besorgt. Auch ein Paßbild ist mitzubringen. Das vollständig ausgefüllte Formular muß im Ministerium abgegeben werden, das daraufhin in einem arabisch verfaßten Brief mitteilt, wann die Erlaubnis abzuholen ist. Kehrt man nach dem Übergang über die King Hussein Brücke nach Jordanien zurück, wird nur die Erlaubnis gestempelt, nicht der Paß.

Eine Taxi-Fahrt von ʿAmman zur Brücke kostet einfach ca. 8 JD. Es fährt auch ein Jett-Bus vom Abdali Bus Centre zur Brücke (Preis: 3,5 JD). Die Brücke selbst ist passierbar bis 14 Uhr, freitags bis 12 Uhr. Die Israelis lassen nur eine bestimmte Zahl Busse herüber. Wenn die Zahl erreicht ist, schließen sie den Übergang. Es empfiehlt sich deshalb vor allem am Freitag, frühzeitig zur Brücke zu fahren. Samstag (Sabbat) bleibt die Brücke geschlossen. Auch sonst wird die Brücke manchmal kurzfristig geschlossen, so daß man sich besser ein Tag vor Abfahrt oder Rückkehr erkundigt.

Reisezeit. Zu empfehlen ist die Reisezeit zwischen März und Mai, sowie zwischen Oktober und Dezember. In der Osterzeit sind die Hotels und touristischen Orte überfüllt, so daß man diese Zeit möglichst meiden sollte.

Religion. Die offizielle Religion ist der Islam. Die übergroße Mehrheit der Jordanier gehört der sunnitischen Richtung an. Die Moscheen stehen unter der Aufsicht des Ministeriums für Islamische Angelegenheiten.

Sprache. Arabisch ist allgemeine Umgangssprache. Dennoch sind Englisch-Kenntnisse fast überall sehr hilfreich.

Strom. Die Spannung beträgt 220 Volt. Ein Adapter kann durchaus nützlich sein, obwohl vielerorts zweipolige europäische Steckdosen vorhanden sind.

Supermärkte. In ʿAmman gibt es verschiedene Einkaufsmärkte, in denen man alle Lebensmittel und Haushaltswaren finden kann, die einem auch in Europa zur Verfügung stehen. In den Dörfern gibt es meistens kleinere Läden, die das Notwendige (auch Mineralwasser, Kekse, Nüsse) vorrätig haben. Christliche Kaufleute handeln auch mit Weinen (meistens aus der West-Bank) und anderen Alkoholika.

Taxis. In Jordanien gibt es drei verschiedene Arten von Taxis. Die erste Gruppe hat eine gelbe Farbe, ein grüner Aufkleber auf jeder vorderen Tür nennt den Namen und Telefon-Nummer der Gesellschaft. Die gelben Taxis haben alle einen Taxameter. Die Grundgebühr beträgt 150 Fils, etwa 50 Fils pro km kommen dazu. Man handelt aber am besten den Preis vorher aus.

Die zweite Variante sind die Taxis, die speziell für die Touristen bereitgestellt werden. Man trifft sie vor den großen Hotels an. Sie fahren nach eigenen Tarifen. Eine Fahrt vom Stadtgebiet zum Flughafen Queen Alya Airport kostet z. B. 6 JD, von den Hotels bis zur Unterstadt in ʿAmman 1 JD.

Schließlich gibt es noch Sammel-Taxis (»*serveese*«) ohne Taxameter und ohne bestimmte Farbe.

Telefonieren. Von jedem Ort in Jordanien kann man im Selbstwählverfahren die ganze Welt erreichen. Die internationale Verbindung stellt man her, indem man 00 anwählt. Die Vorwahl für die Bundesrepublik ist 49, für Österreich 43, für Belgien 32, die Schweiz 41, Luxemburg 352.Die ersten drei Minuten bei Gesprächen nach Europa kosten 3,75 JD, jede weitere Minute 1,25 JD. Im Hotel muß man mit 30 % Aufschlag rechnen.

Trinkgelder. In Hotels und Restaurants ist 15 % Bedienungsgeld in den Rechnungen schon enthalten. Dennoch wird ein persönliches Trinkgeld in Höhe von etwa 10 % erwartet.

Uhrzeit. Zu der MEZ wird eine Stunde hinzugerechnet, in der Sommerzeit (vom 1. Mai bis zum 31. Oktober) nochmals eine Stunde hinzu, wenn keine Sommerzeit in Europa gilt.

Währung. Währung ist der Jordanische Dinar (JD). Er besteht aus 1000 Fils (oder 100 qurush, Piaster). Die Münzen tragen eine arabische Aufschrift mit manchmal winzig kleinen englischen Angaben. Geldscheine über 20, 10, 5, 1 sowie über einen halben Dinar sind im Umlauf. Münzen gibt es zu 1, 5, 10 (0 1 Piaster), 20, 25, 50, 100, 250 und 500 Fils.

Wasser. Das Leitungswasser ist prinzipiell trinkbar. Dennoch ist zu empfehlen, Mineralwasser zu trinken, frisches Obst und Gemüse zu waschen. Die Infektionsgefahr ist im Sommer größer.

Zollbestimmungen. Duty-free können eingeführt werden: 200 Zigaretten, 25 Zigarren oder 200 gr. Tabak, 1 l Wein oder andere alkoholische Getränke, Parfum nur für den persönlichen Gebrauch, Geschenke bis zu einem Wert von 150 $. Schußwaffen und Munition dürfen nicht eingeführt werden. Camcorder sind meldepflichtig.

Teil V: Literatur und Glossar

Literatur

BARDORF U & W., **Syrien – Jordanien.** Reisehandbuch. Reisebuchverlag U. Bardorf, München 1986

BRENTJES Burchard, **Völker beiderseits des Jordans.** Koehler & Amelang, Leipzig 1979

BROWNING Ian, **Jerash and the Decapolis.** Chatto & Windus, London 1982

BRÜNNOW Rudolf Ernst & DOMASZEWSKI Alfred von, **Die Provincia Arabia, Bd. I.** Straßburg 1904

BUTLER H. C., **Ancient Architecture in Syria**, Leiden 1910–1913

Byzantinische Mosaiken aus Jordanien. Amt der Nö. Landesregierung, Abt. III/2 Kulturabteilung. *Katalog des Nö. Landesmuseums, Neue Folge, Nr. 179,* Wien 1986

CRESWELL K. A. C., **Early Muslim Architecture.** Volume I Part II Umayyads. Hacker Art Books, New York 1979

Der Königsweg. 9000 Jahre Kunst und Kultur in Jordanien und Palästina. Verlag Philipp von Zabern, Mainz 1987

FRANCISCAN FATHERS, **Guide to Jordan.** Franciscan Printing Press, Jerusalem [3]1984

GERATY Lawrence T. & HERR Larry G., **The Archaeology of Jordan and Other Studies Presented to Siegfried H. Horn.** Andrew University Press, Berrien Springs, MI 1986

GLUECK Nelson, **The Other Side of the Jordan.** American Schools of Oriental Research, New Haven 1940

HADIDI Adnan (Hrsg.), **Studies in the History and Archaeology of Jordan.** 3 Bände, Department of Antiquities, Amman 1982–1987

HELMS Svend W., **Jawa.** Lost City of the Black Desert, Methuen, London 1981

Jerash Archaeological Project 1981–1983. Edited by Fawzi ZAYADINE. Department of Antiquities of Jordan, Amman 1986

La Jordanie De l'âge de la pierre à l'époque byzantine. La documentation Française, Paris 1987

MÜLLER-WIENER Wolfgang, **Burgen der Kreuzritter.** Deutscher Kunstverlag, München/Berlin 1966

PARKER S. Thomas, **Romans and Saracens: A History of the Arabian Frontier.** *American Schools of Oriental Research, Dissertation Series,* 6. Eisenbrauns, Winona Lake 1986

PICCIRILLO Michele, **Chiese e Mosaici di Madaba.** *Studium Biblicum Franciscanum, Collectio Maior, Band 34.* Franciscan Printing Press, Jerusalem 1989

Preliminary Reports of ASOR-Sponsored Excavations 1980–1984. Edited by Walter E. RAST. *Bulletin of the American Schools of Oriental Research, Supplement No. 24.* Eisenbrauns, Winona Lake, Indiana 1986

SCHECK Frank Rainer, **Jordanien.** *DuMont Kunst-Reiseführer.* DuMont Buchverlag, Köln 1985

SCHMITT Yvonne, **Reiseland Jordanien.** Edition Aragon, Moers, 1990

STIERLIN Henri, **Byzantinischer Orient.** *Antike Kunst im Vorderen Orient.* Belser Verlag, Stuttgart/Zürich 1988

STIERLIN Henry, Cités du désert – Pétra, Palmyre, Hatra. Office du Livre, Fribourg 1984

The Defence of the Roman and Byzantine East. Hrsg. von Philip FREEMAN & David KENNEDY. *BAR International Series 297.* B.A.R., Oxford 1986

VRIES Bert de, **Umm el-Jimal.** A Tour Guide. Department of Antiquities, ʿAmman 1982

WENNING Robert, **Die Nabatäer.** *NTOA, Band 3.* Vandenhoeck & Ruprecht, Göttingen 1987

WORSCHECH Udo, **Das Land jenseits des Jordan.** Biblische Archäologie in Jordanien. R. Brockhaus Verlag, Wuppertal/Zürich 1991

Glossar

Ädikula: (Wörtl.:Tempelchen) Aus Säulen, Giebel u.ä. bestehende Umrahmung von Nischen und Portalen.

Adyton: Unzugänglicher, verbotener Raum im Tempel. Bezeichnet entweder die gesamte *cella* oder einen Raum hinter dem Allerheiligsten.

Agora: Markt- und Versammlungsplatz antiker Städte.

Akanthus: Blatt- und Rankenornament, meist in Verbindung mit der Palmette, das sich in der Form an die Blätter der Distelart Bärenklau anlehnt.

Akropolis: Hochgelegene Burganlage.

Akroterien: Krönendes Dekorelement auf dem First und den Ecken des Giebels von Tempeln und repräsentativen Bauten.

Antentempel: Tempel mit vorgezogenen Seitenwänden, die von Pfeilern gestützt werden.

Apodyterium: Auskleideraum in römischen Thermen.

apotropäisch: Unheil abwehrend.

Apsis, apsidial: An einen Hauptraum angebaute, meist halbkreisförmige Nische für Rednerpult, Thron oder Altar.

Aquädukt: Wasserleitung.

Architrav: Waagerechter, auf Stützen (Säulen) ruhender, den Oberbau tragender Hauptbalken.

Arkade: Folge von Mauerbögen auf Säulen oder Pfeilern.

Arkosolium: Aus dem Felsen geschlagenes Wandgrab mit einer Bogennische über dem mit einer Platte verschlossenen Grabtrog.

Atrium: Hauptraum des römischen Wohnhauses. Später Vorhof altchristlicher Kirchen, meist von Säulen umgeben.

Attika: Halbgeschoßartiger Aufsatz über dem Hauptgesims eines Bauwerks, oft mit Inschriften, Plastiken u.ä. versehen. Die Attika ist ein wichtiges Element des römischen Tor- und Triumphbogens.

Baldachin: Prunkhimmel, Traghimmel, Schutz- und Prunkdach über Altären, Nischen oder Statuen.

Baptisterium: Taufkapelle.

Basilika: Antike Halle, später Kirchentyp.

Bastion: Aus der Stadtmauer vorspringendes Verteidigungswerk.

Beit: Eine geschlossene Wohneinheit, bei der sich verschiedene Wohnräume um einen zentralen Innenhof gruppieren.

Betyl: Reliefierte Felsstele, die aus der Rückwand von Felswandnischen hervortritt und eine nabatäische Gottheit symbolisiert.

Blendnische: Eine zur Verzierung der Mauerfläche angebrachte Nische.

Bossenquader, bossiert: Quader, die an der Vorderseite roh belassen und nur grob zugerichtet sind.

Caldarium: Warmbaderaum in römischen Thermen.

Cardo: Nord-Süd-Achse einer römischen Stadt.

Castrum, castra: Römisches Militärlager.

Cavea: Muschelförmiger Zuschauerraum im antiken Theater.

Cella: Zentraler Kultraum (Allerheiligstes) für das Götterbild im antiken Tempel.

Columbarium: Begräbnisstätte mit Nischen für die Urnen.

Cromlech: Anlage kreis- oder halbkreisförmig aufgestellter Steine mit kultischem Charakter.

Decumanus: Ost-West-Achse in einer römischen Stadt.

Dekapolis: Ein Zehnstädtebund im nördlichen Ost- und Westjordanland (Bet Schean), der als Wirtschaftsverband besondere politische und steuerliche Rechte genoß und im 1. Jh. v. Chr. gegründet wurde.

Diadochen: Die Mitglieder der ersten hellenistischen Herrschergeneration, die nach dem Tod Alexanders des Großen (323 v. Chr.) das Weltreich unter sich aufteilten.

Diakonikon: Nebenraum der Apsis in einer altchristlichen Kirche.

Diazoma: Waagerechter Umgang, durch den der Theatersitzraum in Ränge eingeteilt wird.

Dolmen: (Keltisch: *tol*, Tafel; *men*, Stein). Vorgeschichtliche große Steingrabkammer, mit rundlichem oder polygonalem Grundriß, meist aus vier bis sechs senkrecht aufgestellten Trag- und ein bis zwei Decksteinen errichtet.

Donjon: Der befestigte Hauptturm im Zentrum mittelalterlicher Burgen, in dem man sich auch bei Verlust der übrigen Anlagen verschanzen konnte.
Dreikonchenbau: Kleeblatförmige Anlage mit drei Apsiden (Konchen).
Exedra: Rechteckiger oder halbrunder nischenartiger Raum als Erweiterung eines Saales oder einer Säulenhalle.
Forum: Markt- und Versammlungsplatz römischer Städte.
Fresko: Auf den frischen Verputz einer Wand gemaltes Bild.
Frigidarium: Kaltbad in römischen Thermen.
Glacis: Schräges Vorfeld einer Befestigungsanlage.
Graffiti: Kritzeleien an Felsen, Bauwerken oder auf Scherben.
Groma: Der Schnittpunkt der rechtwinklig aufeinander stoßenden *cardo* und *decumanus* im römischen Stadtplan.
Hejra: Beginn der islamischen Zeitrechnung (14./15.07.622 n. Chr.), als Mohammed von Mekka nach Medina auswandern mußte.
Hippodrom: Antike Pferderennbahn.
Hypogäum: Unterirdische Grabanlage.
Hypokausten: Fußbodenheizung mit Warmluftkanälen.
Hypostyl: Raum, dessen Decke von Säulen getragen wird.
Ikonographie: Betrachtung von Bildern besonders der christlichen Kunst nach ihren Figuren, Gegenständen und Symbolen und die Lehre von ihrer Entwicklung und ihren historischen Zusammenhängen.
Ikonoklasmus: Die aus religiösen Gründen abgelehnte Abbildung von Menschen (und Tieren), die zu einer Zerstörung bestehender Bildwerke führte (»*Bildersturm*«).
Insula: Von Straßen umgebener Häuserblock.
Interkolumnien: Abstand zwischen zwei Säulen in einer Säulen- oder Pfeilerreihe.
Ionisch: Antike Säulenordnung mit einem Volutenkapitell.
Itinerar: Wegbeschreibung mit Entfernungsangaben und Raststationen.
Iwan: Überwölbte Nische, die sich auf einen Hof öffnet.
Jebel (arab.): Berg.
kanneliert: Säulen mit senkrechten runden Rillen.
Kapitell: Der zwischen Stütze und Last vermittelnde Kopfteil einer Säule oder eines Pfeilers.
Khan: An Karawanenwegen gelegene Raststätte (Karawanserei) mit Räumen für Waren, Lasttiere und Händler.
Kolonnade: Säulengang mit geradem Gebälk.
Konche: Die Halbkuppel der Apsis (Muschelform) in altchristlichen Kirchen.
Konsole: Vorspringendes Bauglied, zur Aufnahme von Balken, Gesimsen, Gewölben oder Plastiken.
Krypta: Unterirdischer Gang oder Grabstätte.
Kufi: Altarabische Schrift.

Libation: Ritus des Trankopfers, bei dem die Flüssigkeit verschüttet wird.
Limes: Grenzwall zur Verteidigung der Grenzen.
Loculus, loculi: Bestattungsnische in größeren Grabanlagen.
Mäander: Zierform in rechtwinklig gebrochenen (oder wellenförmigen) Linien.
Martyrium: Gedächtniskirche über einem Märtyrergrab.
Mausoleum: Monumentaler Grabbau.
Menhir: Aufrecht stehender hoher Stein von kultischer Bedeutung aus der Frühzeit.
Metope: Quadratische oder rechteckige Platte, die mit den Triglyphen zusammen den dorischen Fries bildet. Meist mit Plastiken oder Malerei geschmückt.
Mihrab: Gebetsnische in der Gebetshalle der Moscheen.
Minarett: Turm einer Moschee, von dem aus zum Gebet aufgerufen wird.
monophysitisch: Glaubenslehre von der einzigen Natur Christi, dessen Menschheit von seiner Gottheit absorbiert wurde. Erstmals von Eutyches (Mitte des 5. Jhs. n. Chr.) formuliert.
Muezzin: Der Gebetsrufer, der (vom Minarett herab) mit seinem Ruf die moslemischen Gläubigen zur Verrichtung ihrer Pflicht auffordert.
Naos: Kapellenartiger Schrein, der das Kultbild beherbergt und im Allerheiligsten des Tempels aufgestellt steht.
Narthex: Vorhalle zur frühchristlichen Basilika.
Nefesh: Aufgestelltes oder eingraviertes Erinnerungsmal für einen Verstorbenen bei den Nabatäern.
Nekropole: Gräberstadt.
Nymphäum: Ursprünglich Kultstätte der Nymphen und Quellheiligtum. In der römischen Zeit Brunnenanlage.
Odeion: Kleineres (überdachtes) Theater für musikalische Aufführungen.
Oktogon, oktogonal: Achteck(ig).
Orchestra: (Halbrunder) Platz vor der Bühne für Chor und Tanz im antiken Theater.
Ossuarium: Kasten zur Aufbewahrung von Gebeinen. Beinhaus.
Ostrakon: Scherbe aus Ton oder Kalkstein, als Ersatz für den teureren Papyrus zum Schreiben oder Zeichnen verwendet.
Parodos: Seitlicher Zugang zur *orchestra* im römischen Theater.
Pastophorien: Seitenräume neben dem Priesterchor in frühchristlichen Basiliken.
Patriarchat: Amtsbereich eines katholischen Patriarchen.
Peripteros: Tempel mit allseitig umlaufender Säulenreihe.
Peristyl, Peristylhof: Von Säulenhallen umgebener Hof.
Pilaster: Rechteckiger Wandpfeiler mit Basis und Kapitell, der sich leicht von der Wand abhebt.
Porta praetoria: Das Ausfallstor in den römischen Militärlagern, das Zugang zum *decumanus maximus* verschaffte.
Portikus: Säulen- oder Pfeilervorhalle.

Prätorium: Amtssitz des Statthalters (Prätor), Feldherrenzelt.

Presbyterium: Chor, um einige Stufen erhöhter Priesterraum der altchristlichen Basilika.

Pronaos: Vorhalle des Allerheiligsten in antiken Tempeln.

Propylon, Propyläen: Torbau oder Eingangshalle zu monumentalen Bauanlagen.

Proscenium: Erhöhte Bühne im antiken Theater.

Prostylos: Tempel mit Säulenstellung über die ganze Front.

Pylon: Monumentaler Torbau, der den Haupteingang der ägyptischen Tempel bildet.

Qala' (arab.): Burg.

Qasr (arab.): Burg, Festung.

Sanktuar: Allerheiligstes, Raum mit Kultbild oder Altar.

Scaenae frons: Bühnenwand.

Spolie: Teil eines Kunstwerks, der einem fremden Werk entnommen wurde.

Stele: Gedenkstein.

Stibadium: Halbkreisförmiges Speiselager.

Stylobat: Oberste Stufe des Tempelunterbaues in antiken Tempeln; Basis, auf der sich eine Säule erhebt.

Substruktion: Unterbau, vor allem zur Herstellung einer Fläche im unebenen Gelände.

Synkretismus: Verschmelzung mehrerer Religionen, verschiedener Auffassungen oder Standpunkte.

Synode: Kirchenversammlung, lokales Konzil.

Synthronon: Sitzbank entlang einer halbrunden Apsis, als Sitzgelegenheit für den Klerus.

Tabula ansata: Rechteckiges Inschriftenfeld, das von zwei Dreiecken flankiert ist, deren Spitzen zum Rechteckfeld weisen.

Tell: Antiker Schutthügel mit Siedlungsschichten.

Temenos: Der umgrenzte, heilige Bezirk eines Tempels.

Tepidarium: Lauwarmer Raum im römischen Bad.

Tetrapylon: Ein Bauwerk mit vier Säulen an der Kreuzung von *decumanus* und *cardo* in antiken Städten.

Tetrarchie: Die Verteilung des römischen Reiches unter vier Herrschern.

Thermen: Badeanlagen der Antike.

Tholos: Kuppelgrab, Rundbau, Rundtempel.

Triglyphenfries: Quader oder Fries mit drei senkrechten Kerben, der zusammen mit den Metopen den dorischen Fries bildet.

Triklinium: Raum mit Liegebänken an drei Seiten.

Tumulus: Runder Grabhügel.

Tympanon: Meist künstlerisch gestaltetes Giebelfeld, vor allem über Eingangsportalen.

Velarium (velum): Tuch, das man als Schattenspender über den Zuschauerraum des Theaters oder Odeions anbringen konnte.
Vignette: Verzierungsbildchen.
Vomitorium: Eingang des Theaters.
Wadi: Trockental in der Wüste.
Zisterne: Sammelbecken für Regenwasser (meist unterirdisch).

Abbildungsnachweis

(Trotz größter Sorgfalt konnten die Urheber des Abbildungsmaterials nicht in allen Fällen ermittelt werden.)

Archive Studium Biblicum Franciscanum, Mount Nebo: S. 92, 93, 94, 97, 102, 105, 112

Burchard Brentjes, Völker beiderseits des Jordans. Koehler und Amelang, Leipzig 1979: S. 52

Rudolf Ernst Brünnow/Alfred von Domaszewski, Die Provincia Arabia, Band I. Straßburg 1904: S. 187, 192, 199, 205

Department of Antiquities of Jordan, ʿAmman: S. 100, 109, 121, 124, 150, 171, 216

P. Deschamps, Les châteaux des croisés en Terre Sainte. 1934 (Bearbeitung durch DuMont Buchverlag, Köln): S. 184

Deutsches Evangelisches Institut für Altertumswissenschaft des Heiligen Landes, Zweigstelle ʿAmman (Stand 1990): S. 140/141

Svend W. Helms, Jawa. Lost city of the Black Desert. Methuen, London 1981: S. 146

La Jordanie, de l'âge de la pierre à l'epoque byzantine (Rencontres de l'Ecole du Louvre). La Documentation Française, Paris 1987: S. 27, 29, 31

David Kennedy, Nedlands, Australien/Henry MacAdam, Princeton, USA: S. 153

Rautenstrauch-Joest-Museum, Museum für Völkerkunde, Köln: S. 24, 25, 37

The Biblical Archaeologist 51. Scholars Press, Atlanta 1988: S. 111

S. Thomas Parker, Romans and Saracens: A History of the Arabian Frontier. American Schools of Oriental Research, Winona Lake 1986: S. 157, 174

Preliminary Reports of ASOR-Sponsored Excavations 1980–1984, ed. by Walter E. Rast. American Schools of Oriental Research, Winona Lake 1986: S. 168

Frank Rainer Scheck, Jordanien. DuMont Kunst-Reiseführer, Köln 1989: S. 77, 119, 126, 128/129, 130, 159, 188/189

Henri Stierlin, Städte in der Wüste. Petra, Palmyra und Hatra – Handelszentrum am Karawanenweg. Aus: Antike Kunst im Vorderen Orient. Office du Livre. Fribourg 1988: S. 86, 88, 200

Fotonachweis

Gerhard Grau/Bildagentur Hild, Pfullingen: nach S. 144 (2)

Ludwig Huber, München: nach S. 48, nach S. 160 (links), vor S. 161 (rechts), nach S. 176

Volkmar E. Janicke, München: vor S. 49, nach S. 80, vor S. 97, vor S. 177, nach S. 192 (2)
Dirk Kinet, Merching: Titelbild, nach S. 64 (2), nach S. 96, vor S. 145 (rechts)
Jürgen Krämer, München: vor S. 145 (links), nach S. 160 (rechts), vor S. 161 (rechts)
Manfred Pontow, Rotenburg/F.: vor S. 81

Index der Orts- und Personennamen

1. Ortsnamen

2. Personennamen

JORDANIEN
0 10 20 30 40 50 km
SYRIEN
SAUDI-ARABIEN
Irak
Mittelmeer
Tiberias-See
Totes Meer
Jordan
Yarmouk
Jerusalem
Adasiya
Shuneh
Umm Qeis
IRBID
RAMTHA
Tayibah
Dayr Abu Sa'id
Tabaqat Fahl (Pella)
Husn
Buweida
Qalat er Rabad
AJLUN
+1250
JERASH
MAFRAQ
Umm el-Jemal
Rihab
Sakib
Madwar
Dibbin
Bel'ama
Tell Deir Alla
Mastabah
Sukhnah
Rumeimin
SALT
Suweileh
ZARQA
Qasr el-Hallabat
Hammam es Sarakh
Karameh
Wadi es-Sir
Ara
Ruseifa
Amman Flughafen
AMMAN
Shuneh Nimrin
Na'ur
Ash
Tuleilat Ghussul
Suweimeh
Siyagha
Hisban
Muwaqqar
Qasr Mushash
Berg Nebo 850
Manja
MADEBA
Qasr el-Mshatta
Queen Alya Internationaler Flughafen
Jiza
Röm. Zisterne
Ma'in
Zarqa Ma'in
Dab'ah
Mukawer
Barzah
Dhiban
Umm er Rsas
Qasr Hammam
Khan az Zabib
Mujib
Ariha
Nukheila
Qasr
Humud
Rabba
Ghor Haditheh
Bab Dhra
-322
KERAK
Qatrana
Muta
Mazar
1310
Safi
Manzil
Dhat Ras
Hasa
Afra
Khirbet et-Tannur
Tafila
Hasa
Buseirah
IRBID
IRBID
AMMAN
Quseir 'Amra
Qasr Kharane
Qasr el-Azraq
AZRAQ
+515
Azraq Wetlands Reserve
Shaumari Wildlife Reserve
Ad Dabi
Jashah Adlah
AMMAN
KERAK
Ghadaf
Qasr et-Tuba
Makhruq
Maghar
Bayir
Gharrah
+856
Bayir
Internationale Grenze
Verwaltungsgrenze
Größeres Stadtgebiet
Ort
Hauptstraße
Hauptstraße in Planung
Sekundärstraße
Piste
Eisenbahn
Bahnhof
Öl-Pipeline
Kanal
Fluß
Wadi
Heiße Quelle
Salzgebiet
Wichtige historische Ruin
Historische Ruine
Panorama
Oase
Staatliches Rasthaus
Campingplatz
Land unter Meeresspiegel
Moor
Sandwüste